ANTONELLA
CLERICI

ASPETTANDO TE

La mia storia più bella: diventare mamma

Rizzoli

ISBN 978-88-17-03927-7

Prima edizione: febbraio 2010
Seconda edizione: febbraio 2010
Terza edizione: febbraio 2010
Quarta edizione: febbraio 2010

L'Editore ringrazia per la consulenza scientifica la dottoressa Maria Malucelli, docente di Psicologia clinica, specialista in Psicoterapia individuale, di coppia e dell'età evolutiva, e il dottor Antonio Tafuri, specialista in Ostetricia e Ginecologia (Roma).

Aspettando te

A Maelle

1

Destino

Ci sono attimi ineluttabili e altri transitori, incontri che credi ti cambino la vita e invece attraversano una sola estate, e incontri con il sapore dell'avventura che ti marchiano come un tatuaggio indelebile.

Non sarei dovuta essere in Marocco in quel periodo. La vacanza che avevo programmato era stata spostata mille volte per motivi di lavoro. Andiamo in Grecia, no in Turchia, partiamo ad aprile, no non partiamo affatto. Alla fine quel nome: Marrakech. Ho accettato con qualche titubanza, ignara che quella destinazione era la prima pietra con cui il destino stava lastricando la mia strada.

Sono partita un sabato di fine giugno lasciandomi alle spalle una Roma calda e limpida, insieme con il mio gruppo per eccellenza: mia sorella Cristina e i nostri amici Lisa e Yuri.

Io con il mio storico valigione giallo, Cristina e i suoi occhiali da sole scurissimi, gli altri due arrivati trafelati al gate all'ultimo minuto. Tutti con addosso quella frenesia stupida che si prova sempre quando si parte per un viaggio.

Eravamo legati da un'alchimia speciale, noi quattro. Riuscivamo a stare insieme pur rispettando le nostre personalissime esigenze, unendo convivenza e indipendenza in un'armonia quasi perfetta. Fin dalla prima vacanza in Sicilia, qualche anno prima, era sempre stato così. Questo era il motivo per cui, ogni estate, ci dedicavamo qualche giorno. Una sorta di vacanza premio dopo mesi di duro lavoro e stress di vario genere, di quelli che ti tolgono il colorito dalle guance e ti attaccano allo sguardo un bel paio di occhiaie più grigie del solito. Ci trovavamo quasi nel momento perfetto: tutti stanchi, tutti con qualche giorno di ferie e tutti single dopo una serie di sfortunati fidanzamenti.

Siamo atterrati nel tardo pomeriggio. Il caldo si faceva sentire ma non era quell'afa soffocante di cui qualcuno ci aveva raccontato. Appena scesi dall'aereo, siamo subito stati investiti da una brezza che portava i racconti di un luogo molto diverso da quello che avevamo lasciato, fatto di spezie e deserto, di sole e di terra.

Durante il breve tragitto dall'aeroporto al villaggio ho tenuto per tutto il tempo lo sguardo fisso sul paesaggio che scorreva come un nastro lungo il finestrino. I dintorni brulli dell'aeroporto, le strade polverose e sconnesse, le casupole in pietra, le luci di Marrakech in lontananza. Ogni chilometro lasciato indietro era un passo in avanti verso la vacanza. Più la strada percorrevamo, più la mia testa dimenticava le preoccupazioni, lo stress, la stanchezza.

Nel passare davanti alla città abbiamo sentito il cuore fermarsi un momento alla vista delle altissime mura che la circondano, infuocate dal sole rosso del tramonto. Erano immagini che aprivano spiragli di anima per troppo tempo chiusi dalla routine e dal lavoro.

Infine, come dal nulla, un viale costellato di fiaccole ci ha annunciato che avevamo raggiunto la nostra destinazione.

Già dall'ingresso, il villaggio sembrava fantastico. Grandi colonne dai colori ambrati si perdevano su archi e soffitti altissimi, da cui pendevano lanterne e luci soffuse. L'impressione era quella di essere stati catapultati in qualche storia da *Mille e una notte*: era un ambiente dove odalische e tappeti volanti si sarebbero trovati perfettamente a loro agio. Inservienti in lunghe vesti bianche ci hanno accolto offrendoci un tè alla menta, il primo dei tanti che avrei gustato in quei giorni, bollente e delizioso. Cristina ne aveva parlato fin dal primo giorno: «Finalmente potrò assaggiarlo» diceva, e infatti è stata lei a insegnarmi come berlo per non scottarmi le dita, tenendo il bicchiere sul bordo.

Nonostante la temperatura estiva, quella bevanda calda si è rivelata assolutamente ideale; scorreva dentro rimettendoci in pace col mondo.

Dopo l'aperitivo una ragazza ci ha condotto alle nostre stanze. Abbiamo attraversato praticamente l'intero villaggio: siamo passati davanti alla splendida piscina illuminata, abbiamo percorso i vialetti su cui si affacciavano casette basse dai colori chiari in stile locale, curiosato nella meravigliosa Spa dalle cui finestre fuoriusciva un leggero profumo di oli essenziali.

Era la mia prima volta in Marocco e ne sono rimasta subito affascinata. Quel luogo arido e suggestivo, carico di colori e odori nuovi, mi circondava di sensazioni che non avevo mai sperimentato prima.

Non ero in cerca di nulla, a Marrakech. Uscivo da una storia e avevo soltanto voglia di non pensare a niente, di diluire i ricordi nelle atmosfere di un posto nuovo, di lasciarmi trasportare. Volevo relax, sole, lunghe notti di sonno. Ero assieme ai miei veri amici a ridere, sorridere, sperimentare gusti e usanze, cenare sotto le stelle del deserto.

Ho subito amato quel luogo ruvido e autentico, dalla prima alba limpida al mio incontro con la città, che abbiamo voluto immediatamente visitare. Era un incredibile mosaico di colori, architetture e persone gravitanti attorno al grande Suk. Marocchini, turisti, uomini d'affari, donne in costume locale, tutti si muovevano in una caotica danza che turbinava all'aperto e confluiva nei vicoli del mercato, stretti e altrettanto affollati, coperti da sottili assi in legno da dove filtrava polverosa la luce del sole.

All'improvviso riuscivo a comprendere perché la piazza fosse sinonimo del caos più totale: vi si trovava davvero di tutto e nell'ordine più sparso che si potesse immaginare. In un angolo decine di spezie colorate erano esposte in piramidi perfette, nell'altro stoffe grezze erano accatastate le une sulle altre in altissime colonne. Tuniche lavorate a mano sventolavano al passaggio dei turisti e i venditori mostravano, affabili, sandali di ogni genere e fattura. Donne sorridenti cucinavano zuppe dall'odore pungente in enormi pentoloni e le servivano su tavoli improvvisati, incantatori di serpenti tenevano d'occhio i loro cestini in attesa di potersi esibire per poche monete. Il rumore delle voci, delle grida, dei richiami era quasi assordante.

Tra una bancarella e l'altra, il più delle volte ricavate da lamiere, stracci e vecchi teli, si snodavano vicoli angusti che spesso conducevano ai ristori locali. L'odore di cibo speziato si infilava ovunque: era sulla merce, sulle mani dei venditori, arrivava con il vento che soffiava leggero sulle nostre spalle.

Le guide turistiche avevano ragione: l'atmosfera della città era elettrizzante, rendeva l'aria densa di impressioni, faceva sognare anche chi credeva di avere i piedi saldamente ancorati a terra. Ma di questo mi sarei resa conto soltanto dopo.

I giorni sono trascorsi con la pigra serenità della vacanza, trovavano il loro senso nel profumo della crema abbronzante, in una lunga nuotata in piscina, in una cena tra chiacchiere e risate.

È stato solo uno degli ultimi giorni che i miei amici hanno proposto di andare a vedere lo spettacolo serale. Devo confessarlo: nonostante fossi in compagnia, per me era una fatica uscire la sera. Dopo un aperitivo al tramonto, una bella doccia e una ricca cena assieme a loro, desideravo solo mettermi a dormire per affrontare al meglio un nuovo giorno.

«Andate voi» ho detto.

«Dai, non ci siamo mai stati! Non possiamo ripartire senza averlo visto almeno una volta.»

«Ma dai, Lisa, lo sai che a me queste cose non interessano...»

«Antonella, non è una proposta. Tu stasera esci con noi!» ha esclamato convinta mentre gli altri due annuivano senza lasciarmi scampo.

Ci siamo seduti nell'arena affollata, io con il mio vestitino a fiori anni Cinquanta e un'espressione ancora perplessa. Il villaggio era pieno di cartelli che annunciavano lo spettacolo *Stelle del deserto*. Quando le tende si sono aperte è apparsa una decina di ballerine seguite da altrettanti mangiatori di fuoco. E poi così, improvvisamente dal nulla, cinque cammelli.

È stato proprio Yuri a farmelo notare. Io ero distratta dall'ingresso a sorpresa delle strane creature gibbute, che ruminavano ignare di essere protagoniste di uno show. Me ne stavo lì stupita a fissare quegli enormi animali, domandandomi come avessero fatto a portarli là, e temendo che sfondassero da un momento all'altro il palco facendo una frittata di cammelli, quando lui ha attirato la mia attenzione dicendo qualcosa del tipo: «Quello è davvero un bel ragazzo, e ti sta anche guardando...».

In realtà non saprei ripetere le sue precise parole, ma ricordo di avere facilmente capito di chi stesse parlando: Eddy, uno degli animatori, un ragazzo mulatto dallo sguardo intenso che avevo già intravisto nei giorni precedenti.

«Sì, sì, sta proprio buttando l'occhio: guardalo!» ha insistito Yuri.

In effetti, facendoci caso, mi ero accorta che quel ragazzo vestito di bianco si girava a intervalli regolari verso di me. Be', magari era colpa del mio vestito appariscente. Forse ho annuito o forse no. Non ero in cerca di una storia, nemmeno occasionale. Volevo semplicemente trascorrere una settimana piacevole, lasciare che il tempo – in quel luogo tanto suggestivo – scivolasse lento, e dedicarmi soltanto a me stessa.

I giorni passavano e quel ragazzo sembrava materializzarsi continuamente davanti ai miei occhi, lasciando dietro di sé una scia di pensieri che non riuscivo a fermare. A tirare il freno ci ha pensato quel sergente di ferro della mia coscienza. Quando gli ho chiesto quanti anni avesse e mi ha risposto «ventotto», mi sono detta: ok, lasciamo proprio perdere. Il mio carattere metteva paletti a qualsiasi fantasia: eravamo troppo diversi per età, mentalità, cultura. Lui era troppo giovane, bello, arrendevole, un classico della banalità: la turista quarantenne con l'aitante ragazzo mulatto. L'idea era inconcepibile eppure rimaneva lì, a galleggiare nella mia testa senza mai andare a fondo. Io e Eddy l'animatore: assurdo. Me lo ripetevo di continuo per mettere a tacere i nostri sguardi, per convincere me stessa che la mia attenzione nei suoi confronti era solamente un'innocente distrazione sulla quale sorridere con le amiche.

Così è stato fino all'ultima sera, quando i miei occhi si sono posati di nuovo su quel sorriso disarmante, sulla sua bocca perfetta. A cena siamo capitati allo stesso tavolo, seduti uno di fronte all'altra. Prima i soliti discorsi tra me e i miei amici, alcune battute, poi ci siamo guardati e abbiamo cominciato a scambiare qualche parola. Un attimo, e il resto del mondo è scomparso. Le voci degli altri perse in un sottofondo indistinto, la sala piena di gente all'improvviso meno a fuoco, il cibo che resta nel piatto, dimenticato. Nonostante la complicazione della lingua – la conversazione era avvenuta un po' in italiano, un po' in inglese, qualche parola di francese – l'intesa era stata istantanea. Un saluto veloce per lasciarlo tornare al suo lavoro e una strana sensazione rimasta addosso, come un profumo.

È stato più tardi, verso le undici, che ci siamo incrociati di nuovo. I miei amici si sono dileguati, complici di un'intimità che avevano intuito all'istante. Eravamo soli. Ci siamo messi a parlare, Eddy e io. E ogni parola dava avvio a un discorso, che si rivelava una finestra aperta su un mondo sconosciuto e affascinante.

Mi ha raccontato di come avesse iniziato a lavorare in giro per il mondo, del suo passato in Africa, di qualche divertente aneddoto della stagione, ha voluto sapere della mia vita. L'avevo immaginato abituato al disordine dei villaggi, alla superficialità di un'eterna vacanza, a sorrisi di compiacenza per vacanziere a caccia di avventure, e invece all'improvviso dietro al cliché scoprivo un uomo dall'intelligenza acuta, riflessivo, profondo, ricco di un passato carico di eventi che gli regalavano una maturità inaspettata.

Credo sia stato a quel punto che mi sono detta: «Ma sì, ma chi se ne importa, e lasciamoci andare!». Che poi, diciamolo, era facile essere travolti dalle emozioni sotto le stelle di Marrakech; Eddy giocava in casa.

Avevo deciso di viverla per quello che era: una storia di inizio estate senza progetti, da prendere così, per il bello che dava, fra un tramonto rosso e un sorso di tè.

Sono ripartita il giorno dopo. Ci siamo scambiati il numero, perché è così che di solito si fa. Si sta bene insieme, si pronuncia qualche frase di circostanza e si scrivono dieci cifre su un pezzo di carta già sapendo che non verranno mai composte. È questo il gioco, sono queste le regole. Chiedere di più sarebbe stato ingenuo. Ho salutato un bellissimo ragazzo che si apprestava a diventare capo villaggio e sono tornata a Roma, il suo numero scritto su un biglietto nel portafogli, il cuore che si faceva un po' più piccolo insieme con i tetti della città che l'aereo lasciava sotto di sé.

«Com'è andata poi con quel ragazzo?» ha chiesto Yuri.

«Siamo stati bene» ho replicato senza entrare nel dettaglio.

«E adesso?» ha insistito lui.

«Mah, adesso niente. Andrà come andrà» ho risposto senza crederci troppo.

La telefonata mi ha sorpresa in Toscana. Era la seconda parte della mia vacanza, quella tranquilla: lontana da villaggi, nessun animatore che strapazza la coscienza e ormoni a riposo. Non poteva durare.

Ho trovato una chiamata persa, un numero sconosciuto con un prefisso improbabile: 212. Vuoi vedere che? Ma no, non è possibile, sarà stato un errore. Ho provato a richiamare il numero per pura curiosità: ha risposto il villaggio di Marrakech. Il villaggio di Eddy.

Poche parole: come stai, com'è andato il viaggio, dove sei ora. Era indubbiamente un primo passo. È facile lasciare queste storie a dissolversi in mezzo alle foto delle vacanze, sospese tra i ricordi senz'altro senso che rappresentarne un altro. Ma telefonarsi, dopo, significa spingersi un passo avanti. La direzione non era ancora chiara a nessuno dei due, eppure il desiderio di proseguire era evidente, faceva prendere un respiro prima di rispondere a uno squillo, accelerare il battito all'accendersi del display. L'avevo presa per una storia da weekend, e invece le settimane passavano e il display continuava a illuminarsi, giorno dopo giorno, facendo lampeggiare il suo nome.

È stato durante una delle sue telefonate che Francesca, una sua collega al villaggio e grande amica, gli ha fatto capire che dietro alla bionda Antonella che aveva conosciuto si nascondeva qualcosa in più.

«Ma con chi parli al telefono ogni sera?» gli aveva chiesto lei incuriosita. «Ti vedo camminare avanti e indietro proprio di fronte alla boutique e fai certi sorrisi...»

«L'ho conosciuta qui al villaggio qualche settimana fa, si chiama Antonella, credo lavori in tv da voi in Italia.»

«Antonella come?»

«Clerici.»

«Ma davvero, Antonella Clerici? Io la seguo sempre, sono una sua grande fan! Accidenti, avresti potuto dirmelo prima!»

Eddy non aveva la minima idea di chi fossi. Sapeva che lavoravo in televisione, gliel'avevo detto io, ma lui veniva dal Belgio dove la tradizione del piccolo schermo è formata da tante microrealtà abbastanza impersonali e non conosce veri personaggi famosi. Per lui era semplicemente un mestiere come un altro, non immaginava che nel mio Paese fossi una celebrità.

«Ma come, non hai presente chi è in Italia? È quella che fa *La Prova del Cuoco*!» ha rincarato la dose Francesca.

E lui allora si è ricordato vagamente di aver già visto quella bionda formosa che, in esagerati e coloratissimi abiti di scena, correva come una pazza per un set dominato da enormi pomodori e peperoni. Insomma: ai suoi occhi ero quella che si agitava in cucina... Che bell'immagine! Francesca ha cercato di fargli capire che ero una conduttrice seria: forse per un attimo si è preoccupato che nascondessi una doppia vita da sgallettata del piccolo schermo...

A poco a poco gli appuntamenti telefonici sono diventati quotidiani. Ogni sera, dopo il lavoro, Eddy mi chiamava per raccontarmi la sua giornata, condividere sensazioni, parlare di me e di lui, dei suoi progetti e del desiderio di lasciare la vita da animatore nonostante la prossima promozione a capo villaggio. Io parlavo e pensavo, continuavo la mia vita e riflettevo: possibile che una persona conosciuta per un solo giorno riesca a lasciare quella traccia dentro di te? Che una voce all'altro capo del telefono possa tessere fili di emozioni talmente dense, così forti da avvicinarsi pericolosamente a quello che tutti chiamano «amore»?

Non sapevo bene che cosa stesse accadendo, sapevo solo che era in atto. Che i preconcetti erano scardinati da una persona in carne e ossa che soltanto con la sua voce e con le sue attenzioni aveva la capacità di farmi sentire bene. È stata questa sensazione a spingermi verso la prima di una serie di follie.

«Hai presente la finale dei Mondiali di calcio, Italia-Francia, a Berlino?»

«Come fai a sapere che adoro il calcio? Non dirmi che...»

«Ho i biglietti.»

Per un attimo non ha risposto, tanto che ho creduto di averlo stecchito dall'emozione. Poi, dalle urla di gioia, ho capito di aver fatto la mossa giusta – anche se effettivamente ai limiti dell'azzardo. Ho organizzato tutto nei minimi dettagli, gli ho dato una mano con i voli e ci siamo ritrovati insieme al gate di Roma, destinazione Germania. Fra l'eccitazione, il caos della finale e le grida di esultanza dei tifosi, il sorriso che aveva stampato in viso mi diceva che lo avevo definitivamente conquistato. D'altra parte, dove la trovi una bionda che con tale scioltezza ti prende e ti porta alla finale dei Mondiali? E proprio quando pensavo che non sarebbe potuta andare meglio, voilà: ecco che l'Italia vince il titolo! Certo, mantenere lo standard di quella serata sarebbe stata dura...

Sono tornata a Roma con le farfalle nello stomaco, senza tuttavia capire dove mi stessi andando a cacciare. Non me ne importava troppo, a dire il vero. Era tutto così bello, mi sentivo sulle montagne russe, viva come da troppo tempo non mi capitava.

Come si capisce quando una storia sta mettendo le basi per diventare seria? Non esiste una risposta certa, ma era chiaro che – in modo inaspettato per entrambi – tutto stava divenendo sempre più coinvolgente.

«Prendila con calma» era il consiglio unanime. Però, perché avrei dovuto seguirlo? Smorzare l'intensità del sentimento non solo era impossibile, ma non avrebbe avuto senso. La nostra era una storia spontanea. Non c'era nulla di calcolato o di programmato. Proseguiva creando autonomamente il suo senso.

Con la stessa mancanza di premeditazione, ha preso una piega inattesa. Durante una telefonata al mio ritorno abbiamo cominciato a parlare di lavoro, di occasioni, della sua vita. Mi ha raccontato che all'inizio adorava il suo mestiere, sempre a contatto con la gente e in luoghi di villeggiatura meravigliosi, ma che in quel momento sentiva il bisogno di cambiare, di crescere. È stato così che, senza quasi pensarci, gli ho detto: «Perché non vieni a lavorare in Italia?».

Era facile intuire che, per l'esperienza acquisita a contatto diretto con il pubblico, creativo e intelligente com'era, non avrebbe avuto alcuna difficoltà a trovare lavoro, qui come altrove. Pensavo fosse l'ennesima frase buttata lì, quelle a cui ti rispondono un «ci penso», e poi non se ne fa mai niente.

E invece: «Ok, vengo in Italia».

Ecco, adesso quella che per poco non ci restava stecchita ero io.

«Ripetilo...»

«Ok: vengo in Italia. Mi licenzio e trovo un lavoro nel tuo Paese.»

No, provateci voi a non prendervi un colpo secco

quando un ragazzo conosciuto in vacanza, con il quale pensavate di trascorrere al massimo un weekend, vi avvisa che, sì, la vostra è proprio una storia d'amore. Che sta lasciando tutto per raggiungervi. Non potrebbe essere nemmeno la sceneggiatura di un film: troppo bella per essere credibile. Io invece la stavo vivendo. La mia favola personale. Un regalo arrivato per caso.

Ovviamente, c'era la magagna.

Il fatto che fossi un personaggio pubblico non aiutava particolarmente, e l'abbiamo scoperto molto presto, ancor prima che Eddy mettesse piede sul suolo italiano. Prima del suo trasferimento avevamo deciso di festeggiare a modo nostro, godendoci qualche giorno insieme nel luogo più sperduto e riservato che potessi immaginare. Due trolley con un paio di costumi e un pareo gettati dentro, occhiali scuri e infradito, e via verso altre spiagge lontane, la nosta prima vera vacanza insieme. E cosa vediamo in mezzo al mare? Delfini, squali, pescatori? Ma nooo, ovviamente una truppa di paparazzi muniti di teleobiettivi. Mi avevano forse lanciato una cimice nella valigia? Avevano una spia? Si accampavano in svariate papabili località per poi sbucare al momento giusto? Un vero mistero. Eddy è stato fin troppo comprensivo, ma si capiva che per lui essere fotografato da un pazzoide in motoscafo nel bel mezzo dell'oceano era un'esperienza quanto meno surreale.

Tornata a Roma avrei perfino saputo che un noto

tg non aveva avuto di meglio da trasmettere di una ripresa di noi in aeroporto, fatta con la videocamera di un cellulare.

Tra me e Eddy doveva essere un solo weekend. Poi una settimana. Poi, forse, la storia di un'estate. E invece. Eravamo arrivati a fine agosto e stavamo per tornare in Italia insieme, come una coppia. Vivevo quei giorni in uno stato di felicità totale, provando quella sensazione di ebbrezza da innamoramento che agli inizi attanaglia lo stomaco e fa vedere il mondo rosa. Al tempo stesso però avevo paura delle nostre differenze. Non era solo l'età a preoccuparmi – stare insieme sembrava la cosa più naturale del mondo –, ma era inevitabile che la distanza anagrafica fosse accompagnata da una diversità di abitudini e vedute.

Prima di trasferirsi in Italia, Eddy doveva passare in Belgio per salutare gli amici e fare le valigie. Mi ha chiesto di accompagnarlo. Era un momento importante, partire con lui e conoscere il suo mondo significava scoprire un suo nuovo aspetto, sicuramente più autentico dell'immagine di animatore di villaggio, ma anche più reale di quella dell'uomo innamorato. In pochi giorni ho imparato a vederlo diversamente: ragazzo, amico, abitante di una città dai mille colori, uomo dalla mentalità aperta e duplice – bianco da una parte, come suo padre, nero dall'altra, come sua madre. Viveva entrambe le dimensioni, conosceva entrambi i punti di vista, quando era più giovane gli era perfino capitato di essere vittima di razzismo da ambedue le parti. Non abbastanza bianco per essere bianco, non abbastanza nero per essere nero. Tuttavia era riuscito a ricomporre i conflitti con l'aiuto di un carattere forte, ma anche di luoghi come Bruxelles, una città dove pareva esserci spazio per tutti, a sorpresa, perfino per coppie simili a noi, con donne più grandi e ragazzi più giovani, che là sono diffuse e considerate normalissime mentre in Italia accade proprio il contrario.

È stato in quell'occasione che mi ha presentato i suoi amici. Ci teneva che li conoscessi e al tempo stesso attendeva ansioso che loro dessero un parere su di me. È andata inaspettatamente bene. Sono piaciuta soprattutto a John, il suo migliore amico ma, anche se avevo superato quell'esame, mi attendevano altre prove. È stato in quei giorni che ho percepito davvero quanto i nostri mondi si trovassero agli antipodi.

La multiculturalità di quel Paese mi affascinava e al contempo mi spiazzava. Le mie radici, nella tranquilla Legnano, mi hanno lasciato dentro una sorta di provincialismo che spesso è un limite ma talvolta una risorsa, perché mi fa osservare le novità con enorme stupore. È per questo che non mi sento mai una donna «arrivata» ma sempre pronta ad apprendere cose nuove. È quella che io chiamo la sindrome di «Cenerentola al ballo», che mi prende anche nei momenti importanti della mia carriera o quando faccio il primo passo in un nuovo studio. Ed eccomi lì, a osservare la vera vita di Eddy con gli occhi che brillavano ma che al tempo stesso rivelavano un sottile timore.

Bruxelles era un meraviglioso mix di etnie: bianchi, asiatici e moltissimi *black* convivevano con una naturalezza che in Italia non avevo mai notato. Non è particolarmente comune frequentare, a Roma o a Milano – e figuriamoci nella provincia –, così tante persone di colori diversi. Per me era tutto nuovo. Ero curiosa del suo mondo, avida di nuove esperienze insieme, ma ho subito notato che le differenze tra noi sembravano nascondersi ovunque. Non erano la cultura o i valori a divergere, quanto piuttosto le consuetudini, i gusti, gli orari. Erano nella sua famiglia allargata, che contava almeno il triplo dei miei parenti, nella musica che ascoltavamo giorno e notte, nel suo modo di comportarsi con gli amici e nel considerarli una seconda casa, nelle abitudini da ventenni che ancora si portavano dietro. Io invece ero così refrattaria al divertimento dei suoi trent'anni, tra musica rap, discoteca e serate a tirar tardi quando crollavo dal sonno. Mi sembrava di vivere in stile Dracula, per una settimana ho visto la luce del giorno soltanto dopo l'una, quasi fossi tornata ai vent'anni, ammesso che a quell'età avessi mai fatto le otto di mattina (e non mi pareva di ricordarlo).

Mi torna in mente una notte in cui, verso le quattro, qualcuno propose: «Hey, perché non restiamo tutti a dormire da Dave?».

«Da chi?» volevo dire. «Ma voi siete pazzi! Non ho nemmeno il pigiama!»

Alle cinque del mattino mi rigiravo nel letto di una delle stanze di Dave. Senza pigiama, senza spazzolino da denti, senza cambio per il giorno dopo. Ero nel panico: non sapevo neppure dove fosse il bagno! Lui, che era apparso molto tranquillo, mi avrebbe confessato qualche giorno più tardi di essere stato ugualmente terrorizzato. Chissà cosa penserà di me adesso – si era chiesto –, magari domani torna in Italia col primo volo perché tutto questo non fa per lei, o forse perché sono proprio io a non andar bene.

Era inevitabile fermarsi a riflettere su quanto potesse durare, tra persone diverse come noi. Io che adoravo vivere di giorno, lui di notte, io che mangiavo risotto e pasta, lui patatine fritte e alette di pollo in salsa bernese, io che avevo già due matrimoni alle spalle, lui neanche una relazione più lunga di due mesi. Io che parlavo sempre, lui che inseguiva i suoi silenzi in francese, olandese e in tante altre lingue, io che cercavo i miei pensieri profondi solo in italiano. Io e lui, due mondi opposti che tentavano di convivere. Ero una donna di spettacolo quarantenne e lui sembrava lontano anni luce dal mio modo di vivere. Il suo era così semplice, e il contrasto con la mia vita pubblica era lampante in ogni cosa.

Sono tornata a Roma una caldissima giornata di fine agosto con il primo dei suoi bagagli, un borsone blu gonfio dei suoi abiti preferiti. Lui avrebbe dovuto raggiungermi qualche giorno dopo. Mentre fantasticavo sull'arrivo di Eddy al nastro delle valigie, mi accorgo di essere l'ultima rimasta.

«Scusi, ma le valigie da Bruxelles sono finite?» chiedo a un inserviente.

«Sì, signora, non vede che il nastro si sta fermando?»

«Non è possibile! Io sto aspettando ancora un borsone! La prego, mi aiuti!»

Non poteva essere successo, oh no. Attendo per ore, e alla fine si materializza un uomo vestito con una tuta catarifrangente, con in mano quello che sembra proprio il borsone di Eddy. Morale della favola: era caduto dal carrello ed era rimasto lì, in mezzo alla pista, che per un pelo non se lo agganciavano e lo ritrovavo in Madagascar.

"Cominciamo bene..." penso.

Eddy è arrivato un giovedì pomeriggio. L'aria condizionata dell'aeroporto contrastava con il caldo quasi tropicale di una giornata senza nuvole. Lo aspettavo con un abito azzurro e un sorriso inattaccabile sul volto agli arrivi internazionali, camminando avanti e indietro sul pavimento lucido, guardando così spesso l'orologio che pareva sempre fermo sulla stessa ora.

Poi le prime sagome che si facevano sempre più vicine, e tra decine e decine di passeggeri frettolosi ho riconosciuto il suo passo veloce. Eddy era a Roma.

Avevamo lasciato il campo neutro, quello della vacanza. Il suo arrivo aveva definitivamente cambiato tutto: adesso eravamo a *casa mia*, in Italia. La sensazione di spensieratezza e libertà totale che avevamo vissuto fino a quel momento, protetti dalla realtà ovattata di un villaggio turistico prima e di pochi weekend poi, stava per scontrarsi con il mio mondo. Tutto era sbilanciato verso le mie abitudini, la mia quotidianità fatta di mille impegni, la mia popolarità che cercava di intrufolarsi tra noi in ogni momento, nella forma di una foto rubata o di un autografo inseguito.

Già in aeroporto abbiamo dovuto rimandare i saluti e saltare velocemente in auto, altrimenti saremmo stati sulle copertine di tutti i giornali nel giro di mezza giornata.

Eddy è venuto subito a stare da me. Ricordo l'emozione di aprire quella porta a me così familiare e a lui totalmente sconosciuta: una porta fra tante, in un palazzo fra tanti. Significava metterlo a parte di una nuova me, quella dei momenti privati, intimi. La mia casa dai mobili chiari intrisa di pensieri, di libri che ho amato, di oggetti che hanno rappresentato giorni e persone, lo scodinzolio del mio adorato Oliver. Era così strano e allo stesso tempo così bello aprirgli la porta e dire «eccoci qui», che significava «da oggi questa è casa tua».

«Belli questi mobili bianchi» è stata la sua prima frase appena messo piede nell'appartamento.

Mi sentivo tesa ed entusiasta, speravo che ogni dettaglio della mia casa gli piacesse, che si sentisse subito a proprio agio.

Assieme al borsone che avevo già portato io, sono arrivati altri valigioni, lo spauracchio del traslocatore. Radio accesa e una comoda tuta, ho deciso di dargli una mano a svuotarli.

«Eddy, va bene se questi jeans li metto in quell'armadio?»

«Ok.»

«E questi altri pure, d'accordo? E anche questi... jeans. Ed eccone un altro paio. E sotto, un altro ancora. Eddy, ma quanti jeans hai?»

Era divertente notare la diversità tra il suo abbigliamento e quello degli altri uomini che avevo conosciuto. Invece di abiti eleganti e camicie cifrate, lui aveva colorate t-shirt e felpe con il cappuccio. E ovviamente quella marea di jeans, una quantità mai vista, saranno state quaranta paia. Comodi per tutto, anche per iniziare a familiarizzare con Oliver Clerici.

L'essere peloso che risponde al nome di Oliver è il mio primo figlio. L'ho desiderato, l'ho scelto e lo amo alla follia. Ogni volta che lo guardo mi torna in mente quel giorno del 2002, quando mi sono trovata davanti quella cucciolata mugolante in un allevamento nei pressi del Lago d'Iseo. Dieci piccoli meravigliosi labrador. "Non sarò mai in grado di scegliere, forse è meglio andare", pensavo. Mia sorella mi aveva accompagnata e mi ha spinto a restare: «Dai che qui c'è il cane che fa per te» diceva convinta.

«E come faccio a sapere qual è quello giusto?»

«Magari sapere se preferisce un maschio o una femmina può aiutare» ha consigliato l'allevatrice.

«Mi piacerebbe un maschio» ho detto.

«Be', allora è destino: su dieci cuccioli c'è soltanto un maschio. Eccolo qui» ha annunciato allungandomi quella pallina di cane calda e pelosa.

È stato un momento che avrei ricordato per sempre. Allora non sapevo ancora se e quando avrei avuto dei figli, ma ho avvertito la sensazione più vicina alla maternità che avessi mai sperimentato. Con quel cucciolo tra le braccia mi sentivo squagliare d'affetto e al tempo stesso provavo l'urgenza di proteggerlo, di farlo stare bene. Fin da quel primo momento ho iniziato a trattarlo con l'amore che avrei avuto per un figlio. Non potrebbe essere altrimenti: più che un cane, Oliver è una persona bassa e con molti peli, ha un carattere e una sensibilità degni di qualsiasi bipede. C'è un rapporto speciale tra me e lui, un rapporto che va oltre le parole e si infila nelle carezze, negli sguardi. Lo considero una persona a tutti gli effetti, con sentimenti intensi e percepibili, cambi d'umore evidenti e stati d'animo di una chiarezza lampante. È più umano di tante persone che ho incontrato.

Da quando è assieme a me, Oliver ha condiviso i momenti più importanti della mia vita. Il successo lavorativo arrivato tardi, il fallimento di un matrimonio, piccole e grandi gioie e delusioni. Tutte diluite nei suoi occhi, disperse nella sua folta pelliccia bionda, tra le carezze. L'ho tenuto spesso accanto a me anche durante le dirette televisive, sapeva dov'era il mio camerino e mi aspettava scodinzolante alla fine di una diretta, oppure si sedeva dietro le quinte a farsi coccolare da tecnici e autori. A volte, col permesso dei registi, faceva piccole comparsate accanto a me: mi portava una busta o mi affiancava durante una telepromozione.

Da bravo paravento ha capito subito che Eddy era arrivato per restare, e si è fatto in quattro per entrare nel suo cuore. Sono rimasta un po' sconvolta da quanto il mio cane si sia svenduto per poche carezze e una corsa al parco, ma è stato meraviglioso vederli insieme. Pochi giorni e tra di loro è scoppiato un amore reciproco che dura tuttora.

«Guarda qui sotto» ha detto Eddy uno dei primi giorni dopo il suo arrivo.

Affacciandomi ho notato un paio di signori davanti al portone del palazzo. Sarebbero tranquillamente passati inosservati se non fosse che se ne stavano lì impalati in evidente attesa di qualcosa, con grandi macchine fotografiche appese al collo.

«Di nuovo paparazzi?» ha domandato Eddy scoppiando a ridere.

All'inizio per lui era tutto divertente, tutto così strano. I fotografi appostati sotto casa o fuori dai ristoranti, essere riconosciuto per strada, la gente che mi fermava per gli autografi. Poi le cose hanno cominciato a prendere una brutta piega. Gli scatti finivano sui giornali accompagnati da titoli che sminuivano la nostra relazione, o che parlavano di noi come dell'ennesima storia della quarantenne con il *toyboy* trentenne, destinata a finire. Era facile ignorare le riviste spazzatura, dopo anni di familiarità con il gossip ero ormai abituata, mentre era più fastidioso quando le interviste tentavano di indugiare sulla nostra vita privata, cercando di trovare del marcio a tutti i costi anche dove non ce n'era, creando orribili strilli in copertina a partire dalle parole di qualcuno che ci conosceva spesso solo superficialmente.

Non era semplice trovare un equilibrio solido quando lo spazio tra noi, quello che avrebbe dovuto essere occupato solo dalle nostre parole e dai nostri silenzi, era inquinato dalle voci di persone esterne desiderose di giudicare, consigliare, come se la nostra fosse una situazione insolita e non semplicemente una bella storia d'amore. Le loro parole erano tentacoli che ci allontanavano, che incrinavano in modo impercettibile la noncuranza con la quale ci eravamo innamorati, facendoci sentire scomodi per la prima volta.

Per assurdo, nemmeno alcuni fra i miei amici più stretti riuscivano a capirlo. Perfino mia sorella, Lisa e Yuri, che erano stati testimoni dei primi momenti della nostra storia, ora storcevano il naso pensando che mi sarei dovuta lasciare Eddy alle spalle, che avrei fatto meglio a trattare la nostra relazione per quello che a loro giudizio era: un'infatuazione.

«Sei sicura della tua scelta? Lui è così diverso da te...» diceva mia sorella.

«Stai attenta. Ancora non lo conosci veramente» consigliava Lisa.

«Sei un personaggio pubblico, non avresti dovuto portarlo qui... adesso cosa diranno?» ribadiva Yuri.

Più passavano i giorni, più il ragazzo dolce e un po' arrendevole che avevo conosciuto in Marocco rivelava una personalità molto decisa. Altro che *toy-boy*, altro che donna adulta che manipola a suo piacimento l'uomo più giovane! Eddy era tutto fuorché una vittima delle circostanze. Il suo fortissimo carattere è esploso quasi subito, coprendolo di una corazza di orgoglio e diffidenza davanti a coloro che, senza nemmeno conoscerlo, provavano a giudicare la nostra storia.

Con le sue convinzioni immutabili che portavano a discussioni eterne, i suoi improvvisi silenzi, le sue idee assolute, il suo non conoscere vie di mezzo, non ha provato a essere accondiscendente con nessuno. Non si sforzava affatto di riscuotere simpatia tra i miei amici. Si sentiva in un ambiente ostile e questo lo faceva rimanere costantemente sulla difensiva. Senza contare che, nel frattempo, era costretto a uno stile di vita che non gli apparteneva. Lui, che era abituato a tirar tardi insieme con gli amici, all'improvviso scopriva notti brevi e tranquille fatte di cene fuori, cinema e orari molto soft. Gli mancavano le sue uscite, scalpitava per andare a ballare al ritmo della sua adorata musica hip-hop e, quando lo faceva, le voci intorno a noi diventavano più pressanti, più insistenti.

Nel frattempo ci aveva raggiunto John, il suo migliore amico. All'inizio non ero molto convinta di queste continue uscite a tre, ma è stato proprio John ad attenuare i nostri malumori, ad aiutarmi a capire e decifrare meglio le reazioni di Eddy, soprattutto le più estreme. Era buffo notare gli sguardi della gente che ci vedeva per strada: io, bianchissima e biondissima, tra due ragazzi uno mulatto e uno nero carbone. Li notavamo sgranare gli occhi e girarsi più volte per accertarsi che fossi davvero io. Chissà cos'avranno pensato, commentavamo ridendo.

Spesso, per assecondare i gusti di ognuno senza forzature, Eddy usciva con John e io con le mie amiche e i commenti acidi fioccavano. Eddy è un ragazzo con la testa sulle spalle e non mi sono mai preoccupata, perché dovevano farlo i miei conoscenti per me?

Neanche gli amici, passato l'iniziale entusiasmo nel vedermi tanto felice, riuscivano ad andare d'accordo con lui.

«Ha un ego incontenibile!» dicevano.

«È vero, ha una personalità molto decisa, ma neanche io scherzo», rispondevo.

«Lo so, Antonella, ma lo vediamo così duro, perfino con te. Tu gli hai aperto le porte del tuo mondo, ne parli benissimo con tutti. E lui sembra che non senta nemmeno il bisogno di ricambiare questa generosità, è sempre così indomabile. Meriti un uomo che ti riempia di attenzioni e amore.»

Eddy mi stava vicino, è vero, ma a modo suo. Davanti agli altri non lasciava mai intravedere momenti di tenerezza o romanticismo, l'immagine che dava di sé era quella di un ragazzo freddo e distaccato, offrendo così un valido appiglio per chiunque volesse criticarlo.

«Con me è diverso» cercavo di dire.

«Se ti ama, perché non lo dimostra?» continuavano a chiedere.

«Vedrete, quando lo conoscerete meglio vi accorgerete che la sua è solo una facciata. Lo fa per difendersi» rispondevo io. Ero certa che gran parte delle incomprensioni derivassero dai pochi contatti che avevano con lui e dal fatto che Eddy, oltre a sentirsi sotto esame, ancora non parlava bene la nostra lingua. Nel dubbio, invece di tentare di esprimersi, si chiudeva in se stesso.

Nel caos dei commenti e dei pettegolezzi, però, c'era comunque qualche vera amica dalla mia parte, qualcuna che riusciva a capirci e a vedere al di là delle diversità e delle prime impressioni: erano Tiziana e Miriam.

Tiziana è la persona più razionale e matura del mondo, sempre pronta a farmi ragionare meglio sulle cose, a offrirmi soluzioni pratiche da mettere in atto. È una di quelle persone che ti fanno sentire con le redini della situazione in mano. Ci eravamo conosciute molti anni prima e, come ogni grande amicizia che si rispetti, i primi giorni non ci potevamo vedere. Mi sembrava arrogante nel suo dire sempre ciò che pensava, supponente nel dare risposte a chiunque. No, non mi pareva proprio il mio tipo. Poi, durante una cena tra amici, ci siamo ritrovate per caso vicine. Abbiamo provato a ignorarci per almeno un'ora finché non abbiamo incrociato lo sguardo l'una dell'altra, accorgendoci di essere ridicole nel nostro modo di porci, così reciprocamente prevenuto. Quel giorno abbiamo iniziato a parlare ed è come se non avessimo più smesso. Tiziana sa farmi da grillo parlante quando sono attanagliata dai dubbi ed è capace di farmi riflettere anche quando la mia testa si svuota. Sarà che è un po' più grande di me, sarà la sua lucida analisi della realtà, ma le sue parole sono sempre opportune e misurate. Lei è l'amica saggia, indispensabile nei momenti di crisi.

Se Tiziana mi aiuta a pensare, per contro Miriam mi aiuta a sdrammatizzare, a prendere la vita con la giusta leggerezza. Non so come potrei definirla. Una pazza, un'amante della vita o forse uno spirito libero. Di certo è una grande amica. Ne ha passate di tutti i colori Miriam. Episodi bellissimi e altri terribili, senza vie di mezzo, e ogni volta – fosse stata la donna più euforica del mondo o la più disperata – ha trovato il modo di fare il passo successivo, di non arenarsi nelle situazioni. Percorre la sua vita più veloce degli eventi e sa sempre rialzarsi. Ai miei occhi è una specie di Araba Fenice, che sa risorgere con leggerezza e disinvoltura. Con il suo umorismo e la sua visione rosa del mondo mi aiuta a vedere le cose dal lato giusto. Ci siamo conosciute tramite un'amica in comune: «Conosco una che fa le carte per hobby ma indovina sempre!» mi aveva detto.

Avevo provato e, dietro la cartomante per gioco, si nascondeva quella che sarebbe stata una delle mie più care e fidate amiche. «Accidenti, Antonella, com'è faticoso quest'uomo!» aveva esclamato dopo aver interrogato i suoi tarocchi riguardo alla mia nuova storia, e mai sentenza si sarebbe rivelata più esatta.

Era con Tiziana e Miriam che condividevo la mia felicità e a loro che confidavo i miei dubbi: «Anche voi pensate che l'età sia un problema?» avevo chiesto al tavolino di un caffè, mentre Tiziana sorseggiava il suo espresso senza zucchero e Miriam una cioccolata con panna.

«Certo che no, Antonella. Nessuno sa come potrà andare a finire una storia, è possibile che due persone della stessa età si lascino dopo un anno mentre due persone con una grande differenza di età siano felici insieme per tutta la vita. Non c'è niente di certo e sicuramente non è la data di nascita a decidere il successo o l'insuccesso di una storia, se siete davvero innamorati» aveva detto Tiziana.

«Ma buttati e via!» incoraggiava Miriam.

«E come faremo quando sarò una tranquilla e gentile sessantenne e lui un aitante cinquantenne?»

«Un problema alla volta» consigliava saggiamente Tiziana.

«Come corri! Stai già pensando alle nozze d'oro? E comunque, anche se fosse, se una mattina si dovesse svegliare, guardarti e fuggire terrorizzato... sarebbe un motivo sufficiente per non vivere tutto il bello che avete ora?» aveva chiesto Miriam.

La risposta era semplice: no.

Qualsiasi cosa sarebbe accaduta in futuro – e nessuno per ora poteva saperlo – non era un motivo per imporsi di lasciar perdere quella storia tanto bella e intensa. Tra vivere dieci anni, ma sulle montagne russe, e cinquant'anni tranquilli con un uomo che va bene «razionalmente», sceglievo senza dubbio la prima possibilità.

E poi è successo, un sabato.

Ero andata alla festa di un'amica in un locale alla moda, Eddy era partito il giorno stesso per andare a Milano a vedere una partita con gli amici. Non mi sentivo bene, avevo una sensazione strana addosso. Le persone intorno mi sembravano troppo rumorose, il fumo delle sigarette particolarmente pungente, e poi c'era questa storia del ritardo di due giorni rispetto al mio puntualissimo appuntamento mensile.

Il giorno dopo ho deciso di fare un test di gravidanza. Ho chiesto a un amico di andarlo a comprare per me, mi sono fatta consegnare il pacchettino e, sbattendolo quasi fuori di casa per il desiderio di restare in assoluta solitudine, mi sono chiusa in bagno.

Nei momenti importanti della mia vita scelgo di stare sempre sola, perché queste situazioni possono portare a emozioni bellissime o, di contro, a brutte notizie. Nel caso questo accada, voglio essere io a prendere il primo colpo, per digerirlo e attutirlo agli altri. A differenza di tanti, sono convinta che solo gli avvenimenti belli siano fatti per essere condivisi. Quelli brutti vanno prima metabolizzati. Voglio proteggere le persone che amo. Desidero che siano messe a parte del dolore in modo diverso, attraverso le mie parole, tramite un percorso di accettazione che ho già costruito per loro. Da sola. Come in quel momento, nel mio bagno.

Che senso aveva creare delle aspettative in Eddy alludendo a un test di gravidanza per poi deluderlo con un risultato negativo? «Sono incinta» era l'unica notizia sensata da dare, tutto il resto sarebbe rimasto in quel bagno. La delusione sarebbe stata soltanto una piccola implosione nel mio stomaco, una delle tante nella vita, una di quelle da cancellare con un sorriso e un abbraccio al suo ritorno.

Quanto possono essere logoranti quei minuti di attesa in cui le famose linee rosse del test dovrebbero colorarsi? Facevo avanti e indietro, lo sguardo che continuava a cadere sullo stick: ancora niente. Non pensarci, non pensarci, mi ripetevo. Se va bene è meraviglioso, se va male rimane tutto com'è, ed è bello comunque. All'improvviso ho ricordato tutte le volte in cui, guardando Eddy, ho fantasticato su quanto sarebbe stato bello fare un figlio assieme a lui, con i suoi lineamenti, il suo sorriso. Ho scoperto di covare segretamente una speranza forte. E pensare che non ero mai stata ossessionata dal desiderio di maternità. Pur venendo da una famiglia unita attorno ai figli, vivevo l'argomento con grande fatalismo. Durante le mie storie importanti – vuoi perché ero ancora molto giovane, vuoi perché il desiderio non era così forte – non era mai capitato di restare incinta. Mi piacevano i bambini ma non ne sentivo l'urgenza nella mia vita. Arrivata ai quaranta sembrava un evento totalmente improbabile, tanto che non stavo nemmeno troppo attenta a evitarlo. I figli arrivano da sé, pensavo, e se non arrivano un motivo ci sarà.

E poi eccomi, a rivoltare ogni certezza sulla quale poggiavo i piedi. A scoprire che, sì, desideravo che quella seconda linea rossa apparisse. Con tutto il cuore.

«Oliver, vieni qui» ho chiamato.

Il mio bimbo peloso ha spinto la porta con il tartufo e si è fatto avanti scodinzolando finché, ansimando rumorosamente, non si è sistemato proprio di fronte a me.

«Lo vedi questo?» gli ho detto mostrandogli lo stick. «Adesso lo guardiamo insieme e vediamo che succede.»

E la linea rossa è apparsa. In quell'attimo, proprio mentre ci posavo lo sguardo sopra. Si è palesata prima sottile e scolorita, poi sempre più intensa via via che i secondi passavano.

Ricordo di essermi vista allo specchio, con quel test in mano e un sorriso ebete. Sono rimasta come ipnotizzata, qualunque cosa facessi mi rendevo conto di avere questa smorfia di felicità come stampata in viso.

Ho preso Oliver per le zampe anteriori e l'ho fatto ballare. Seguivamo il ritmo di una musica immaginaria, quella di una gioia intensa e completamente inaspettata.

Eddy sarebbe tornato il giorno dopo. Volevo dirglielo di persona, fargli una sorpresa. In quel momento ho pensato che non potevo tenermi dentro quell'emozione così forte o sarei impazzita, ma non volevo nemmeno dare illusioni ai miei amici più intimi. Ho chiamato la mia assistente, Allegra.

«Ti va di accompagnarmi a comprare una cosa?» le ho chiesto.

«Quando? Più tardi? Domani?» ha domandato.

«Adesso. Subito» ho risposto.

Siamo entrate in un negozio per bebè e ho scelto un paio di piccolissime scarpe da ginnastica. Le ho fatte impacchettare come fossero un regalo.

Lei mi ha consigliato il colore: «Prendi queste bianche, così vanno bene sia per un maschietto sia per una femminuccia».

Ha sorriso mentre mi salutava, sapendo che da quel momento, comunque le cose fossero andate, era la custode di un piccolo segreto. Con quell'espressione dolce pareva accarezzarlo assieme a me.

Eddy è rientrato verso sera, portando una borsa e l'odore di aeroporto addosso.

Ero nervosa, avevo cucinato un piatto di pasta con Oliver che gironzolava in cucina e che ogni tanto, avvertendo la tensione nell'aria, mi dava colpetti sulle gambe col suo tartufo umido.

Non l'ha notata subito. Aveva piovuto e aveva fretta di togliere gli abiti umidi e indossarne di asciutti. Solo dopo essersi cambiato ed essere tornato in salotto con una t-shirt blu notte, ha posato lo sguardo sul tavolo.

«E questa?» ha chiesto rigirandosi tra le mani la scatolina bianca, avvolta in un nastro di raso. Chissà cos'avrà pensato in quel momento, forse semplicemente di aver ricevuto un pensiero mentre era via.

«Aprila» gli ho detto.

Mi sembrava di vivere la scena al rallentatore. Il modo in cui tirava il nastro per sciogliere il fiocco, la striscia di raso che si ripiegava lentamente su se stessa, l'adesivo del negozio che veniva staccato dalla scatolina, e poi i suoi occhi quando ha finalmente capito che cosa conteneva la confezione.

Non l'avevo mai visto tanto emozionato. È rimasto con quelle microscopiche scarpine tra le mani, ancora più piccole nel suo palmo così grande, ancora più bianche contro la sua pelle, fissandole in silenzio. Poi ha posato lo sguardo su di me. Pochi passi e mi ha stretta in un abbraccio interminabile, che diceva tutto senza dire niente. Improvvisamente ogni cosa aveva più senso. Improvvisamente scoprivamo di condividere un sogno: quello di un figlio insieme. Non c'è stato un istante di tentennamento, un'ombra nei pensieri. Certo, già immaginavo le facce storte, le parole sottovoce degli altri, ma non avevo dubbi che le avrei sopportate fieramente. Ero sicura che in quel momento la scelta di avere un figlio con lui era giusta. Lo sapevo a pelle. Nelle scelte importanti ascolto solamente la voce dell'istinto, e quella non parla certo dalla bocca di chi osserva. Era il cuore a darmi le risposte. Stavamo per avere un bambino e l'aria, in casa, era pervasa di gioia.

Abbiamo passato la serata mangiando la mia pasta al pomodoro che nel frattempo si era raffreddata, ma sembrava lo stesso la cena più buona del mondo.

Non riuscivo ancora a immaginare il nostro futuro, lo spazio dei miei pensieri era invaso da un'indistinta sensazione di benessere. Mi sentivo dentro alla vita come non mai, partecipe di un progetto scritto apposta per me. In quel momento, seduto assieme a me su quella sedia bianca, c'era mio figlio. Chissà da quanto tempo. Era stato con noi per giorni senza che lo sapessimo. Aveva trovato posto nel mio ventre al caldo, protetto, senza dire niente a nessuno. Probabilmente era già cresciuto un pochino, chissà quant'era grande. Come un'unghia o come una nocciolina? Aveva già le manine e i piedini o forse assomigliava ancora a un piccolo cavalluccio marino, come nelle foto dei libri di scienze?

Quella sera l'impressione era di galleggiare in un'atmosfera densa di amore, di progetti. Non dimenticherò mai lo sguardo di Eddy. Irradiava gioia vera, che nessuna parola sarebbe stata in grado di spiegare.

Non ho potuto fare a meno di confidarmi con mia sorella. L'ho chiamata il giorno seguente, appena sveglia, e la voce quasi mi tremava.

«Cri, è successa una cosa. Una cosa bellissima» ho esordito.

Le ho raccontato tutto con grande entusiasmo, ma con altrettanto timore che non condividesse la mia gioia. Sapevo che, vista da fuori, una gravidanza in quel momento, e dopo soli due mesi di reciproca conoscenza, poteva apparire una follia.

«Antonella, sai che sono sempre dalla tua parte, quindi spero che tu ci abbia riflettuto bene» ha detto lei. «Lo conosci da così poco. Dovete ancora collaudare la vostra coppia, imparare ad andare d'accordo in questo nuovo contesto, capire se potete davvero costruire una famiglia insieme. Guarda che fare un figlio non è semplice, non dev'essere il frutto di un caso.»

«Ma nemmeno il frutto di un calcolo a tavolino» ho risposto un po' offesa. Sapevo che mia sorella non stava cercando di sminuire i miei sentimenti e che era solo preoccupata per me, ma nonostante questo sentir parlare del mio bambino come di un errore mi faceva immediatamente alzare la guardia. Adesso di cose da difendere ne avevo due: il mio compagno e il nostro bambino.

La clinica era di quelle confortevoli e accoglienti, con pareti di colore caldo e quadri rassicuranti ai muri. Avevo appuntamento per un'ecografia alle quattro del pomeriggio ed ero arrivata con largo anticipo, per non rischiare di aspettare. Da quando avevo fatto il test era come se camminassi sospesa da terra, leggera e inebriata. Lo leggevo sui volti degli altri perché, non appena mi vedevano, sorridevano istintivamente in risposta alla mia espressione radiosa.

«Come ti senti?» ha chiesto la dottoressa facendomi preparare per la visita.

«Felice» ho risposto, senza neanche ragionarci troppo.

«Bene. Vediamo subito come vanno le cose...»

Non si riusciva a capire molto. L'immagine era una sorta di grande macchia nera che conteneva un minuscolo puntino bianco. La dottoressa l'ha indicato.

«Questo è lui... o lei» ha detto sorridente.

Sono rimasta muta a fissare affascinata quel puntino, che era l'inizio di una vita, che sarebbe diventato un bambino, una persona, mio figlio. Che avrei tenuto tra le braccia prima e visto crescere poi. Chissà come mai quei pensieri, fino a quel momento rimasti nascosti senza mai uscire allo scoperto, ora li sentivo così miei.

Mentre tornavo a casa percorrendo le strade di Roma portavo con me fantasie che non avevo mai esplorato davvero. Una culla bianca, una stanzetta da arredare, un sorriso sdentato, il rumore di un pianto, il calore di un bambino che ti si addormenta addosso. Stavo per diventare mamma e mi sembrava ancora incredibile.

Ancora non potevo condividere la notizia con il mondo, la dottoressa era stata chiara: bisognava aspettare i canonici tre mesi per essere sicuri che la gravidanza procedesse bene. Per il momento era il segreto che custodivo con cura assieme a Eddy e a mia sorella, ma soprattutto con lui. La nostra felicità personale così preziosa, intensa.

Rientrando in casa, ho percepito un silenzio assoluto.

«Eddy?» ho chiamato.

«Non c'è» mi ha risposto la sua voce.

Ho girato l'angolo ed eccolo lì, seduto sul divano insieme all'orso di peluche più grande che avessi mai visto. Saranno stati gli ormoni, ma ho pianto di gioia.

Era l'inizio di ottobre, meno di due mesi dopo il suo arrivo in Italia. Se tutto fosse andato bene, per Natale avrei potuto rivelare a tutti di essere in attesa di un figlio.

Sono stati giorni di fantasie dolcissime. Pensavamo ai suoi occhi.

«Li avrà verdi come te, ma con il mio taglio» diceva lui.

«Però voglio che abbia il mio nasino» rispondevo io.

«E lo porteremo a Bruxelles a conoscere la mia famiglia e i miei amici, e anche a Marrakech ovviamente.»

Chissà come la prenderà Oliver. Pensa, soltanto quattro mesi fa non ci conoscevamo nemmeno. Preferiresti una femmina o un maschio? Ci avevi mai pensato? E altre mille parole, progetti e speranze.

Un mese dopo avevo fissato il secondo appuntamento con la dottoressa: dovevamo sentire il battito. Era una giornata di pioggia, siamo usciti dalla macchina correndo sotto l'ombrello e siamo entrati un po' nervosi, col fiatone e i vestiti inumiditi.

«Che posto... materno» ha detto Eddy senza riuscire a trovare un aggettivo adeguato per il corridoio della sala d'attesa. Proprio sopra la nostra testa campeggiava un grande poster che illustrava lo sviluppo del feto nella pancia della mamma.

«Tu sei a questo punto qui, no?» mi ha chiesto indicando una delle primissime immagini dove il bambino sembrava ancora un piccolo anfibio, mani palmate e gambe unite in una strana codina arrotolata.

Abbiamo preso a sfogliare riviste mediche e specializzate in puericultura. Insieme con le pagine piene di articoli e pubblicità si è aperto un mondo.

«Ma veramente a un bambino servono tutte queste cose?» mi ha domandato mostrandomi un giornale che illustrava il kit ideale per un neonato.

«Be', sai, una culla, biberon, vestitini, ciucci. Cos'altro dice sul giornale?»

«Sterilizzatore, tisana anticolica, sacco nanna, scaldabiberon, luce antibuio, umidificatore...» elencava sgranando gli occhi.

«Davvero?» ho chiesto appropriandomi della rivista. C'erano oggetti di cui non sospettavo nemmeno l'esistenza.

«Tu non sei una di quelle che se nasce femmina dipingi tutta la casa di rosa, vero?» si è informato alzando il sopracciglio.

«Be', il minimo indispensabile» ho risposto con un sorriso eloquente.

Dopo qualche minuto la segretaria ha annunciato il nostro turno. Ho intravisto Eddy alzarsi con movimenti impacciati e lo sguardo abbastanza emozionato.

«Ah, oggi c'è anche il papà» ha detto la dottoressa dopo averci salutato e accolto nello studio.

Come la volta precedente mi ha fatto sdraiare, ha spalmato quel freddissimo gel sulla mia pancia e, con la sonda, ha cominciato a cercare il puntino bianco.

«Eccolo, eccolo lì» ho detto a Eddy non appena ho rintracciato un'ombra più chiara sullo schermo. All'inizio ero indecisa se farmi accompagnare da Eddy all'ecografia o no, ma poi avevo deciso di condividere quel momento insieme con lui. Ero convinta che niente potesse andare storto, volevo metterlo davanti alla meraviglia della vita, vederlo sorridere.

«E il battito?» ha chiesto lui.

«Un attimo che attivo il doppler» ha replicato la dottoressa.

Ricordo di aver ripensato a quello che avevano raccontato le amiche, di come il battito di un feto sembrasse un cavallo al galoppo, deciso e inarrestabile.

E poi ricordo quell'improvviso silenzio, che per me, per noi che non sapevamo ancora nulla, che galleggiavamo nella fantasia di qualche secondo dopo, quando avremmo iniziato a sentire un cuore, per noi quel silenzio lì era ancora gioia. Era ancora fiato sospeso. Era ancora tutto.

Sono stati gli occhi della dottoressa a farmi intuire che qualcosa non andava, e io pregavo che fosse rotto il doppler o tutto l'ecografo, che la clinica stesse andando in mille pezzi o qualsiasi altra cosa pur di non sentire quella frase. Quella che ha tagliato in due la mia felicità come una tela bianca.

«Non c'è battito» ha detto, ed è strano come quelle parole taglienti come coltelli, nella sua bocca, fossero quasi un soffio.

E allora ho scoperto che suono ha il dolore: è silenzio. Nel cuore di tuo figlio. Nella tua pancia. Dentro di te. Ne ero assordata.

La prima cosa che ho pensato è stata: "Ecco, dovevo venire da sola. Perché ho portato Eddy proprio oggi, perché è andata così?". Avrei voluto tornare indietro nel tempo e fermarlo prima che indossasse quella giacca leggera, prima che mettesse addosso quel sorriso, prima che aprisse una pagina di quelle riviste tappezzate di bambini. Adesso non potevo far nulla per attutire il colpo di quelle parole su di lui, potevo solo stringergli la mano.

«No, non pensate subito al peggio, magari è solamente un ritardo di sviluppo, forse siamo più indietro con le settimane di quanto credessimo. Antonella, torna tra qualche giorno e ripetiamo l'ecografia» si è affrettata a dire la dottoressa, così comprensiva e delusa. Ha aggiunto, quasi fosse una giustificazione, che episodi del genere erano molto comuni nel primo trimestre e che non dipendeva dalla mia età, accadeva anche alle venticinquenni.

Sapevamo tutti che non sarebbe cambiato nulla. Ho trascorso una settimana orribile, a tentare di domare una speranza che cercava di farsi strada nonostante tutto. Non volevo sentir parlare di bambini, non volevo nemmeno vederne per strada, non volevo pensare a un domani che avevo già immaginato con un figlio e l'ingombrante felicità che ci avrebbe regalato.

Sono tornata dalla dottoressa da sola, e finalmente quella speranza testarda si è arresa: non c'era battito, non ci sarebbe mai stato.

«Cosa devo fare adesso?» ho chiesto, mentre iniziavo a capire che mi importava poco di tutto in quel momento. Desideravo soltanto andare a casa.

«Possiamo attendere che il tuo corpo collabori con un aborto spontaneo oppure fare un raschiamento.»

Solo al sentirla pronunciare, quella parola faceva venire i brividi, ma non avevo altra scelta. Non c'era più niente dentro di me. Dovevo avere una conferma concreta che era finita davvero, chiudere il capitolo per poterlo lasciare alle spalle e andare avanti. Con il cuore in gola, ho scelto la seconda possibilità.

«Quando vuole farlo? Possiamo decidere con calma una data, non c'è fretta.»

«Qual è la prima data disponibile?»

«Venerdì.»

«Facciamolo venerdì.»

Sono entrata in clinica con la testa ovattata da un'angoscia soffocante. I giorni precedenti credo di averli rimossi, o comunque nella mia mente sono un unico spazio grigio. Il fantasma dell'intervento aleggiava sulle nostre teste come un temporale pronto a colpirci. I fulmini erano i pensieri improvvisi delle nostre fantasie abbandonate. Ritrovare le scarpine nel cassetto. Vedere su un giornale la pubblicità di un passeggino. Dover telefonare a Cristina e dirle: «È tutto finito», poi non riuscire più a parlare.

Di quel giorno, invece, ricordo ogni dettaglio, anche se non vorrei.

La sveglia alle sette e il momento in cui la realtà mi ha strappata violentemente dai sogni e mi ha fatto realizzare tutto. Il tragitto da casa alla clinica, con quelle lacrime che rimanevano a pungere in gola senza riuscire a salire né a scendere. La stanza spoglia con un crocefisso al muro. Il lettino scomodo, con le lenzuola ruvide e una copertina azzurra. Gli occhi di Eddy così vuoti e così pieni di dolore al tempo stesso. La flebo nel braccio mentre mi portavano via.

La dottoressa che doveva operarmi è venuta a parlare con me pochi minuti prima di portarmi in sala operatoria.

«Mi dispiace molto» ha detto guardandomi.

Ho retto quello sguardo solo per pochi secondi. Nel mio c'erano troppi sentimenti tutti insieme, e nessuno di questi era in grado di nascondersi dietro ai miei occhi. Stavo per fare un raschiamento, in altri termini, un aborto forzato. Sapevo disperatamente che forse non avrei avuto altre possibilità di avere un figlio. Questa consapevolezza sbriciolava ogni coraggio. Cercavo di ripetermi che sarebbe andato tutto bene, ma in quel momento non riuscivo a crederci. Tentavo di essere forte e trasmettere questa forza a chi mi stava intorno, Eddy per primo. Volevo comunicare a tutti che ce l'avrei fatta, che sarei andata avanti, che non sarei finita in mille pezzi.

Poi ho dovuto allontanare lo sguardo da quel camice che di lì a poco avrebbe visto per l'ultima volta mio figlio, altrimenti non ce l'avrei fatta.

Quando l'ho rialzato, era lei a piangere.

Mi ha tenuto stretta la mano mentre passavamo davanti al reparto maternità, fino a quella maledetta porta verde, la linea di demarcazione tra i sogni del giorno prima e la realtà di quel giorno da dimenticare.

È successo tutto molto velocemente, forse anche troppo. Un'ora ed ero di nuovo nella mia stanza. Il vuoto era una sensazione vertiginosa, dove il mio dolore aveva un'eco incontenibile.

Mi hanno dimessa la sera stessa. Sono uscita stretta nel cappotto, tentando di scacciare a ogni passo il ricordo di quei momenti neri dentro a quella clinica, dove non avrei mai più messo piede.

Faceva freddo e avevo la nausea. Eddy mi teneva per la mano. Tra quelle dita c'erano frammenti di ciò che avremmo potuto essere, spine che entravano piano nella pelle del nostro rapporto senza che potessimo evitarlo. Cercavo di guardare avanti, come ho sempre fatto nei momenti di maggior difficoltà, ma la mia mente era congelata in quel presente triste, non riusciva ad allontanarsi di un solo passo. Nemmeno pensare alla mia casa e a Oliver, al suo scodinzolio che mi attendeva, al letto caldo dove avrei potuto sprofondare serviva a farmi sentire meglio. Nulla bastava, nulla sembrava avere senso.

È stato allora che la fama, per la prima volta, mi ha soffocata.

«Antonella» ho sentito chiamare da lontano, insieme allo scalpiccio frenetico di una breve corsa. Mi sono voltata e ho visto un signore dallo sguardo gentile. Mi ha inseguito per qualche passo, poi mi ha chiesto un autografo. Ho stretto i pugni nelle tasche perché *io* – la donna che aveva appena perso un figlio, la donna con l'anima a pezzi e non Antonella Clerici – *io* avrei voluto urlare, piangere, correre via, essere solamente lasciata in pace. Ma quell'uomo non poteva saperlo. Ho respirato profondamente e, cercando la forza per accontentare la sua richiesta educata, ho impugnato una penna. Ho tracciato il mio nome senza inchiostro, non riuscivo nemmeno a premere sulla carta con forza sufficiente. Avevo voglia di urlare, invece ci ho provato di nuovo, e alla fine ho firmato con affetto un pezzo di carta. Sono tornata a casa più in fretta che ho potuto.

Il giorno dopo ero in studio a registrare una puntata. Com'è che dicono? «Lo spettacolo deve andare avanti.» Il mio non era un sorriso, era un sipario aperto per forza anche senza spettacolo, aperto sul nulla.

Eddy mi è stato vicino alla sua maniera, con i suoi silenzi, il suo appoggio discreto ma saldo, il suo sguardo vigile. Parlava poco, e solo per confortarmi. Tutto il resto era il suo dolore intimo, sordo, perso in un luogo inaccessibile. Qualcosa però accomunava il nostro modo di reagire al lutto, ed era il desiderio di andare oltre e di riprovarci. Ciò che era successo ci aveva violentemente spinto in avanti.

Soprattutto per me, qualcosa era cambiato. Uscivo rafforzata da quell'orribile esperienza. Era una consapevolezza strisciata piano dentro di me prima del test, confermata dalla gioia di vederlo positivo, amplificata dal dolore che avevamo provato: non aveva importanza quanto fosse difficile, io volevo diventare madre. Lo desideravo con tutto il cuore. E dentro di me, in un angolo che avevo protetto da tutto quello che era successo, ero sicura che ci sarei riuscita.

2

Tentativi

I love New York.

È stampato sulle t-shirt e sulle tazze che trovi a ogni angolo di strada, stipate sui ripiani dei negozi di souvenir.

È quello che penso anch'io. Amo questa città, le sue strade disposte a scacchiera, centinaia di persone che si muovono tutte insieme allo scattare di un semaforo, i sorrisi dei venditori di hot dog, le insegne luminose di Times Square. New York significa sentirsi al centro del mondo, lì dove tutto succede.

La Grande Mela non è un posto per fermarsi a fantasticare e riflettere, ed è per questo che avevo scelto di tornarci in quel momento. Avevo bisogno di rumore, movimento, eventi caleidoscopici che mi girassero intorno. Per dimenticare, per andare avanti.

Ci sono stata svariate volte e ho sempre trovato qualcosa di nuovo da scoprire; è una città che sa cambiare volto rimanendo la stessa.

Siamo arrivati il weekend dell'8 dicembre e l'aria del Natale avvolgeva la città facendola risplendere. Percorrendo le strade mi specchiavo nelle vetrine decorate, incrociavo Babbo Natale davanti ai negozi di giocattoli, ascoltavo *Christmas Carols* nei grandi magazzini. Tutto riconduceva a un immaginario collettivo che prevedeva affetto, case addobbate, momenti intimi, baci e caminetto. In una parola: *famiglia*.

Da una parte faceva male, un male da morire. Mi ero immaginata delle feste natalizie totalmente differenti, avvolte di gioia e di dolcezza e con una piccola pancia da accarezzare. Dall'altra però, essere in un luogo diverso, con persone che non sapevano chi fossi e che parlavano un'altra lingua, aiutava a non pensarci troppo.

I grattacieli spostavano in alto il mio sguardo e lo lasciavano perdere in un altro orizzonte. Camminare stancava anche l'angoscia. Fare progetti per la giornata serviva a deviare l'attenzione dai ricordi.

Tutto sembrava cospirare per la mia guarigione, curiosamente anche l'albergo. All'inizio volevo andare nel mio preferito, un grattacielo da cui si vedeva tutto il verde di Central Park, con ampie finestre che lo riempivano di luce. All'ultimo istante invece avevamo scelto un hotel di design, molto bello ma chiuso su se stesso, sulla sua illuminazione artificiale e le curve dei mobili. Quella lieve claustrofobia è stata però il motivo che ci ha spinto a stare fuori il più possibile. Abbiamo riempito le nostre giornate di attività, ci siamo tuffati nelle strade, tra le persone, nelle cose. Visite ai musei e ai centri commerciali, serate a teatro, ristoranti carini, attrazioni turistiche, passeggiate senza meta. Gli eventi dovevano incastrarsi in una successione che non lasciasse spazio a un solo pensiero.

Ricordo una bellissima serata al Madison Square Garden per una partita di basket, una cena a Manhattan, un regalo comprato a un'amica in un bellissimo negozio di design.

Mi incamminavo con decisione verso la guarigione semplicemente perché così doveva essere, sguazzare dentro il dolore non aveva alcun senso. Non soffermavo lo sguardo su mamme e bambini, non esitavo davanti ai negozi premaman, non permettevo che le fantasie di quello che sarebbe potuto essere si accomodassero nella mia testa.

Ero partita da Roma perché dovevo tracciare una linea di demarcazione netta tra il passato e il futuro.

Mi lasciavo alle spalle l'ultima puntata del *Treno dei Desideri*, un programma che per me aveva significato tanto, in molti sensi. Quando era iniziato anch'io avevo il mio desiderio, protetto, ancora non rivelato a nessuno, come tutti quelli a cui si tiene particolarmente. Con il passare delle settimane e delle puntate si era dolorosamente spento. Avevo finito per realizzare i desideri di tante persone, eccetto il mio. I sorrisi che regalavo non riuscivo a tenerli in viso per più di un attimo. Spente le luci della diretta, era inevitabile pensare al mio fallimento. Mi sentivo svuotata, persa. Andare via per un po' mi pareva l'unica soluzione possibile. Decontestualizzata e consapevolmente stordita dalle novità, piano piano, un passo alla volta, mi sono riaccesa.

Gli ultimi giorni a New York mi sono finalmente sentita pronta a ritrovare la me stessa di sempre e, soprattutto, a ricostruire con Eddy un'intesa serena, libera dalle nuvole nere che aleggiavano sulla nostra testa. Abbiamo ritrovato la dolcezza di una carezza, di un bacio, del tenerci per mano, e tra le nostre dita stringevamo la certezza che quel momento sarebbe passato e che, dopo, saremmo stati più forti.

La guarigione si è completata a Bruxelles, il giorno di Natale.

Sono partita senza troppa convinzione, ma non potevo restare a casa e trascorrere giornate tra addobbi e pacchetti colorati come se nulla fosse accaduto. Sarebbe stata una festa triste, il senso di mancanza avrebbe fatto percepire ancora di più il dramma che avevo appena attraversato. È il vizio e il limite della tradizione: tutto dev'essere al suo posto oppure i vuoti che si creano paiono enormi.

Non potevo lasciare che l'abitudine diventasse il pantano del nostro dolore. Era il momento di cambiare le carte in tavola per andare avanti, quindi mi sono ritrovata a festeggiare la vigilia in modo diverso dal solito, secondo le abitudini di Eddy e dei suoi amici. Niente panettone e giochi di carte né regali scartati a mezzanotte, nessun parente di quelli che vedi una volta all'anno o tovaglia rossa con le candele.

Eravamo io, lui e i suoi amici. A noi si sono poi unite anche le due sorelle. Era la prima volta che conoscevo una parte della sua famiglia. Ero felice e tesa al tempo stesso: cos'avrebbero pensato? Sarei piaciuta? Avrebbero anche loro criticato le nostre differenze?

Le due bellissime ragazze, una più giovane di Eddy e l'altra poco più grande, mi osservavano con attenzione ma senza alcuna ombra di pregiudizio negli occhi. Abbiamo iniziato a conversare, come se fosse la cosa più naturale del mondo. Sembrava che avessero preso atto della nostra storia senza mettere in dubbio che saremmo potuti andare d'accordo. Con lo stesso spirito curioso e aperto del fratello, riuscivano a trovare la diversità semplicemente interessante.

Abbiamo brindato e poi siamo usciti a divertirci, quasi come fosse Capodanno. Di locale in locale, di bicchiere in bicchiere, abbiamo riso, abbiamo chiacchierato, e – per qualche istante – abbiamo dimenticato.

Poi, all'improvviso, ho sentito John parlare e in un attimo l'armonia si è spezzata. Lui, che ancora non sapeva della fine del nostro sogno, ha innocentemente chiesto: «Allora, come procede la gravidanza?».

Eddy gli aveva confidato del bambino ma non ancora della sua perdita. C'è stato un attimo di silenzio, quelli in cui tutti si voltano verso di te e si aspettano che tu dica qualcosa, e io avrei voluto morire pur di non aprire bocca. Ho fissato per un po' le maioliche colorate di fronte a me, poi ho preso un grande respiro, ho cercato il loro sguardo e la mia risposta è stata semplicemente: «L'ho perso».

Forse il momento peggiore è quando leggi il dolore sul viso degli altri, perché è allora che realizzi davvero.

Erano convinti che questo fosse il Natale più felice della mia vita, non immaginavano che fosse andata a finire così. Per un attimo mi sono sentita addosso, oltre al peso del dolore, anche quello di dovermi giustificare per un'allegria che non c'era, per un figlio che non sarebbe stato. C'è stato un istante in cui ho avuto paura che quella semplice domanda mi potesse togliere nuovamente la terra sotto ai piedi, farmi precipitare ancora più giù. Invece mi sono resa conto di aver superato anche l'ultimo ostacolo: parlarne. Il dolore era uscito, si era arrampicato sui grattacieli di New York e poi cristallizzato nel freddo di Bruxelles, ed era di nuovo violentemente uscito alla luce perché lo guardassi negli occhi una volta per tutte.

Sono tornata a Roma dopo una settimana, pronta a ricominciare il mio percorso.

Da dove iniziare? Be', ero convinta di partire avvantaggiata. L'essere già rimasta incinta una volta e la mia assoluta determinazione mi facevano sentire sulla buona strada. Però, per esserne certa al cento per cento e per ricevere consigli sensati era opportuno parlarne con un esperto. Non sono tornata dalla dottoressa con cui avevo fatto il raschiamento, il ricordo era ancora troppo vivido. Ho deciso di rivolgermi ad

Antonio, il mio ginecologo abituale, quello che per tanti anni mi aveva seguita.

Il suo studio è sempre stato molto intimo e accogliente, con luci soffuse e sedie avvolgenti, ma mai come in questa circostanza i discorsi hanno toccato corde per me così delicate e importanti. Osservando il fermacarte in pietra e i quadri alle pareti, mi chiedevo quante volte fossi stata lì senza mai pormi il problema di avere un bambino, senza mai domandarmi quanto tempo avessi prima di non averne più la possibilità. È proprio vero che a volte basta perdere le cose per capire disperatamente quanto le si desiderino. Con il suo solito sorriso tranquillo lui mi ha aiutata a fare il punto della situazione. Abbiamo ripercorso assieme tutto ciò che era successo fino a quel momento. I miei dubbi erano tanti e le speranze anche di più.

Sono stata molto diretta, chiedendogli subito: «Cosa pensi di quello che è accaduto?».

«Non è un fatto del tutto negativo. È vero, la gravidanza si è interrotta, ma purtroppo gli aborti sono eventi piuttosto frequenti e bisogna tenerne conto. Soprattutto alla tua età è piuttosto facile che accada. Pensa: avviene una volta su quattro.»

«Tanto spesso?»

«Purtroppo sì, ma non è sempre un male: a volte è semplicemente il modo in cui il corpo della donna si accorge che qualcosa non va come dovrebbe nella gravidanza, e arresta il processo. Chiamiamola una falsa partenza, ma non c'è nulla di preoccupante: anzi. Non dimentichiamo che il presupposto per perdere un bambino è rimanere incinta, e tu ci sei riuscita! Non è poi tutto così scontato, in fin dei conti è una buona notizia: una piccola vittoria anziché una sconfitta.»

«Quindi intendi dire che, se è successo una volta, è più probabile che accada di nuovo?»

«Certamente. Questo significa che non solo le tue condizioni fisiche sono buone, ma anche che con il tuo compagno c'è un'intesa favorevole al concepimento... Insomma, siete una coppia che indubbiamente da quel punto di vista funziona: siete una coppia fertile.»

«Allora dovrebbe essere facile, no?»

«Be', non è proprio così. Ti racconto una cosa. A tre mesi di gestazione un feto femmina, ancora nella pancia della mamma, ha ben otto milioni di cellule uovo. Quando nasce, il numero di questi ovociti si è già dimezzato, e quando arriva all'adolescenza o, meglio, quando arrivano le prime mestruazioni, ne rimangono "solo" quattrocentomila. Ogni mese teoricamente se ne produce una adatta al concepimento e molte altre si perdono, così fino alla menopausa; ma più si va avanti con l'età, e più è difficile che le cellule uovo siano di buona qualità e che riescano a essere fecondate.»

«Quindi mi stai dicendo che io ne ho poche, e pure acciaccate!»

«Be', non la metterei proprio in questo modo. Però, di certo non hai le cellule uovo di una ventenne!»

«Ma è vero che oggi le donne sono fertili fino a dopo i quarant'anni? Che l'età biologica si è allungata?»

«No, questa illusione è solo il risultato della nuova immagine di donna che si è affermata, con abitudini di vita e ritmi sconosciuti in passato. Ora ci sono gli studi, poi la ricerca del lavoro, la carriera, il desiderio di una maternità più consapevole anche a costo di rimandare a oltranza... Va a finire che le donne non si sposano e non pensano a fare figli se non dopo i trent'anni e questo, biologicamente parlando, è un rischio. La natura ignora le nuove necessità sociali. Sai che intorno ai trentacinque anni la possibilità di rimanere incinta è del cinquanta per cento, intorno ai quaranta solamente del dieci per cento e che in seguito diminuisce drasticamente?»

«Ecco, no. Non sapevo che le possibilità fossero così poche.» Pensavo a tutte le donne che conoscevo: quelle che avevano avuto un figlio intorno ai quarant'anni non erano poche, ma stando alle statistiche avevano avuto molta fortuna, o forse erano soltanto state seguite da medici molto attenti. Dove potevo collocarmi io?

«Non devi preoccuparti» ha continuato lui. «Il fatto che tu sia già rimasta incinta da poco depone assolutamente a vostro favore.»

«Certo, ma queste percentuali spaventano! Devo sottopormi a delle cure? Ho bisogno di un aiutino?»

«Per il momento no. Visto che la vostra coppia ha dato prova di fertilità proviamo a vedere come si comporta il tuo fisico da solo, continuando con tentativi naturali. Prima, però, facciamo qualche semplice analisi preconcezionale per controllare che tu sia in salute e che non ci siano impedimenti alla gravidanza; per esempio se hai contratto in passato rosolia, citomegalovirus o altre malattie infettive come la toxoplasmosi. Poi per qualche mese vediamo cosa succede. L'unica accortezza che ti chiederei è di monitorare l'andamento dell'ovulazione per identificare i giorni fertili e... sfruttarli al meglio.»

In quel preciso istante mi sono ricordata di un'amica che aveva sempre usato con religiosa devozione un particolare strumento, una sorta di piccolo computer, che la avvertiva dei suoi giorni fertili. Lei lo usava come contraccettivo, ma io sapendo quali erano questi giorni, invece di evitarli avrei potuto semplicemente... puntarli. Ne ho parlato con il medico e lui mi ha detto che poteva essere una buona idea.

«Ma ascolta anche il tuo corpo: vedrai, saprà darti dei segnali» ha concluso prima di salutarmi.

Sono corsa a comprare quello strumento e ho stretto il pacchetto tra le mani fino a casa, per aprirlo con grandi aspettative – nemmeno a dirlo – in bagno. Oliver si è infilato dietro di me ed entrambi fissavamo questo strano attrezzo un po' perplessi.

«Sì, Oliver, ce la faremo» gli ho detto.

Ci metteva un po', il computerino, a capire il tuo corpo e il tuo ciclo di ovulazione, ma poi diventava sufficientemente affidabile. Se per la maggior parte delle donne il pallino rosso sulla data indicava un perentorio ALT, per me rappresentava l'apertura delle danze.

Non che fosse un problema iniziarle, anzi forse il contrario. Il ginecologo era stato molto chiaro su un punto. «Cercate di non farlo tutti i giorni,» aveva detto «altrimenti la qualità del seme potrebbe essere inferiore. Aspettare qualche giorno spesso è molto producente».

Eh, producente. Avrei voluto che ci vedesse, nei giorni precedenti a quello *giusto*, in cui dovevamo astenerci forzatamente per avere lo «spermatozoo alfa» al momento opportuno. In fondo eravamo due neofidanzati, non solo nel bel mezzo della fase «ti salto addosso», ma oltretutto reduci da un periodo di totale castità in seguito al mio brutto intervento. Com'era umanamente possibile resistere alla passione anche per due soli, lunghissimi giorni?

Che poi capitava sempre così: magari accendevo la tv per distrarci con un bel film e i due protagonisti si stavano rotolando su un letto. "Eh, non vale!", pensavo. Aspettavo con ansia la pubblicità sperando di vedere apparire sullo schermo un nonnetto con l'adesivo per la dentiera che scacciasse qualsiasi fantasia, e invece c'era la gnoccolona di turno che seduceva il marito con un cioccolatino. Chiamavo la mia amica Miriam per fare due chiacchiere e lei mi raccontava dell'ultima notte di passione col suo compagno. Perfino Oliver si divertiva a sfogare i suoi istinti con la papera di gomma sotto ai nostri occhi avviliti. Ma cos'era, una congiura?

L'obiettivo era anche cercare di rendere le cose il più normali possibili per Eddy. Per me era inconcepibile dargli un calendario del sesso con le date giuste evidenziate e quelle sbagliate barrate in rosso. Altro che uccidere la passione: sarebbe stato infierire sul cadavere!

Volevo essere io a gestire la cosa, ma senza farglielo notare troppo.

Così, nei giorni giusti ero un incrocio tra Jessica Rabbit e una geisha: pronta all'azione con indosso vestiti accattivanti, un sorriso sornione appiccicato in faccia e l'aria da fidanzatina che non aspetta altro. Se tutto andava bene non c'era nessun problema a fare i dieci passi dalla porta d'ingresso a quella della camera da letto, perdendo qualche pezzo per strada. I guai arrivavano se per caso c'era una piccola discussione nell'aria. Dovevo far appello a tutte le mie forze zen per non lasciare che il malumore rovinasse il momento.

«Ma certo, è come dici tu. Sì, sì, hai ragione» tentavo di assecondarlo mentre dentro di me morivo dalla voglia di iniziare a discutere... Ma mica si poteva, era in gioco lo «spermatozoo alfa» e io dovevo proteggerlo a ogni costo.

«Ma come, tu ieri non hai detto che...»

«Nooo, mi ero sbagliata. È proprio come dici tu, che sciocca. Senti, ti piace questo vestitino nuovo?»

Ero disposta a tutto pur di dribblare la lite, anche a lasciar correre discussioni sulle quali avrei aperto una diatriba di ore. In fondo sarei sempre potuta tornare sull'argomento nei giorni sbagliati...

«Che ne dici di qualche giorno fuori città?»

Eddy se n'è uscito con questa domanda tra capo e collo, proprio nel momento in cui ero convinta di aver disfatto definitivamente le valigie per un bel po'.

«Proprio adesso?» ho chiesto. In quel momento, a dir la verità, desideravo solo di starmene in pace a Roma e iniziare con i tentativi; lasciare la mia tana di nuovo mi sembrava uno stress inutile.

«Tranquilla, non sarà stressante. Andremo sulla neve! Qualche sciata, cioccolata calda, un po' di amici. Lavorano in un Club in Francia e ci ospiteranno con piacere.»

Ho accettato perché era da troppi anni che non rimettevo gli adorati sci ai piedi. Quando abitavo a Legnano, e nel periodo in cui ho lavorato a Milano, dedicavo spesso qualche weekend invernale alle discese innevate; lo sci è uno sport che mi rilassa e il paesaggio alpino mi riempie gli occhi di bellezza.

Siamo arrivati un giovedì pomeriggio, il freddo era glaciale. Appena entrati, la grande hall dell'albergo mi è subito piaciuta. Non c'erano più le decorazioni natalizie, ma una particolare illuminazione la rendeva calda e suggestiva.

«Guarda chi c'è» ha esclamato un ragazzo appoggiato al bancone della reception. Era Claude, un caro amico di Eddy. Avevano lavorato insieme in diversi villaggi e adesso era il direttore di quella splendida struttura francese.

«Lasciate che vi presenti il resto della famiglia» ha detto dopo i saluti di rito, guardando oltre le nostre spalle.

Sentendo dei passi ci siamo voltati e ci si è parata davanti la moglie di Claude, Pauline, con in braccio un neonato.

Per un attimo mi sono sentita mancare. Ma come, volevo dire a Eddy, tutta questa fatica nel tentativo di riacquistare un po' di equilibrio e tu mi porti da una donna che ha appena partorito? Ho letto però nel suo sguardo lo stesso stupore sofferente che avevo nel mio.

«È bellissimo» siamo riusciti a dire con un filo di voce.

Forse è stato in quel momento che ho capito quanto anche lui avesse patito il mio percorso e desiderasse ardentemente un bambino.

Era evidente nei suoi occhi, quando guardava quel piccolo fagotto addormentato nella carrozzina, ed era ancor più chiaro quando si intratteneva con i bambini del miniclub.

Osservarlo giocarci assieme era un vero spasso. Sapeva mettersi al loro livello e diventare più scatenato di loro. Inventava storie, creava situazioni divertenti, coinvolgeva tutti i piccoli ospiti che in pochi attimi erano pronti a seguirlo incantati nemmeno fosse il pifferaio magico.

Vederlo prenderli in braccio e scherzare con loro mi colpiva molto in quel momento. Non potevo che pensarlo come un papà meraviglioso, uno di quelli che portano i figli sulle spalle e li fanno ridere, che amano andare al parco con loro e inventare nuove attività da fare insieme. Mi chiedevo se per gli uomini fosse questo il desiderio di un figlio: la voglia di interagire e imparare con lui, di guidarlo e proteggerlo, ma anche di regredire a un passato non troppo lontano di giochi e spensieratezza.

«Sei bravissimo con i bambini» gli avevo detto in più occasioni, e lui si era schernito.

Sono stati giorni in bilico tra un passato recente ancora affacciato sulle nostre spalle e un presente da vivere con la gioia di prima: in fondo ci trovavamo in un posto bellissimo a trascorrere l'ennesima vacanza. Non potevamo lamentarci.

«Io sulle piste ti straccio, vedrai» gli avevo annunciato prima di partire. Ero piuttosto sicura delle mie abilità nonostante fosse passato del tempo da quando avevo indossato la mia tuta nera l'ultima volta, e invece mi sbagliavo.

Una volta sugli sci, sembravo una settantenne con il colpo della strega. All'inizio, complici anche quei carving che avevo noleggiato e che non assomigliavano per niente ai miei vecchi sci alti un metro e ottanta, proprio non riuscivo a ritrovare il movimento.

"Altro che più facili! Con questi qui mi schianto contro il primo albero" pensavo, mentre con grande fatica recuperavo i movimenti giusti. Mi ci sono volute cinque piste verdi per tornare a sciare normalmente.

Eddy mi avrebbe raggiunto più tardi, come al solito lui e i suoi amici avevano fatto l'alba tra chiacchiere e bicchieri, mentre io mi ero congedata un po' prima nella speranza di arrivare sulle piste con la neve ancora buona, prima che diventasse poltiglia.

Non l'ho nemmeno visto arrivare che un polverone bianco, frutto di tre frenate, mi ha investita.

«Snowboard? Ma non mi avevi detto che andavate tutti con lo snow!»

«No, dietro c'è anche il nostro amico Mario con gli sci.»

Al suo arrivo ho constatato, come sospettavo, che aveva la mia età.

«Siamo di un'altra generazione, eh...» gli ho detto ironizzando su Eddy e i suoi due amici che avevano già iniziato a sfrecciare giù per la pista.

«Ma adesso li riprendiamo!» ha ribattuto lui dando il *la* al nostro inseguimento.

Sembravamo un branco di pazzi. Eddy, Claude e Pauline con le loro tute coloratissime e le loro tavole, pronti a fare acrobazie e salti di ogni tipo. Io e Mario entrambi in *total black*, con i nostri sci e il nostro stile classico. Con tutte quelle deviazioni di percorso però i tre snowboarder hanno perso tempo e, quando Eddy è arrivato alla seggiovia, mi ha trovata in posa da lunga attesa.

«Oh, era ora» ho scherzato, per poi prendermi

una palla di neve in pieno naso. Siamo tornati in albergo ricoperti di neve dalla testa ai piedi, io ne avevo persino nei calzini. Vedere Eddy così conciato e un po' stizzito per la gara persa mi ha regalato la prima vera risata dopo tanto tempo.

Nonostante la presenza del bambino e i discorsi di Pauline fossero come sale su una ferita ancora aperta, sono convinta che quei quattro giorni di montagna mi abbiano fatto bene. È stato il primo confronto con la maternità dopo quanto era successo. Provavo ancora dolore, ma in me trovava spazio anche un genuino affetto e interesse per quella creaturina tanto piccola. Aveva soltanto tre mesi e l'aspetto di un cucciolo da accudire. Erano anni che non vedevo un bebè così da vicino. Nessuna delle mie amiche aveva avuto figli di recente, e quelli di colleghi e conoscenti che avevo avuto occasione di conoscere erano un po' più grandicelli.

Quando avevo avvicinato un dito al piccolo e lui l'aveva stretto tra le sue minuscole mani cercando di portarlo alla bocca, avevo provato un senso di protezione fortissimo. Mentre osservavo i suoi lievi movimenti nel sonno, qualcosa dentro di me si muoveva allo stesso modo. Era quel sentimento che abitava luoghi del mio cuore ancora inesplorati, che si era smosso con quella prima infelice gravidanza e che ormai non poteva più tornare a nascondersi. Avrei messo tutto il mio impegno e tutta la mia anima nella ricerca di un figlio.

Nonostante le buone intenzioni, il primo mese non aveva dato alcun frutto, e mi sentivo inquieta. Nella mia testa ero convinta che, una volta iniziati i tentativi seri, sarei rimasta immediatamente incinta. In fondo era successo per caso poco tempo prima, senza calcolare giorni giusti e sbagliati e senza impegnarsi minimamente. Come avrebbe potuto all'improvviso diventare difficile? Seguivo le indicazioni del medico alla perfezione, e più o meno anche i giorni di astensione. Forse c'era qualcosa che mancava, ma da sola non riuscivo proprio a capire di cosa si trattasse.

Il giorno dopo, davanti a un tè bollente e a una fetta di torta di consolazione, ho interpellato Miriam.

«Dove sbaglio secondo te? Potrei fare qualcos'altro?»

«Oh, ma certo» ha risposto convinta, ed è partita con un monologo assurdo su dicerie e metodi della nonna per una sicura procreazione.

«Mi raccomando, la candela è fon-da-men-ta-le. Ti spiego: dopo che lo fate tu ti metti...»

«Sì, sì, Miriam, ho capito.»

«E poi non fare come quelle che corrono a lavarsi, eh.»

«Scusa?»

«No, dico, al girino l'acqua non fa bene.»

«Al cosa?»

«Il girino, dai, quel cosetto con la coda...»

«Lo spermatozoo?»

«Eh, quello.»

«Poi resta sdraiata per un po', non ti alzare subito. Che quello deve risalire il tunnel, poveraccio, pensa la fatica.»

Non riuscivo a credere che noi, due quarantenni "bene" accomodate in un elegante caffè, stessimo discutendo animatamente della fatica fisica di uno spermatozoo.

«E poi è meglio se stai sul fianco destro quando dormi.»

«Non so, devo anche recitare qualche sacra preghiera Maya per completare il rito?»

«No. Certo però sarebbe bene che tu non mangiassi carne rossa per qualche tempo.»

«Miriam, ma... ultimamente ti sei messa a bere?»

«No, no, giuro, una mia amica è rimasta incinta così.»

«Con la candela, senza sapone, e senza carne rossa?»

«Esatto.»

Non ne avevo ancora idea, ma era solo l'inizio di una lunga serie di improbabili consigli che amici e conoscenti mi avrebbero propinato con aria esperta. «Mi raccomando, fatelo una volta al mese non di più» ha suggerito un amico evidentemente sulla strada per l'andropausa.

«Birra. Devi bere molta birra, possibilmente scura» ha detto una collega.

«Dovete farlo all'alba, tipo verso le cinque di mattina» ha raccomandato un'amica probabilmente insonne.

C'erano poi i decorativi: devi indossare del quarzo rosa e vedrai come rimani incinta. Altre versioni prevedevano un ciondolo d'argento o del corallo rosso. Poi venivano gli acculturati: leggi questo saggio, consulta questo sito, parla con quel medico. E gli animalisti: fatti un criceto femmina, un gatto bianco, prendi una compagna per Oliver.

«Devi uccidere una mucca, in Africa si usa così» è stato di certo il top delle assurdità, consiglio di un amico viaggiatore.

Sommersa di input non richiesti e preoccupata di ascoltare tutte le campane nella paura di perdermi quella giusta, stavo andando fuori di testa. Immaginate lo stato d'animo in cui mi ero trovata a vivere all'improvviso la mia intimità: attentissima alle posizioni, immobile come una mummia dopo il rapporto o con le gambe per aria, appoggiate a una pila interminabile di cuscini (no, la candela proprio non riuscivo, mi sentivo ridicola!) e la testa persa in fantasie tipo: ma se metto la collana di corallo sotto il cuscino funzionerà lo stesso?

Ero arrivata al limite del grottesco, mancava giusto una mucca morta sotto il letto. E pensare che mi ero sempre creduta una donna mediamente intelligente. Ah, se mi avesse vista qualche giornalista, cos'avrebbe potuto scrivere!

«Io conosco un cinese...» ha accennato un giorno Tiziana, distrattamente.

«Mi fa piacere» mi ha interrotta, senza capire dove volesse andare a parare.

«Cura la fertilità» ha continuato, risvegliando il mio interesse.

«Ah sì, e come?»

«Agopuntura e decotti» ha risposto con grande serietà.

«Agopuntura e decotti» ho ripetuto meccanicamente cercando di capire se fossi interessata o meno a venir infilzata da un cinese o a bere intrugli non meglio identificati.

«Virginia è rimasta incinta grazie a lui» ha insistito.

E chi era Virginia? Ah già, la sua amica che avevamo incontrato il giorno prima in libreria, quella con i capelli neri, gli occhi verdi e... il pancione!

«Dammi subito l'indirizzo del cinese!»

Qualche giorno più tardi ero dalle parti di piazza Vittorio in una stradina non segnalata dal navigatore, alla ricerca del numero civico 38. Era una palazzina rossa un po' decadente, stretta tra due costruzioni giallo limone. Al piano terra, ovviamente, un negozio di abiti cinesi.

Ho citofonato al nome indicato da Tiziana e ho raggiunto il terzo piano. La porta era aperta. «C'è nessuno?» ho chiesto entrando in una sala d'aspetto angusta con poster costellati di ideogrammi appesi ovunque e un acquario di pesci rossi. Di sottofondo, la classica musichetta orientale.

Ho distinto qualche parola scambiata sottovoce e poi si è materializzata dal nulla una signora alta un metro e trenta con un paio di pantaloni neri e, nemmeno a dirlo, una giacchina di seta color rosso cangiante con fantasia a fiorellini. Per un attimo ho pensato seriamente di essere finita in una candid camera.

Il medico (era un medico? Speriamo...) che mi ha visitata pochi minuti dopo aveva sottili baffetti bianchi e se possibile era più basso della segretaria. Ho fatto una fatica immane a non scoppiare a ridere quando ha iniziato a parlare: «Alola. Suo ploblema limanele in-cinta velo?».

Be', doveva esserci *assolutamente* una telecamera nascosta, perché il dottore parlava come se stesse esibendosi nell'imitazione di un cinese.

«Noi adesso fale seduta di agopuntula» ha concluso con un guizzo sadico negli occhi. Scherzo o no, ero lì per una cura e una cura volevo ottenere.

Dieci minuti dopo me ne stavo sdraiata sul lettino e la mia pancia sembrava un porcospino.

«Tuto fatto» ha sentenziato il cinese soddisfatto, dopo aver messo l'ultimo ago.

«Ah bene, e adesso?» ho chiesto al dottore, mentre se la svignava.

«Adesso deve lestale qui pel mezzola» mi ha annunciato la segretaria affacciandosi alla porta che ha subito chiuso.

Mezzora? Conciata come un puntaspilli e senza possibilità di fuga? Stavo diventando leggermente claustrofobica. Ho iniziato a fare lunghi respiri tentando di pensare a cose tranquillizzanti tipo le vacanze, il mare, i test di gravidanza...

«Signola» ha detto la segretaria dello studio, improvvisamente in costume da bagno su una spiaggia maldiviana. «Signola» ha ripetuto, riapparendo nella sua giacchina rossa. «Signola, si ela adolmentata. Mezzola è passata da un po'.»

Ero leggermente imbarazzata, ma avevo superato in scioltezza i trenta minuti da porcospino. È rientrato il medico col suo sorrisetto un po' sadico e mi ha prescritto, oltre a una serie di sedute settimanali, un decotto da acquistare presso il loro «rivenditore autorizzato», che si trovava lì vicino.

Entrare in una farmacia cinese è un'esperienza che almeno una volta nella vita va fatta. È un luogo che non ti immagineresti mai, soprattutto non al centro di Roma.

«Dunque, vorrei del...» e ho letto il nome del decotto. Immaginavo che mi dessero una confezione chiusa o al limite delle bustine, e invece vedo questa signorina che inizia a pescare in contenitori pieni di erbe. Una manciata lì, un pizzico di là, due foglie di questo, una di quell'altro e mi porge un sacchetto colmo di un miscuglio scuro.

«Mi laccomando, non mettele lo zucchero» ha specificato prima che, un po' perplessa, lasciassi la farmacia e, pochi attimi dopo, la Chinatown di Roma.

Una volta a casa, ho provato subito il decotto, ed è stata una delle esperienze più disgustose della mia vita. Nemmeno il fantomatico olio di fegato di merluzzo propinato ai bambini poteva avere un sapore più orrendo. Ho resistito con aghi e tazze di tisana per un paio di settimane, poi, senza troppi rimpianti, ho abbandonato l'universo della fertilità cinese.

È bastato poco perché la ricerca della maternità diventasse una magnifica ossessione. Magnifica perché non c'era obiettivo più bello, e perché eravamo pieni di speranza e fiducia. Ossessione per il modo in cui l'idea rimbalzava nella mia testa di continuo, senza darmi tregua. E riguardava soltanto me.

Eddy, che non aveva nemmeno trent'anni, non capiva davvero l'urgenza – psicologica ma soprattutto biologica – di avere un bambino che sentivo io, una donna quarantenne. Vedeva in me quasi una coetanea e credeva che, così come lui avrebbe potuto fare figli in qualsiasi momento, nel presente ma anche nel futuro, lo stesso valesse per me. Non percepiva i limiti oggettivi della mia età, sottovalutava il mio problema semplicemente perché ai suoi occhi ero ancora giovane.

Io ne soffrivo. Non volevo condividere le mie angosce, ma non ero neppure contenta se pianificava un weekend in Belgio o decideva di andare a vedere una partita allo stadio proprio mentre i miei ovuli erano al top. In un contesto diverso avrei serenamente trascorso una serata con amici, o atteso il suo ritorno con tranquillità. Adesso invece ogni sua assenza mi tormentava.

E se quel mercoledì sera fosse stato proprio il momento giusto, quello in cui sarei potuta rimanere incinta? Con grande dolore, perché non l'avevo mai fatto e non mi sembrava leale, ho iniziato a domandargli di spostare i suoi weekend, di rinunciare ad alcune partite, di starmi più vicino.

Mi accorgevo che stavamo innescando un meccanismo sbagliato che avrebbe potuto rovinare irrimediabilmente il nostro rapporto. Stavo scoprendo le carte su difficoltà che lui non percepiva e su una differenza d'età che Eddy non viveva come problematica. Gli stavo presentando ufficialmente l'orologio biologico, cosa per lui totalmente fuori da ogni logica.

Non era soltanto quello, però. Io che ero abituata a un'idea diversa di coppia, più tradizionale, forse più italiana per certi versi. Pensavo a mio padre, che non era mai uscito una sola volta senza mia madre, o agli onnipresenti mariti di qualche amica. Per me essere in due includeva l'idea di uscire a divertirsi *insieme*. Facevo fatica ad accettare l'indipendenza di Eddy, e non capivo quanto attribuirla a quel delicatissimo momento e quanto al mio carattere e alle mie abitudini.

Quando non avevo il coraggio di chiedergli altre rinunce, invitavo a casa mia qualche amica: una pizza e due chiacchiere tra donne riuscivano a stemperare lo sconforto e a farmi ritrovare la giusta prospettiva così facile da perdere.

«Vedrai, andrà tutto bene» continuavano a ripetermi, e nei loro occhi leggevo una sicurezza pressoché atavica, che non avrei mai messo in discussione.

Eppure i mesi passavano e nulla cambiava. Da ottobre a gennaio rimanere incinta sarebbe stato impossibile per via del recente intervento, ma anche la primavera era passata con un niente di fatto. Mi ero resa conto di tenere a questa gravidanza più che a qualsiasi altra cosa. Di fronte alle poche speranze che mi sembrava di avere, avevo realizzato improvvisamente che un figlio era qualcosa a cui non volevo rinunciare. Come per tutte le cose che nella mia vita ho desiderato davvero mi sentivo determinata, combattiva. «Un caterpillar», come mi chiamava Tiziana.

«Andiamo, lo sappiamo tutti: tu sei una maratoneta, non una centometrista. Le cose che vuoi le raggiungi con il tempo, ma alla fine sono tue. Accadrà lo stesso anche con la gravidanza, vedrai» mi incoraggiava, rassicurandomi durante le nostre lunghissime telefonate.

A giugno, in un'estate già caldissima, mi sono trasferita al mare nella mia casa all'Argentario. Ci vado ogni anno, l'ho comprata per me ma soprattutto per Oliver, che adora correre lungo la spiaggia deserta e tuffarsi tra le onde.

Vedevo i suoi occhi illuminarsi quando arrivavamo al mare, così come li notavo velarsi non appena tornavamo in città e mi ripiombavano addosso un sacco di dubbi. È stato lui più di chiunque altro a consentirmi di camminare in equilibrio anche quando tutto intorno sembrava volermi destabilizzare. Le cure infruttuose, i viaggi di Eddy, le amiche a cui non volevo rivelare troppo per non contagiarle di malumori. Con Oliver era diverso. Non puoi nascondere nulla a chi ti legge dentro.

Fra tutti i momenti che aveva condiviso con me, quest'affannosa ricerca di un figlio era forse quello più intimo e intenso. In fondo lui era l'unico a cui lasciavo percepire le fragilità e i nodi interiori che ogni giorno provavo a sciogliere con incredibile fatica.

Mi è stato davvero di grande conforto con i suoi occhi dolci, i suoi silenzi densi di significato, la sua coda che scodinzolava per scacciare via la mia tristezza, le nostre camminate rigeneranti.

Quand'ero più giovane odiavo la solitudine, le case vuote, le ore in attesa; e dall'istante in cui Oliver era entrato nella mia vita non mi ero più sentita sola. Di questo e del modo in cui sapeva starmi accanto senza fare domande e senza mai tradirmi, gli ero grata.

Non è stata, comunque, un'estate per conto mio. Tutt'altro. Insieme con Eddy la casa si è velocemente riempita di amici, vicini o venuti da lontano, come i suoi cugini e le sue sorelle. Adoravano l'Italia e la nostra calda ospitalità, e per ringraziarci non mancavano di dare una mano in casa e... sì, anche ai fornelli.

Ricordo questo Pondu, un tipico piatto congolese che mi hanno cucinato. Il profumo era delizioso, ma all'improvviso sono stata assalita da mille dubbi: oddio, e se le erbe che usano per condirlo fossero controindicate in gravidanza? No, non lo assaggerò nemmeno.

E l'attimo dopo: certo però che se lo mangiano in Africa, dove le donne fanno un sacco di figli, magari invece fa bene alla fertilità. Ok, lo mangio.

«Insomma, lo vuoi sì o no?» mi ha chiesto Eddy interrompendo i miei pensieri.

«Ehm... lo assaggio» ho detto incerta, sperando che più che di una pietanza si trattasse di un rimedio sciamanico dagli effetti speciali.

È stata un'estate particolare, avanti e indietro tra Roma e la Toscana, ma sempre accompagnata dal mio cane e da persone amiche che non facevano domande e portavano buonumore e sorrisi.

Poco dopo sono tornata dal mio ginecologo e abbiamo fatto il punto della situazione.

«Che dire?» ho esordito. «Nonostante io abbia rispettato tutte le regole, non è successo niente.»

«Bene, adesso possiamo passare ai monitoraggi», ha annunciato Antonio.

«E sarebbero?»

«Come dice la parola stessa servono a monitorare l'andamento dell'ovulazione osservando nel tempo l'attività dei follicoli, che contengono le cellule uovo. Consistono in una serie di ecografie fatte ad hoc nei giorni fertili che segnalano il momento migliore, quello in cui queste cellule sono pronte per essere fecondate.»

«Quindi dovrebbero aiutarmi ad avere rapporti ancora più mirati?»

«Esattamente.»

Per un paio di mesi, durante il periodo indicato dal ginecologo, sono andata a fare i controlli quasi quotidianamente. Quando mi individuava il giorno X, le aspettative erano chiaramente altissime: uscivo dallo studio carica, pronta a rimanere incinta la sera stessa, convinta che sarebbe accaduto. Eppure i mesi passavano, io e Eddy ci impegnavamo a non perdere mai i momenti ideali per il concepimento, ma nulla succedeva.

Ogni tentativo fallito significava ben trenta giorni persi, ormai se ne contavano tanti, troppi. Passavano le stagioni e tutto rimaneva uguale. Non un sussulto nella mia pancia, non un ritardo che facesse sperare. O anche soltanto illudere.

Continuavo con la mia vita. Il lavoro mi dava una mano a concentrarmi su altro, ma una volta spente le telecamere era lì che i pensieri andavano sempre a sbattere. Il mio umore iniziava a risentirne, e non sempre riuscivo a nasconderlo.

La telefonata di Tiziana mi ha sorpresa in un momento particolarmente triste.

«È per via dei tentativi?» mi ha chiesto subito.

«Sì.»

«Dai, vieni a cena a casa mia e ne parliamo.»

Non appena finita la cena a base di pesce, ci siamo accomodate sul suo avvolgente divano rosso. Suo marito era via per lavoro e la casa era tutta per noi e le nostre chiacchiere, le mie parole soprattutto.

«So che non dovrei rimanere così male, ma ogni mese è inevitabile incrociare le dita e sperare.»

«È giusto. Ma vedrai, se segui alla lettera tutte le indicazioni del medico e se tutto è a posto prima o poi succederà, devi essere fiduciosa.»

«Mah, a me sembra di averle provate tutte!»

«Quanta fretta... Sai quante altre possibilità ci sono? Per il momento hai osservato come si comporta il tuo corpo, magari c'è semplicemente bisogno di un piccolo aiuto medico. Non c'è nulla di male, secondo me dovresti tornare dal ginecologo e parlarne di nuovo con lui.»

Come al solito era andata dritta al punto della questione, concreta e convincente. Aveva ragione lei: in quel frangente dovevo soltanto concentrarmi su una possibile soluzione, crogiolarsi nel lamento non aveva alcun senso.

La mattina seguente per prima cosa ho preso il telefono: «Pronto, è lo studio medico? Vorrei un appuntamento...».

«Se sei d'accordo possiamo iniziare anche con semplici stimolazioni dell'ovulazione» ha annunciato il ginecologo il giorno della visita.

«In cosa consistono?» ho chiesto.

«Tu sai che il follicolo rilascia la cellula uovo durante i giorni fertili. Noi aiutiamo il tuo organismo con delle sostanze che stimolano la formazione di follicoli di migliore qualità, nulla di invasivo.»

È stato così che, durante una delle ecografie più promettenti, mi hanno somministrato una piccola dose di medicinale. Era il primo vero passo senza fare affidamento esclusivamente sulla natura, ma l'ho vissuto come qualcosa di necessario, di terapeutico.

Sono seguiti altri mesi di speranze poi deluse: arrivati a giugno, della cicogna non si vedeva neppure l'ombra. Era passato quasi un anno da quel maledetto ottobre. Nonostante mi ripetessi che dovevo avere pazienza, che non dovevo innervosirmi ma ascoltare gli incoraggiamenti delle amiche, avevo bisogno di passare a un livello successivo.

«Cos'altro posso fare?» ho domandato al ginecologo, non senza una nota di disappunto nella voce.

«È il momento di iniziare delle indagini più mirate» ha replicato lui con aria serena, come se le sue parole fossero semplicemente una porta aperta su un nuovo percorso.

«Non posso continuare così per qualche altro mese?»

«Antonella, è passato quasi un anno da quando ti sei rivolta a me. Arrivati a questo punto, è meglio compiere un passo in più piuttosto che far passare altro tempo prezioso.»

La sua frase mi ha colpita più di quanto potessi immaginare.

«Dunque, prima è il caso di fare qualche analisi preliminare. Controlliamo che tutto il tuo apparato riproduttore – sai... ovaie, tube, utero – sia in ordine. Facciamo una sorta di check-up: è la base da cui partire» ha aggiunto.

Sono andata a fare questo strano esame, che si

chiama isterosalpingografia, ma non posso dire che sia stato più facile a farsi che a dirsi.

Già una o due colleghe mi avevano detto: «Ma come, non hai ancora fatto l'esame di utero e tube? Le tube sono importantissime!»

«Le tube? Eh certo: le tube.»

Sì, ok: sapevo di averle, ma onestamente non mi ero mai preoccupata del loro stato di salute. C'erano, non davano fastidio e tanti saluti. E invece! Non immaginavo quanto fossero importanti, e soprattutto non avevo idea che potessero «intasarsi».

«Come funziona?» avevo chiesto a una di loro.

«Oh, è una cosa abbastanza fastidiosa. Ti sparano un liquido per controllare che le tube siano aperte, se sono chiuse è un bel problema.»

«E come funziona?» avevo ribadito io.

«Be', hai presente quella roba per sturare i lavandini, come si chiama? L'idraulico liquido! Ecco, più o meno funziona così. Se le tube sono aperte ed è tutto a posto il liquido scorre tranquillamente, altrimenti significa che una delle tube è chiusa ed è un casino, ovviamente.»

Sono andata a sottopormi all'idraulico liquido con le dita incrociate. Mi hanno fatto una leggerissima anestesia locale e sono partiti con l'analisi.

Dopo una decina di minuti mi hanno solo detto: «Ok».

Come ok? Ok e basta?

«Ok sono libere entrambe.» Oooh, che sospiro di sollievo.

«Potrebbe avere qualche doloretto più tardi, nulla di grave, è legato all'esame. Magari stia a riposo» mi hanno consigliato poco prima che corressi in studio per una puntata della *Prova del Cuoco*. Non potevo permettermi nemmeno un attimo di respiro, figuriamoci restare a riposo. E infatti, un'ora dopo, tra un cuoco e un concorrente, ero lì a denti stretti con un dolore insopportabile alla pancia, sperando di non stramazzare al suolo proprio sul più bello, mannaggia all'idraulico liquido.

«Bene, non risultano anomalie, anzi il tuo apparato è in ottime condizioni. A questo punto io non posso più aiutarti, ma puoi rivolgerti qui» ha detto Antonio con l'esito dell'esame ancora tra le mani.

Poi ha scritto il nome di un centro specializzato sul foglio della ricetta.

«Qui non troverai un solo medico, ma un'équipe di medici e biologi che ti seguirà nel percorso. Le cure saranno più intense, ma vale la pena tentare.»

Come dovevo considerarlo? L'ennesimo fallimento? Una nuova occasione? L'inevitabile esito della mia personale ossessione?

Antonio mi ha lasciato con un'ultima frase: «Se posso darti un consiglio, Antonella, cerca per quanto possibile di vivere la cosa con tranquillità. Lo stress non fa bene al fisico e non aiuta la fertilità. Sai quante coppie dopo anni di tentativi riescono nell'intento solo nel momento in cui dicono *basta* e finalmente si rilassano un po'?».

Era un consiglio molto sensato, ma condividerlo era un conto, metterlo in pratica era tutto un altro paio di maniche.

A casa ho trovato Eddy ad aspettarmi, lo sguardo carico di interrogativi.

«Allora?» ha chiesto senza preamboli.

«Tutto a posto, devo fare qualche altra piccola cura ma niente di che, siamo sulla buona strada» ho tagliato corto.

Sentivo il peso delle troppe cose da spiegare, di termini medici che non avrebbe capito, di procedure a lui completamente estranee, di problemi in fin dei conti solo miei. È stato allora che ho compreso con chiarezza che più la questione si faceva complicata più lui doveva restarne fuori. Avere un bambino era il nostro argomento, il nostro campo d'azione, l'obiettivo da condividere. Le cure invece, quelle erano una faccenda soltanto mia. Lui doveva essere presente quando strettamente necessario, per il resto volevo che vivesse la nostra storia con più naturalezza possibile.

Le cose erano già state abbastanza complicate, improvvise, inaspettate. Da quando ci eravamo incontrati avevamo prima vissuto come gli avventurieri di un'eterna vacanza, poi come immediati conviventi, subito dopo come aspiranti genitori. Tutto in meno di un anno, tutto non programmato, non ragionato neppure per un istante. In questo frenetico percorso non riuscivo a ricordare un solo attimo di tregua dagli eventi, in cui fermarci a conoscere davvero chi eravamo. Nella nostra esperienza mancava la vita di tutti i giorni, quella dove non si verifica nulla di nuovo, quella che richiede un'alchimia speciale per non soccombere alla noia, quella che ti svela.

Più che la gravidanza, più di qualsiasi altra cosa, la normalità era il vero obiettivo a cui puntare.

3

Montagne russe

Quand'è, esattamente, che una donna inizia a fare i conti con la propria età?

Quando nota le prime rughe o il primo capello bianco? Quando inizia a ripensare ai vent'anni con una fitta di nostalgia? Quando guarda una donna che era «come lei dieci anni fa»?

Io me lo ricordo il momento esatto in cui per la prima volta mi sono sentita vecchia. È stato ascoltando le parole dei medici del centro specializzato, un lunedì pomeriggio qualunque, con il sole polveroso delle cinque e mezza di giugno che inondava la stanza.

A ricevermi erano stati tre medici, due donne e un uomo.

«Allora, vediamo un po', lei sta cercando di rimanere incinta...» ha iniziato l'uomo brizzolato in camice bianco, dalle labbra sottilissime.

«Esatto.»

«E ha superato i quarant'anni.»

«Eh già.»

«Lei è consapevole che alla sua età le probabilità

di farcela sono pochissime, no? Scusi la franchezza, ma è bene che lo sappia: sta andando incontro a un percorso che potrebbe concludersi con un insuccesso.»

«Ma, come le ho già detto, sono già rimasta incinta una volta poco tempo fa, quindi non credo sia impossibile riuscirci di nuovo.»

«Impossibile no, ma molto difficile. Lei sa che a quarant'anni gli ovuli non sono più quelli di una volta, né per quantità né soprattutto per qualità. Avrebbe dovuto pensarci un po' prima, siamo decisamente in ritardo.»

«Non vogliamo spaventarla» si è affrettata ad aggiungere una delle due dottoresse, con una voce esile, da ragazzina, «soltanto metterla davanti alla situazione reale per non creare troppe speranze.»

«Sì, lo so, ma...»

«Come mai, una volta che ha messo a fuoco di volere un figlio, non si è indirizzata a noi immediatamente?»

Non ci voleva un genio per capirlo: non avevo imboccato subito una strada medica perché, se ero cosciente di essere *grande*, non pensavo di essere addirittura *vecchia*. E invece eccoli lì, tutti e tre i dottori, a gettarmi in faccia senza alcuna remora la situazione reale.

A un certo punto mi è salito un moto di rabbia: com'era possibile che l'argomento fosse così estraneo a me, che pure ero una donna? Cadevo dalle nuvole: pensavo sinceramente che, nonostante l'età, fossero ancora possibili cure in grado di garantire la maternità al cento per cento. Mai per un istante avevo creduto di andare incontro a un fallimento quasi annunciato, e invece eccomi ad ascoltare ancora percentuali e casistiche sfavorevoli.

Mi sono resa conto allora che la maternità dopo i quarant'anni è un grande tabù, ne parlano in pochi e solo per sottolineare qualche sporadico successo. Aveva ragione il mio ginecologo: noi donne siamo spronate a far carriera mettendo da parte la famiglia; i ritmi della società lasciano che gli anni scorrano via veloci mentre noi ce ne rimaniamo lì, in attesa. Aspettiamo di trovare l'uomo giusto, aspettiamo a sposarci, aspettiamo a fare figli. E poi, all'improvviso, ci vengono a dire che siamo vecchie per averne.

Perché quando è già tardi? Perché non prima? Come mai c'era una tale mancanza di informazione riguardo a un tema così importante, così irripetibile? Se io, una donna di spettacolo quotidianamente a contatto con numerose persone, informata sull'attualità, amica di medici e persone di cultura, ero tanto ignorante in materia, figuriamoci le donne che non avevano la mia fortuna.

Chi parlava con loro? Chi diceva loro quando compivano trentacinque anni e i loro ovuli iniziavano a diventare scarsi: «Ehi, se vuoi un figlio è meglio che ti dai una mossa o avrai delle difficoltà»? Nessuno. Questo era il problema.

In televisione si sprecavano i discorsi sulla salute: la giornata dell'ernia del disco, il punto sulla dipendenza da nicotina, lo speciale obesità. Eppure le cure per la fertilità costituivano un argomento quasi completamente ignorato, lasciato nell'ombra.

In parte afflitta dal senso di colpa per aver aspettato, e parecchio arrabbiata per non averlo saputo prima, sono uscita dal centro. Avevo voglia di raccontarla a tutti, questa cosa. Di spiegare alle donne che non devono aspettare troppo se vogliono un figlio, ma che, qualora dovessero rimanere incinte dopo i quarant'anni, possono e devono rivolgersi a medici specializzati nel problema. Desideravo svelare che c'è una strada. Che non bisogna rinunciare. Perché io, nonostante tutte le percentuali, i dubbi dei dottori e i loro sermoni su ovuli e ormoni, credevo fermamente che sarei riuscita a diventare madre.

Chissà perché è così difficile affrontare discorsi del genere. Forse perché il nostro stile di vita è costruito sull'illusione di un'eterna giovinezza, e incrinarla parlando di una fretta biologica che nessuno sembrava percepire era semplicemente inaccettabile. Quale donna in fondo vorrebbe sentirsi dire che le proprie cellule sono già vecchie mentre lei è ancora giovane e bella? Anni di abitudini sociali che ci hanno insegnato a ignorare lo scorrere del tempo, distrutti da tre medici competenti. Mi pareva assurdo.

«Ah, vallo a dire a quelle che dicono di vivere una seconda giovinezza!» ha commentato Miriam quando, più tardi al telefono, le ho raccontato della mia visita.

«Be', gli prenderebbe un colpo.»

«Vestono come diciottenni e intanto hanno gli ovuli pensionabili. Che tristezza questo invecchiamento cellulare, proprio una brutta storia.»

«E pensare che anch'io credevo di essere ancora abbastanza giovane. Quei medici mi hanno fatto sentire una nonna.»

«Almeno tu non vesti come una diciottenne.»

«Be', sarei una diciottenne un po' formosa...»

«Il sogno di ogni adolescente!»

«Miriam, ma qualche volta riesci a essere seria?»

«Oh, sì. Assolutamente. Questo però non è uno di quei momenti. Scusami, adesso vado a farmi una bella risata prima di annunciare alla mia vicina di casa Barbie-Hawaii che ha l'ovulo in pensione.»

Incredibile: mentre io mi gettavo in riflessioni sul mondo di oggi e sulla caducità dell'essere umano, lei si metteva a fare l'attrice comica. Confesso: con tutto il rispetto per la sua vicina di casa, un sorriso lo ha strappato pure a me.

«Come procediamo?» ho chiesto al medico brizzolato durante la seconda visita al centro.

«Ora parlerà con la dottoressa Paola» ha risposto lui mentre la donna in camice bianco faceva il suo ingresso nella stanza. La dottoressa Paola era molto diversa dal suo collega. Aveva un'aria dolce, comprensiva. Sarebbe stata la prima di una serie di figure femminili che avrei incontrato nel mio percorso. Donne di tutti i tipi, medici o pazienti, accomunate da una grande empatia reciproca, rispettose della delicatezza del percorso, mai arroganti o sgarbate. Mi sono trovata a pensare che forse una donna ha più rispetto della maternità perché ne è maggiormente consapevole. Con gli uomini è diverso. Nonostante possano essere assai competenti, l'esperienza diretta è una piccola lacuna che non potranno mai colmare. Non hanno mai sperimentato in prima persona l'emozionante sensazione di un bambino che si muove sotto la tua pelle né quella dolorosa di un utero improvvisamente vuoto.

«Dalle analisi risulta che è tutto a posto, Antonella, è una bella notizia. Continuiamo con i monitoraggi ma proviamo ad aiutarti con una dose di ormoni più alta di quella che hai assunto finora» mi ha informato Paola.

«In cosa consiste?»

«Sono punture. Piccole iniezioni da fare quotidianamente, due volte al giorno.»

Nella mia testa si scontravano pensieri del tipo: "Come accidenti faccio a farmi le punture se sono in trasmissione?" o: "Sarò capace di farmele da sola senza uccidermi sul colpo?".

«Inoltre dobbiamo tenere sotto costante controllo i tuoi valori, perciò tre volte al mese dovrai fare queste analisi del sangue» ha continuato la dottoressa consegnandomi una lista lunghissima di valori e sigle. Era difficile credere che servisse davvero tutto quel lavoro medico per una cosa in fondo naturale come una gravidanza, ma non mi restava che affidarmi.

«Quando iniziamo?» ho domandato.

«Se per te va bene, possiamo cominciare subito» ha risposto con un sorriso lieve.

Sebbene non morissi dalla voglia di avere incontri ravvicinati con aghi e medicinali, non era una cattiva notizia. Avevo fretta di cominciare per poter finalmente realizzare il sogno che si era infranto l'anno prima: annunciare la mia gravidanza a Natale. Era ottobre: chissà se ce l'avrei fatta.

Ho affrontato le prime fasi della cura con grande spavalderia. Non avevo ancora idea dell'effetto che una dose tanto massiccia di ormoni potesse avere sul corpo e sulla mente di una donna. Eppure, tutto sommato mi sentivo serena. Ero tranquilla con me stessa perché mi stavo impegnando al massimo, non lasciavo nulla al caso, ero seguita e controllata.

Continuavo a tenere Eddy il più lontano possibile da cure e dottori, cercando di gestire l'intera faccenda per conto mio, tranne ovviamente i momenti in cui la sua presenza era caldamente richiesta e... molto gradita.

«Brava, vedi che adesso stai meglio?» diceva Tiziana quando ci vedevamo per un caffè.

«Speriamo che questa volta...»

«No, non ci pensare, non lo dire. Ora stai facendo tutto il possibile, sono sicura che i risultati arriveranno. Ma non devi pensarci.»

«Sei sicura?»

«Non te l'ho mai detto?»

«Cosa?»

«Io sono sicurissima che tu rimarrai incinta. Me lo sento, succederà.»

E dette da lei, l'essere razionale per eccellenza, queste parole non apparivano di consolazione, ma una verità assoluta. Mi hanno dato una grande fiducia.

Sono andata avanti con determinazione. Non era semplice gestire la cura che consisteva di un mix di tre diversi medicinali. Uno era liquido e due molto oleosi. Prima di ogni iniezione dovevo dosarli e mischiarli accuratamente nella siringa.

Spesso e volentieri gli orari delle punture coincidevano con qualche diretta; così, rintanata nel mio camerino mi gettavo in fretta e furia nella preparazione del mix di medicinali sperando di non farmi scivolare le fialette dalle mani e di non macchiarmi gli abiti con il liquido. Poi mi concentravo e . pic. Iniezione in piena pancia.

Con il farmaco in circolo avrei dovuto starmene un po' a riposo, invece mi indaffaravo a nascondere «l'oggetto del peccato» appena utilizzato nella paura che qualche collega o donna delle pulizie potesse trovare la siringa nel mio cestino. Chissà cos'avrebbero pensato, e con quale velocità sarebbe trapelata la notizia. Già immaginavo i titoloni sui giornali: «Antonella, perché?» o «La Clerici nel tunnel».

Meglio incartarla e buttarla a casa, sperando che nel frattempo a nessuno venisse in mente di rovistare nella mia borsa.

Il tempo di risistemare il camerino ed ero sul palco, telecamere puntate addosso e il mio sorriso più smagliante per il pubblico.

Il lavoro in quel periodo andava a gonfie vele, ma ero costantemente sotto pressione. Oltre alla *Prova del Cuoco* conducevo per la seconda volta di fila anche il programma serale del sabato legato alla Lotteria Italia, *Il Treno dei Desideri*. L'anno prima era andato molto bene, di conseguenza le aspettative erano altissime e dietro l'organizzazione della trasmissione il lavoro era particolarmente intenso. C'erano da trovare le storie giuste, studiarle, pianificarle. Un'attività redazionale che occupava tutti i miei pomeriggi in un crescendo fino alla diretta del sabato sera.

La mia professione è sempre stata per me una grande passione, fin dalle prime, piccole trasmissioni che conducevo con il cuore in gola per arrivare poi a programmi di grande prestigio, che ho affrontato con grande umilità e grinta. Mi ha dato soddisfazioni che non credevo possibili, mi ha portata su palchi – come quello di Sanremo – che ritenevo inarrivabili.

Ho compiuto un percorso che, per la sua linearità, potrebbe sembrare quasi atipico. Partita dalla piccola Legnano, prima mi sono laureata e soltanto in seguito sono approdata al piccolo schermo. Mai una scorciatoia, un escamotage, un diversivo per saltare qualche gradino sulla scalinata per l'Olimpo televisivo. Non ho mai partecipato a un reality, e prima di Eddy i giornali di gossip si erano potuti occupare di me poco o niente, non ero un'opinionista che andava a litigare negli studi di qualche trasmissione, non avevo mai posato per un calendario. Avevo affrontato i miei gradini uno per uno, gustandoli, sperando di arrivare dove sono arrivata grazie all'impegno, alla dedizione e all'amore per ciò che faccio. E oggi mi trovo qui, dove una ragazzina di provincia non avrebbe mai sognato di essere.

Quello che amo tuttavia non è il prestigio di essere famosa né il fascino dello star system. Adoro il contatto col pubblico, sia quello in studio sia quello a casa. Mi piace essere vicina a loro, offrire non solo intrattenimento ma vero e proprio calore umano. Per questo, fra tutti i programmi che ho condotto, sono molto affezionata alla *Prova del Cuoco*, perché entrava nelle case degli spettatori in un momento speciale, l'attimo poco prima di mettersi a tavola, in quell'ambiente intimo e personale che è la cucina. Ero con loro ogni giorno, tra pentole e forchette, come sottofondo di un sugo profumato, intrattenimento giocoso, ma anche compagnia amichevole.

Mi sentivo legatissima ai miei fan e loro si facevano sentire guardandomi, apprezzandomi, scrivendomi. È stato il mio pubblico più affezionato il primo a percepire il mio stato d'animo che, con il passare dei mesi e dei tentativi infruttuosi, era sicuramente diverso rispetto agli esordi. Sono iniziati ad arrivare messaggi del tipo: «Antonella, cos'hai? Ultimamente non sorridi più come prima».

«Antonella, noto un velo di tristezza nei tuoi occhi: c'è qualche problema?»

«Antonella, è evidente che qualcosa ti preoccupa. Siamo qui per supportarti!»

Ero commossa per l'empatia capace di attraversare lo schermo di un televisore. Certi telespettatori avevano letto la verità nei miei occhi molto prima di tante persone che mi stavano accanto ogni giorno. Si preoccupavano per me.

Passata qualche settimana, sono iniziate a circolare le prime voci. Non avevo mai fatto mistero, nelle interviste e parlando con i colleghi, di desiderare un figlio. Appena mi hanno vista con il décolleté un po' gonfiato dagli ormoni sono scattate subito le voci sulla mia presunta gravidanza. Poi hanno notato i buchi sulle braccia, martoriate dalle analisi, e non hanno più saputo che pensare. Era evidente, comunque, che stavo attraversando un periodo poco tranquillo e che la ricerca di un figlio doveva avere qualcosa a che fare con tutto ciò. Si è creato un clima di apparente comprensione, di gentilezza, ma nessuno aveva il coraggio di chiedermi apertamente che cosa stesse succedendo.

Solo una collaboratrice, un giorno, mi ha fermata poco prima che salissi sul palco.

«Antonella, fatti mettere un po' di fondotinta lì sul braccio, è livido» mi ha consigliato indicando le macchie viola delle punture.

Non me n'ero quasi accorta, sembravo una gran

dama al ballo che si fa di eronia: vestito rosa sontuosissimo e braccio pieno di macchioline.

«Dai, se no domani finisci su tutti i siti di pettegolezzi...» ha aggiunto con un sorriso.

«Grazie, Monica» le ho detto con riconoscenza, quasi scoppiando in lacrime, maledetti sbalzi ormonali.

«Sono gli ormoni, eh?» ha detto lei quasi leggendomi nel pensiero.

«Già» ho ammesso.

«L'avevo capito. Sai, anche la mia migliore amica per avere sua figlia si è dovuta sottoporre a qualche cura, so bene cosa significhi. È molto pesante, soprattutto se stai lavorando.»

«Già, ma non bisogna arrendersi. Cure e lavoro sono impegnativi, ma non incompatibili.»

«Assolutamente. Senti, Antonella, se ti serve aiuto chiedi pure. Fare tutto da sola non va bene.»

E così dal giorno dopo Monica ha cominciato a raggiungermi in camerino per aiutarmi con il mix di farmaci e la famosa punturina. Continuavo a stupirmi dell'istintivo senso di coalizione che le donne dimostravano riguardo all'argomento. Per quanto il percorso fosse lungo e solitario, e il più delle volte rimanesse una battaglia contro me stessa, c'era sempre qualcuno che appariva all'improvviso regalandomi una lieve tregua.

Lavorare mi teneva fuori casa spesso tutto il giorno, mi aiutava a staccare dal mio chiodo fisso e a ritrovare una dimensione personale soddisfacente.

«Guarda al bello che hai nella vita» mi diceva Miriam. «Mica capita a tutte di avere un lavoro fantastico e un uomo come il tuo! Sorridi! Anche se non riuscirai ad avere un figlio continuerai comunque ad avere una splendida vita.»

Il primo mese non è accaduto nulla e per me è stata una delusione, ma mi sono consolata sapendo che la cura era solo agli inizi e che probabilmente aveva bisogno di più tempo per funzionare.

Arrivato il secondo mese, tenevo le dita incrociate facendo il conto alla rovescia, e la tristezza di vedere come al solito che niente era cambiato mi avrebbe fatta impazzire, se non avessi ricevuto quella telefonata.

«Antonella, devo dirti una cosa!» era Miriam, in preda all'euforia.

«Anch'io, ma non è una buona notizia...»

«Non importa! Ascolta, poco fa stavo interrogando le mie carte, e ho chiesto di te.»

«Che dicono?»

«Avrai un figlio, Antonella: una bambina.»

Non sono una persona superstiziosa. Miriam mi diverte perché non si prende troppo sul serio ed è un'amica fidata. Non andrei mai da una maga a farmi predire il futuro, non ci crederei. Eppure il tono della sua voce era così diverso dal solito: mi trasmetteva un'incrollabile fiducia nel futuro. È stato in quel momento che ho pensato davvero ai miei tentativi come a una strada verso un obiettivo che prendeva sempre più corpo, e aveva i miei occhi e i colori di Eddy, la bocca carnosa e le manine sottili. Ho iniziato a pensare a una bambina. La mia bambina.

Sono tornata al centro qualche giorno dopo. Ad attendermi c'era la dottoressa Paola, con un sorriso dolce.

«Come ti senti, Antonella?»

«Non so. Sono convinta di fare queste cure, ma non rimango incinta lo stesso e non capisco perché...»

«Antonella, è rarissimo che le donne che arrivano qui riescano subito ad avere una gravidanza. Io capisco tutto: l'urgenza che provi, la delusione per i fallimenti, la pressione di essere in ritardo, ma devi cercare di mantenere un equilibrio e restare serena. So che gli sbalzi ormonali non ti aiutano, è facile che si ripercuotano sull'umore...»

«Già. Alcune mattine mi sveglio sicura che sia il giorno giusto, magari perché ho fatto un bel sogno dove tenevo fra le braccia un bambino. E il giorno dopo invece sono a pezzi, convinta di sbagliare tutto, e mi ritrovo stanca e demotivata.»

«Da medico, mi sento di dirti che non credo che tu ti stia sbagliando. Non ti avremmo consigliato le cure se avessimo pensato che fosse troppo tardi per intervenire. Quando ti ho conosciuta, fin da principio ho pensato che fossi una donna molto forte. È il momento di mostrare questa forza.»

Era difficile tirar fuori la grinta quando i miei piedi poggiavano solo su interrogativi e possibilità.

Questo mi rendeva instabile da tutti i punti di vista, anche quello di coppia.

Le assenze di Eddy ai miei occhi erano ancora una preoccupazione, ma stavo tentando di domarle razionalmente. Il problema non era lui né i suoi amici, ma le mie personalissime ansie, amplificate dai medicinali e dalla paura che tutto ciò che stavo attraversando finisse per allontanarci.

«Come ti senti?» mi chiedeva quando, la sera, trovavo rifugio dalla fatica della giornata tra le sue braccia.

«Un po' affaticata. Ma non preoccuparti, andrà tutto bene.»

Chissà se qualcuno nel suo ufficio aveva già messo in giro qualche diceria sul mio conto, se si parlava di Antonella con le braccia livide, Antonella con i suoi sbalzi d'umore e la lacrima facile. Accidenti, ultimamente al *Treno dei Desideri* piangevo per ogni sciocchezza, era facile dare adito a commenti e pettegolezzi.

«Cosa ti stanno facendo?»

«Be'... ipnosi, imposizione delle mani, preghiere sciamaniche...»

«Eh?»

«Ma no, le solite cose: ecografie, medicine e punture. Solo un po' più forti del solito.»

«Ehi» mi ha detto cambiando posizione e mettendosi esattamente di fronte a me, «ce la faremo, capito? Sappi che andrà bene. Avremo un figlio, io e te.»

«Una figlia» l'ho corretto.

«Dici?» ha sorriso.

«Non lo dico io. È Miriam a esserne sicura, e quando si convince di qualcosa solitamente accade.»

«Una femmina. Sì, mi piacerebbe...» ha detto con aria sognante, perdendosi in qualche fantasia che sicuramente includeva noi due e una piccola bambina sorridente, con i miei occhi chiari e le sue labbra carnose.

Più frequentavo il centro, più iniziavo a scoprire l'universo sommerso della fertilità. Ero diventata un'abile osservatrice. Mi sedevo in quella saletta dalle sedie blu elettrico, pareti basse e luci bianche, e mi guardavo intorno. Studiavo volti e mani, piedi, movimenti. Scorrevo con lo sguardo tacchi alti e nervosi, ballerine immobili, scarpe da ginnastica consunte.

Vedevo donne come me, ma anche ragazze giovani già segnate dalla fatica di non riuscire ad avere un bambino, e poi c'erano altre che sembravano più grandi e invece erano solo molto stanche, demoralizzate. Moltissime arrivavano al centro insieme con il compagno. Perché?, mi chiedevo. Che senso aveva? Si percepiva chiaramente la differenza di approccio al problema: loro sempre un po' agitate ma decise, determinate. Gli uomini le prime volte dolci e rassicuranti, dopo qualche visita annoiati e spauriti. Sui loro volti si leggeva un solo pensiero: «Che ci faccio io qui?».

Udivo alcune donne dire frasi del tipo: «E poi dobbiamo fare queste punture, queste ecografie e questa visita».

Usavano il plurale per coinvolgerli, per sentirsi meno sole e condividere un percorso di procreazione che in quel momento era invece unicamente loro. Quando lo si vive, è difficile capirlo. Io per carattere ho deciso da subito di lasciare fuori Eddy, di non permettere che vivesse insieme con me attese di cui non avrebbe saputo cogliere il senso, di non farlo assistere a momenti imbarazzanti come ecografie interne o quando i medici ti rigirano come un calzino per fare una visita approfondita. Metterlo a parte del mio apparato genitale non ci avrebbe unito, anzi. Ci sono cose che a mio avviso è meglio che una donna tenga per sé, ma non tutte erano del mio parere: eccole lì, decine di mogli che trascinavano i mariti alle loro impegnative e frequentissime visite. Mi domandavo se esistesse modo migliore per togliere naturalezza a una relazione, e soprattutto al sesso. Si diceva in giro che se un marito buttava l'occhio durante il parto c'erano possibilità che non riuscisse più a stare con la moglie. Ecco, non credo che l'effetto sarebbe stato migliore con una bella sonda ecografica proprio da quelle parti.

Io non volevo neppure affrontare troppo spesso l'argomento, ormai era trito e ritrito, e preferivo parlare d'altro assieme a lui. Dei viaggi che avremmo voluto fare, dei rispettivi lavori, dei nostri amici.

I miei punti di riferimento per avere un confronto rimanevano Tiziana e Miriam. A loro si era aggiunta Monica, perché quando avevo qualche momento nero durante le riprese non potevo chiudermi fantozzianamente in bagno e urlare a squarciagola, magari tirando qualche testata al muro.

Con lei avevo instaurato un rapporto molto confidenziale, di grande fiducia. Quando qualcosa non andava era la prima a capirlo e a ritagliarsi un attimo per scambiare qualche parola. Io le raccontavo delle cure e lei dei danni che il suo bambino faceva per casa. Stranamente, sentire i racconti di una mamma non provocava in me alcun senso di frustrazione o fastidio: ero contenta per tutte le donne con il pancione che incontravo, per tutte le carrozzine, per tutti i bimbi tenuti per mano. In che modo la felicità degli altri poteva nuocere alla mia?

Le giornate erano intense. Al mattino mi alzavo e salutavo Eddy e Oliver: se era giornata di monitoraggi correvo al centro per l'ecografia e i controlli di routine o per le analisi del sangue. Quindi raggiungevo, già trafelata, lo studio della *Prova del Cuoco*, e correvo a destra e a sinistra per tutta la mattina tra il profumo delle pietanze e i grembiuli colorati. Un pranzo veloce, spesso proprio in studio; poi, più o meno tutti i pomeriggi, andavo a lavorare alla redazione del *Treno dei Desideri*. Fra una cosa e l'altra si faceva sera, tornavo a casa, il tempo di una cenetta a due e crollavo esausta sul divano. Il tutto condito dalle due punturine quotidiane.

Quando dovevo farle la sera, Oliver mi seguiva silenzioso in bagno senza smettere di osservarmi attentamente. Non appena portavo a termine l'operazione mi si appoggiava di peso contro lo stinco come a dire: ehi, io ci sono, eccomi qui. Poi, insieme, ci mettevamo a dormire.

E pensare che quando l'avevo preso avevo dichiarato: «Mai e poi mai il cane dormirà in camera con me!». E invece eccolo lì, accoccolato come una palla di pelo accanto al comodino. Erano così lontani i tempi in cui dovevo corrergli dietro per pulire la pipì e i bisognini che disseminava per casa, quando mi arrabbiavo scoprendo l'ennesimo misfatto ma poi non riuscivo a sgridarlo per via del suo musetto tanto dolce.

Quella notte, col pretesto del mio labrador, mi sono scoperta a riflettere sui figli. Se un cane poteva darti tutto quell'affetto e ispirare quell'enorme senso di protezione, chissà come sarebbe stato smisurato l'amore per un figlio. Probabilmente qualcosa che ti sommerge, totalizzante.

Se era così facile ricordare le smorfie buffe di un cane, i suoi passi incerti da cucciolo, i suoi dispetti, il modo in cui rosicchiava le gambe del tavolo e la prima corsa sgangherata sulla spiaggia, figuriamoci quali indelebili tracce avrebbe potuto lasciare nel cuore la crescita di un bambino.

Per non parlare delle preoccupazioni. Un giorno

Oliver, da cucciolo, si era infilato per gioco sotto il mio tapis roulant mentre stavo correndo. Era un modello che si alzava e si abbassava a seconda della frequenza cardiaca, quindi, con quel cagnolino scemo sotto i miei piedi, ho cominciato a pregare che la mia frequenza non facesse abbassare il tappeto di colpo, altrimenti avrei ottenuto una bella marmellata di Oliver.

Sono stati attimi di panico, cosa faccio, cosa non faccio, se scendo e mi tolgo il frequenzimetro il tapis roulant va giù, ma se resto su potrebbe comunque scendere. A un certo punto il coraggio ha avuto il sopravvento: sono saltata giù dalla macchina in corsa, con il frequenzimetro ancora attaccato e ho preso al volo la mia potenziale vittima pelosa. Ci eravamo ritrovati tutti e due sdraiati a terra, lui che mi leccava le guance e il tappeto che continuava imperterrito a girare.

Per un attimo ho sorriso al buio nel mio letto, provando a immaginare che guai potesse combinare un bambino, anzi... una bambina. Sembrava già tutto pronto per lei: una casa piena di amore, un cane pasticcione, una coppia desiderosa di tenerla tra le braccia. Già: tutto pronto. Il cuore, soprattutto.

Ottobre era passato, così anche novembre. Dicembre era arrivato di colpo, portando con sé l'atmosfera che mi pareva di aver lasciato a New York solo qualche mese prima. Invece, un intero calendario era trascorso.

Per strada iniziavano ad apparire le luci colorate, i negozi erano tinti di rosso e di oro, traboccanti di pacchetti e idee regalo, le cassiere del supermercato dietro casa portavano addirittura cappellini da Babbo Natale. Tutto era come doveva essere, tranne me.

John ci aveva chiamati per annunciarci che la moglie era in dolce attesa. Alla notizia io e Eddy ci eravamo scambiati uno sguardo più lungo del solito. Nessuno dei due avrebbe potuto dire: "Be', sarà per il prossimo anno".

Avevo ancora questa flebile speranza di un test positivo proprio a Natale, in fondo non era ancora passato un mese dall'ultimo fallimento.

Era una domenica quando mi sono accorta di avere un ritardo. Solo un giorno, ma per me, puntuale come un orologio svizzero, era un segnale da non sottovalutare.

Il lunedì mattina ho telefonato alla dottoressa Paola, annunciando sottovoce ma con la gioia che trapelava a ogni sillaba: «Ho un ritardo».

«Antonella, sono davvero contenta, però aspettiamo a cantar vittoria.»

«Che faccio? Compro un test già oggi?»

«No, fai le analisi del sangue per le beta HCG, sono più precise. A volte i risultati del test sono poco affidabili.»

Sono andata a fare le analisi il giorno stesso, e aspettavo una risposta per telefono proprio da Paola.

Mentre mi preparavo per *La Prova del Cuoco* avevo la pelle d'oca.

«Antonella, ma stai bene? Tremi!» mi ha chiesto la costumista.

Era la volta buona, ne ero certa. Avevo seguito le cure scrupolosamente, avevo coinvolto Eddy nei giorni giusti, scoppiavo di positività e poi mi sentivo... non so, diversa. O forse era solo l'emozione.

Pochi minuti prima della diretta ho visto il cellulare illuminarsi: «Paola».

Ho preso un respiro prima di rispondere, e ho tenuto istintivamente le dita incrociate mentre schiacciavo il tasto verde e rispondevo: «Pronto, Paola, allora?».

«Mi dispiace, Antonella, le beta sono basse. Non sei incinta.»

«Antonella sei in onda tra due minuti!» mi ha ricordato un'assistente passando, senza nemmeno accorgersi del mio sguardo sbigottito.

Ho dovuto riprendermi in un minuto e cinquanta secondi prima di dare il buongiorno ai telespettatori. Sorridendo, proprio come se *nulla* fosse successo.

"Non è possibile" pensavo mentre salutavo gli ospiti.

"Questa volta me lo sentivo davvero" dicevo tra me e me illustrando le ricette.

"Perché proprio a Natale?" mi chiedevo mentre passavo da una cucina all'altra.

In uno stato di trance ho terminato la puntata, salutato i colleghi, e sono tornata a casa per stringermi a Eddy in silenzio e tuffare le dita tra il pelo biondo di Oliver.

Per il secondo anno di fila ho trascorso delle feste spente, prive di qualsiasi entusiasmo.

Un amico di Eddy ha insistito perché lo andassimo a trovare nella sua casa in montagna, a Cortina. Ho accettato controvoglia: detesto i luoghi troppo mondani, dove ritrovi sempre tutti i colleghi. Se vado in vacanza è per vedere posti e gente nuova: ritrovarmi con le stesse persone di Roma – a fare più o meno le stesse cose – per me era di una noia mortale. Non amo il jet set, le pubbliche relazioni, il farsi vedere. Sono cose lontane da me, dal mio carattere. Le persone del mondo dello spettacolo che frequento sono poche, e con tutte ho legato per motivi molto lontani dalla convenienza: affinità, valori condivisi, empatia istantanea. A volte, se mi fermo a pensarci, realizzo quanto sia importante la serietà nel lavoro, l'essere una persona affidabile e concreta. Sono questi i motivi per cui riesco a lavorare, e lo trovo un segno positivo. Visto da fuori il mio mondo professionale può sembrare che offra posto esclusivamente ai raccomandati di questo o quest'altro personaggio di potere; invece c'è spazio anche per chi si impegna. Quando ripenso al mio lungo percorso provo un moto d'orgoglio. Sono arrivata al successo molto tardi rispetto alla media, ma ogni passo lo devo solo a me stessa.

Ben presto ne ho avuto abbastanza di doposci firmati, pettegolezzi e baci sulle guance, e per fortuna pochi giorni dopo eravamo già di ritorno. Accarezzare Oliver e buttarmi con lui sul divano a guardare un film è stato il momento più bello delle feste natalizie.

A Capodanno ci siamo ritrovati io, Eddy, alcuni suoi amici, Tiziana e Miriam per festeggiare insieme. Abbiamo passato una piacevole serata, parecchio diversa da quella che avevo fantasticato, ma piena di calore umano, di speranza.

Il pensiero ha iniziato a girarmi per la testa proprio durante quella sera, quando Eddy circondato dai suoi amici ha sfoderato di nuovo, dopo tanto tempo, il suo sorriso luminoso. Proprio quello che, molti mesi prima, mi aveva fatto innamorare di lui. Allora mi sono resa conto che non accadeva più così spesso di leggere quella felicità nei suoi occhi.

In realtà ne avevo il sospetto già da qualche tempo: c'era un senso di incomprensione che serpeggiava tra noi. Lo sentivo tra le sue parole, tra i nostri abbracci un po' meno stretti; e questa sensazione si faceva netta durante le sue assenze. Avevo cominciato a essere troppo presa da altro: lavoro e cure occupavano praticamente tutto il mio tempo, dov'era finito quello per noi?

Era tutto così diverso dall'inizio della nostra storia. Prima eravamo noi soli. Lo spazio del nostro rapporto era denso di amore, progetti, e soprattutto della libertà in cui esprimerli.

Ora eravamo costantemente sotto la pressione che il fallimento ci metteva addosso. Non parlavo più delle cure, ma lui sapeva che le stavo subendo. Non parlavo più di bambini, ma il mio desiderio era ancora più intenso. Non commentavamo i tentativi andati a vuoto, ma pesavano come macigni.

Sapevo che se avessi continuato a considerare la maternità il mio unico obiettivo, il legame tra noi si sarebbe incrinato in modo irrecuperabile.

È stato allora che ho preso la mia decisione. Lo sforzo era immenso ma necessario: non potevo e non volevo che il desiderio di un figlio continuasse a essere un'ossessione. Era sbagliato tanto per me quanto per Eddy, e anche per il bambino, se mai fosse nato.

«Mi do tempo fino all'estate» ho rivelato a Miriam e Tiziana.

Le ho colte di sorpresa con lo spumante ancora in mano.

«Sei convinta di quello che dici?» ha chiesto Tiziana.

«Non vorrei arrendermi, lo sapete. Ma devo fare ciò che è giusto. Ho provato, ho insistito, non sto mollando. Ma cadere nell'ossessione è facile, e io non voglio farlo.»

«Ma, sai, è normale attraversare un lungo periodo di tentativi inutili.»

«Sì, ma per quanto ancora potrei andare avanti? E se poi riuscissi davvero a rimanere incinta, magari rendendomi conto che è troppo tardi? Non è giusto diventare una di quelle mamme-nonne che non hanno neppure la forza di correre dietro ai loro bambini. Lo trovo contro natura. Questo per me è il limite massimo, se quest'estate non sono in attesa vuol dire che la maternità non fa per me.»

«È una scelta che apprezzo molto» ha commentato Tiziana.

«Sì, piace anche a me» le ha fatto eco Miriam.

«Si può star bene anche senza figli, se proprio non arrivano» ha continuato Tiziana.

«Certo! Pensa che io i miei non li vedo mai...» ha rincarato la dose Miriam.

«Poi immagina quando crescono, che palle. Magari ti porterebbe a casa il fidanzatino tamarro...»

«Vorrebbe il motorino...»

«Non rispetterebbe il coprifuoco a mezzanotte e ti ritroveresti alle due di notte ancora lì che aspetti...»

«E se a sedici anni volesse fare l'animatrice... mica potresti dirle di no!»

Siamo scoppiate a ridere. Non so come né perché, ma queste amiche del cuore, queste donne profonde e divertenti, riescono sempre a stemperare anche i miei momenti più drammatici. Mi aiutano a vedere oltre, a vedere positivo.

Quando sono tornata al centro pioveva a dirotto, la dottoressa Paola mi ha accolto con il suo solito sorriso in una stanza in penombra per il brutto tempo. La luce soffusa di una lampada e la mia decisione mi hanno convinta a raccontarle quello che avevo provato negli ultimi mesi. Il senso di sconfitta unito alla rabbia per essermi infilata in quello che pareva un circolo vizioso. La paura che il rapporto con il compagno ne risentisse. La scelta di interrompere le cure qualora non fossi rimasta incinta entro il *mio* termine.

Ho parlato come un fiume in piena, interrotta solamente dal rumore scrosciante della pioggia che batteva sui vetri.

«Da qui passano tantissime donne» ha risposto lei, quando finalmente ho concluso il mio discorso con un sospiro. «Alcune nel circolo vizioso ci rimangono. Si colpevolizzano per non riuscire ad avere un figlio, logorano il rapporto con i loro mariti rimbalzandosi a vicenda colpe inesistenti o pretendendo una visione della coppia che sia soltanto orientata alla riproduzione. Tu mi hai colpito positivamente perché sei riuscita a capire dov'è il confine tra la ricerca e l'ossessione. Ed è una linea sottilissima, parliamoci chiaro, tante non la vedono e spesso ho creduto che anche tu avresti ignorato i rischi che si corrono per inseguire un sogno ciecamente, senza fermarsi mai. Noi siamo i primi a incoraggiare le pazienti se hanno delle speranze concrete, ma anche i primi a consigliare vie alternative come l'adozione qualora le possibilità non siano più così effettive.»

Nonostante fossi sicura della mia decisione già prima di mettere piede nel centro, parlarne con la dottoressa Paola e ricevere una risposta tanto rassicurante mi ha fatto sentire molto meglio.

È difficile rinunciare a un sogno, la maggior parte delle volte non lo si dovrebbe fare.

Ma io volevo essere una buona madre, e se i presupposti per diventarlo erano rovinare un rapporto d'amore e inseguire una mania, anche con un figlio non sarebbe comunque stato possibile.

Mi rivedo lì, appena fuori dal centro con il mio ombrello rosso, mentre aspetto un taxi. Sono consapevole di aver messo un freno al mio orologio biologico: ticchetterà finché lo decido, fino a giugno. Poi basta. Se saremo in tre sarà il regalo più bello del mondo. Se saremo io e lui, saprò comunque di aver fatto la scelta giusta.

4

Quello che è giusto per me

Era una scatolina tonda, chiusa da un piccolo bottone bianco. Non aveva nulla di particolare se non la superficie liscia e quell'odore intenso di legno, aromatico e ruvido al tempo stesso.

«Ah, ma guardi che è magica» mi aveva confidato l'uomo che me l'aveva regalata, porgendomela.

Quel giorno eravamo entrambi ospiti di un programma. Era la primavera di qualche anno prima e io rispondevo alle domande di una giovane giornalista riguardo alla mia carriera. Avevo appena terminato la registrazione quando era arrivato quest'uomo vestito in modo sportivo, con un largo sorriso scolpito in volto. Chissà chi è, mi ero chiesta. Per la curiosità ero rimasta ad ascoltare l'inizio della sua intervista: parlava degli gnomi. Quelli incantati delle foreste ma anche quelli da giardino, che tutti ignorano e che invece, a suo dire, durante la notte avevano una vita parallela invisibile ai nostri occhi.

«Lo sa che i piccoli gnomi che teniamo imprigionati nei nostri giardini, in realtà non vedono l'ora di essere liberati?»

«Accidenti, in realtà no. Mia nonna ne tiene uno vicino alle piante di pomodoro...» aveva risposto divertita la conduttrice.

«Lei non sospetta nemmeno che vita notturna possa avere quello gnomo!» aveva dichiarato lui, convinto e quasi offeso per la storia delle piante di pomodoro.

Un personaggio singolare, senza dubbio molto diverso dalle persone con cui avevo a che fare ogni giorno. Alla fine del suo intervento avevamo scambiato qualche parola proprio perché ero incuriosita dal fervore e dalla convinzione con cui parlava di quegli esserini, e dalla sua intenzione di restituire loro libertà e dignità.

Ci eravamo incontrati di nuovo qualche giorno dopo in un'altra trasmissione, al termine della quale avevamo trascorso assieme giusto cinque minuti, entrambi in attesa di un taxi, mentre fuori dallo studio imperversava un violentissimo temporale. Seduti sulle seggiole all'ingresso, avevamo ripreso il discorso sulla sua grande passione.

«Bene, visto che ti sei ricordata dei nostri amici gnomi, ti farò un regalino» mi aveva detto mostrandomi il piccolo oggetto tondo tra le sue mani. Si chiamava «La scatola dei sogni».

«Come funziona?» avevo domandato divertita.

«Devi scrivere il tuo desiderio su un foglietto, piegarlo e inserirlo nella scatolina.»

«E poi?»

«Poi basta. Non devi aprirla finché non si avvera

il desiderio. Vedrai che funziona» aveva assicurato totalmente convinto.

«Nel suo caso ha funzionato?» avevo chiesto.

«Oh, questo non posso dirglielo...» aveva risposto con un sorriso enigmatico.

Presa la scatolina, lo avevo ringraziato e, una volta a casa, l'avevo riposta nell'armadio e dimenticata fino a quel pomeriggio di gennaio, quando mi è ricapitata tra le mani mentre cercavo una vecchia t-shirt per il mio cane, che adora giocare con le magliette e mordicchiarle.

«Ma guarda un po' il caso...» ho riflettuto aprendone il coperchio. «Magari è spuntata fuori proprio ora perché è il momento che io esprima il mio desiderio.»

Ho pensato a Miriam: lei avrebbe scritto immediatamente una valanga di bigliettini da ammucchiare nella scatolina, per poi chia arla miracolosa qualora uno di questi si fosse mai concretizzato. Tiziana no, l'avrebbe bollata come *la solita bufala* per creduloni mentre mia sorella... se una psicoterapeuta avesse creduto in una scatolina incantata mi sarei preoccupata anch'io. In fondo, però, che male poteva esserci nell'esprimere un desiderio e riporlo in un posto protetto?

D'istinto, ho strappato una strisciolina di carta da un quaderno a quadretti che avevo sul tavolo. Stavo per scrivere qualcosa che includesse la parola *incinta* o *figlio*, ma poi mi sono bloccata.

Era davvero giusto domandare un bambino come

desiderio, quasi fosse un regalo chiesto a Babbo Natale? Cosa sarebbe accaduto se ne avessi avuto uno ma non fossi stata in grado di essere una buona madre, se fossi risultata troppo vecchia o troppo egoista o troppo possessiva? Se il destino mi stava allontanando da quello che desideravo, c'era forse un buon motivo?

Non sono riuscita a scrivere la frase che più di tutte mi risuonava nella testa. Ho ascoltato un'altra voce, sottile e rassicurante, potrei chiamarla coscienza, buonsenso, o semplicemente anima.

Ho preso una penna blu e ho scritto, senza fretta e con la calligrafia più comprensibile possibile, una semplice frase: «Quello che è giusto per me».

Poi, con cura, l'ho richiusa e riposta dietro alla pila di magliette colorate, lì dove l'avevo ritrovata.

In quel momento è squillato il mio cellulare. Ecco, ho pensato, adesso rispondo e all'altro capo del telefono c'è uno gnomo delle foreste. Invece era il mio agente. Mi avvisava di una proposta per la conduzione di un nuovo programma, una sorta di gara canora.

«Perché no?» ho detto.

«Non hanno ancora definito bene la struttura delle puntate e la dinamica della gara, facciamo così: domani fanno una riunione, vieni anche tu e ne parliamo.»

Abbiamo incontrato autori e produttori il giorno seguente, in una sala dove ero già stata altre volte e di cui non ho mai potuto fare a meno di notare gli orrendi quadri astratti alle pareti. Al centro della discussione, da subito, una sostanziale modifica al format.

«Bambini? Nessuno mi aveva detto che avrebbero gareggiato dei bambini» ho fatto presente. Non so perché, ma non ne ero particolarmente entusiasta. In quel momento non mi pareva una scelta così forte e innovativa per un programma.

«Sì, Antonella, è stato un deciso cambio di rotta. Selezioneremo dei bambini particolarmente bravi, dei veri talenti, e li faremo cantare e votare da una giuria di personaggi famosi e dal televoto. Che te ne pare come idea?» ha chiesto un'autrice.

«Ecco, mi aspettavo qualcos'altro.»

«Non mi sembri convinta.»

«Non lo sono infatti. Non so se possa funzionare... I bambini, boh. Magari le nonne se lo guardano pure, ma il resto del pubblico?»

«No, non è come credi; vedrai, lo stiamo studiando bene questo programma» ha tentato di persuadermi lei.

«Dille dell'orchestra dal vivo...» ha incalzato un altro autore.

«Certo, l'orchestra, e gli ospiti chiaramente. Stiamo selezionando dei nomi eccellenti. Ma i piccoli cantanti: saranno loro il vero punto di forza.»

Ecco: chi glielo diceva, a questa autrice entusiasta, che io di bambini in quel momento non ne volevo proprio sentir parlare?

«Senza contare che sarebbe a Sanremo. Il palco della musica per antonomasia» ha aggiunto.

Sanremo. A sentire quel nome qualcosa si è illuminato dentro di me. Ero già stata su quel palco qualche anno prima a condurre il Festival insieme con Paolo Bonolis. Avevo affrontato la grande sfida con grinta ed entusiasmo ed era stato molto emozionante, invece questa volta non morivo dalla voglia di trasferirmi per mesi altrove, lasciare la mia abitazione, Eddy, Oliver, le mie amiche. Non mi sembrava il momento, mi sentivo ancora piuttosto fragile. Forse, se non mi fossi trovata in quel frangente così delicato della mia vita personale, avrei accettato all'istante. Amo la Liguria, c'è qualcosa in quell'aria di mare che rende tutto più familiare e rilassato. In quella regione ci sono praticamente cresciuta, nella casa al mare di mia mamma, e tutti i ricordi legati a quegli anni sono meravigliosi. Ogni volta che torno da quelle parti, per piacere o lavoro, non posso fare a meno di sentirmi bene.

Probabilmente è stato quello a farmi dire, con un sospiro e tenendo le dita incrociate: «Ok, vediamo questi bambini».

«In fondo non è un'idea malvagia» ha detto Miriam agitandomi davanti il suo cornetto alla crema.

«A me i programmi con i bambini invece non piacciono» ha sentenziato Tiziana scuotendo la testa mentre sorseggiava un caffè.

La colazione era stata il pretesto per un momento

di confronto, ero veramente indecisa sul da farsi e avevo bisogno di un loro consiglio.

«Però ti muovi da Roma e cambi aria, ti farebbe proprio bene» ha aggiunto Miriam.

«Su questo concordo. Un ambiente nuovo non può farti che bene, staccheresti un po' la testa dalle preoccupazioni» ha detto Tiziana ordinando il secondo caffè.

«Voi dite?»

«Certo, a meno che stare in mezzo ai bambini non ti disturbi...»

«Oh no, non sono ancora arrivata a questo punto.»

«Bene, allora direi che devi accettare» ha concluso Miriam finendo il suo cornetto e l'ultimo sorso di cappuccino.

«Intanto vai ai provini, vedi che impressione ti fanno, discuti col tuo agente, pensi alla tua immagine e decidi. Semplice, no?»

Ho seguito alla lettera le istruzioni di Tiziana.

Qualche giorno dopo mi sono presentata assieme agli autori ai provini dei piccoli cantanti. Erano stati selezionati in tutte le regioni italiane e, a giudizio del direttore casting, erano «pazzeschi». Abbiamo preso posto su scomodissime seggiole bianche e i provini hanno avuto inizio: una schiera di bambini emozionati prendevano il microfono con le manine paffute e un po' sudate e per prima cosa indicavano sempre il proprio nome, età e città di provenienza.

La prima piccola concorrente aveva nove anni, era magrolina e con gli occhi azzurri. Quanta voce sarebbe mai potuta uscire da una bimba che mi arrivava a malapena all'ombelico? Ha cominciato a cantare e dalle prime note ho indovinato che si trattava di una canzone di Giorgia. È bastata una strofa per capire che quella bambina possedeva una voce fantastica, angelica e potente al tempo stesso. Mi sono emozionata come da tempo non mi accadeva, avevo i brividi a fior di pelle. Non soltanto la piccola riusciva a cantare senza difficoltà un brano che avrebbe dato problemi a molti adulti, ma la sua interpretazione era talmente intensa da toccare le mie corde più profonde. Quando ha posato il microfono mi sono accorta di avere gli occhi lucidi.

«Ma sono tutti così bravi?» ho chiesto sottovoce all'assistente seduto al mio fianco.

«Oh, anche di più... Aspetta di sentire gli altri.»

Davanti a me si è esibita una dozzina di bambini, tutti di una bravura eccezionale. Tutti all'inizio timidi di fronte alla telecamera, ma completamente a loro agio una volta che la loro base partiva e, a occhi chiusi, davano voce alle prime parole.

«Avevi ragione, sono pazzeschi» ho confessato al direttore casting una volta terminati i provini.

«Convinta adesso? Il programma sarà una bomba.»

Nel frattempo di bomba ce n'era un'altra, era quella che stavo per sganciare sul mio rapporto di coppia. Dopo Capodanno non avevo più affrontato con Eddy l'argomento cure. Non lo avevo nemmeno messo a conoscenza della mia decisione di interromperle se non avessero dato il frutto sperato entro la data stabilita; si trattava di una scelta che dovevo digerire innanzitutto io prima di poterne discutere con lui. Nel giro di qualche settimana mi sentivo pronta, sufficientemente sicura e dotata del coraggio necessario per intraprendere quel confronto che sembrava tanto difficile.

Non ci ho girato molto intorno: «Ti devo parlare» gli ho detto un pomeriggio.

«Quando una donna pronuncia questa frase, di solito c'è la fregatura...» ha risposto lui.

«No, questa volta no. È solo un discorso serio, e ho bisogno che tu mi ascolti.»

Si è seduto sul divano bianco, e Oliver si è accoccolato tra i suoi pied..

Non sapevo bene da dove cominciare, mi sentivo molto decisa, ma al contempo il nervosismo mi faceva camminare avanti e indietro per la stanza come una tigre in gabbia.

«Mi do un termine» ho detto lapidaria. Ho visto i suoi occhi socchiudersi, come quelli dei gatti quando la luce è abbagliante, come faceva quando doveva affrontare qualcosa che non gli andava a genio. Oliver, intuendo che un'atmosfera pesante stava per calare sulla sua testolina, si è dileguato con la coda tra le gambe lasciandoci soli.

«So che non è la notizia che vorresti sentire, e nemmeno io. Però ho dovuto prendere questa decisione per stare in pace con me stessa: se entro l'estate non rimango incinta, smetto con i tentativi.»

Forse si è trattato solo di un'impressione, ma mi è parso di vedere i suoi pugni chiudersi, quasi per trattenere un pensiero. È passato un lungo attimo prima che rispondesse: «Lo immaginavo. Ha senso. Questa cosa sta andando avanti da troppo tempo».

«Ormai restare incinta sta diventando irreale come inseguire un'utopia, e non voglio che la mia vita sia questo» ho ripreso io.

«Hai ragione, anche se...»

«Io so che tu vuoi dei figli, Eddy. E so anche che forse non sarò io a poterteli dare.»

Eravamo arrivati a quel punto. *Il* punto. Quello in cui annunciavamo a noi stessi che le nostre strade si sarebbero divise, e non con il fatalismo di chi non può scommettere sull'amore eterno, ma con la consapevolezza di un bivio inevitabile. Se non fossi rimasta incinta entro giugno sarebbe arrivato il giorno in cui Eddy avrebbe desiderato con tutte le sue forze di diventare padre. E io, semplicemente, non sarei più stata la donna giusta per lui.

Erano mesi che questa consapevolezza abitava la nostra storia come una nebbiolina sottile. La sensazione di avere una possibile data di scadenza ci toglieva orizzonti necessari e, insieme, aria. Un giorno ero addirittura arrivata a proporgli un'eventuale adozione, e mi aveva guardata quasi scioccato.

«Ma come? Io, che potrei avere figli miei, devo prendere quelli di qualcun altro? Perché?» si leggeva nei suoi occhi. Per lui, un ragazzo di neppure trent'anni, fertile ora come in futuro, era una proposta che superava i limiti dell'altruismo. Non riusciva a comprenderla, e io lo capivo bene.

Era inutile continuare a ignorare la situazione. Bisognava semplicemente prenderne atto.

Tutto qui. Tutto difficile.

«Ci hai pensato bene?» è stato l'ultimo commento del mio compagno.

«Certo» ho risposto io, cercando nuovamente di convincere anche me stessa.

Quella sera abbiamo quasi evitato qualsiasi contatto fisico e siamo andati a dormire a orari diversi. Durante la notte nemmeno i nostri piedi si sono cercati, come invece di solito accadeva.

Credevo di sbagliarmi, che ci avrei ripensato su mille e una volta. Invece, dopo il tormento della scelta, mi scoprivo finalmente in pace con me stessa. Ero riuscita a dare una fine a una storia fatta di tentativi faticosi, talora strazianti, e di una pressione psicologica impossibile da sostenere oltre. Anche sul lavoro il peso dei miei pensieri stava diventando ingombrante. Appannava lo smalto dei miei sorrisi, mi velava lo sguardo, rendeva difficile esprimere la me stessa che amavo: quella brillante, ironica, piena di energia.

Tutto pareva essersi appesantito. L'atmosfera, le cure, ma soprattutto la mia storia con Eddy. Passato il periodo dell'innamoramento e catapultati in questa strana routine di medici e fallimenti, ci eravamo come spenti. Dovevo fare qualcosa per uscire da quella situazione stagnante, senza slanci né prospettive.

Il termine, che sembrava l'unica soluzione possibile, si è rivelato una liberazione. Finalmente tornavo lucida, presente a me stessa e alla mia vita invece che persa in un'utopia sempre più lontana.

Pochi giorni dopo sono andata a una cena organizzata da Tiziana. Come al solito aveva scelto un tema, che quel giorno era *finger food*, ovvero assaggi da prendere con le mani e mangiare tranquillamente in piedi, come a un buffet tra amici. La sua casa è una delle più accoglienti che io conosca. Tappezzata di quadri, disseminata di libri, è sempre ordinata ma con quel tocco personale che la rende calda. L'avevo aiutata io a scegliere parte dell'arredamento quando si era trasferita, e adoravo in particolare la grande poltrona bianca che avevamo comprato assieme.

Quella sera, a parte lei e Miriam, non conoscevo molti altri degli invitati. Stavo giusto assaggiando una quiche di verdure quando una voce alle mie spalle ha commentato: «È piu buona quella al prosciutto».

Quale migliore argomento del cibo per intraprendere una conversazione disimpegnata? Era Elena, trentasei anni, parente alla lontana di Tiziana. Non l'avevo mai conosciuta prima di allora.

«Vedo che ti stai ambientando...» le ha detto la mia amica mentre passava, poi notando che stava chiacchierando con me, ha aggiunto: «Ma che sciocca, non ho mai pensato a presentarvi! Pensa Antonella, lei è una ginecologa che si occupa proprio di problemi come il tuo. Prima lavorava al centro specializzato dove sei in cura, e collabora ancora con alcuni dei medici che ti seguono».

«Il caso fa proprio strani scherzi» ho pensato a voce alta.

«E come vanno le cure?» si è informata Elena.

«Be'...» ho tentennato «ancora niente in verità.»

«Non so se può interessarti, ma io conosco un medico eccezionale. Una donna che ha concentrato i suoi studi sulla fertilità e che ha lavorato molto all'estero, negli Stati Uniti. Si chiama Claudia, proprio ora è a Roma per delle consulenze, indovina un po', al centro specializzato dove vai tu. Se ti va posso presentartela, anche io sarò lì nei prossimi giorni.»

Questo io lo chiamo destino. Dall'alto qualcuno guarda la tua vita e ci butta un sassolino che fa increspare le acque.

Tre giorni dopo ero nuovamente al centro, questa volta in uno studio al terzo piano dove non ero mai stata. L'ambiente pareva più tranquillo, non c'erano tutte quelle pancione e i mariti d'appoggio. A parte me e una segretaria, credo sui novant'anni, c'era solamente una ragazza con i capelli rossi in attesa dell'ecografia. Era intenta a leggere un libro e non ha mai sollevato lo sguardo.

Ogni volta che mettevo piede in una di quelle sale la mia mente poneva in atto uno strano meccanismo, forse di difesa, per cui non riuscivo a tenere i miei pensieri fermi sulle cure per più di qualche attimo. Mi proiettavo nell'immediato futuro, quello che avrei trovato uscita da lì, qualunque fosse stata la risposta. Pensavo a Oliver da portare fuori, o a quel nuovo negozio per cani dove avrei voluto acquistargli un collare. Pensavo a cosa avrei cucinato per cena, a qualche ricetta scoperta durante il mio programma che avrei potuto far assaggiare a Eddy. Pensavo alla trasmissione da preparare, a quel bambino con la erre moscia che mi faceva tanto ridere e all'altra piccola peste che non la smetteva di far smorfie mentre cantava. Pensavo a...

«Signora, è il suo turno» ha annunciato l'anziana segretaria.

Quando sono entrata mi ha colpito subito lo sguardo deciso di questa donna che mi squadrava con attenzione. Mi ha puntato dall'ingresso nello studio e non mi ha staccato gli occhi di dosso nemmeno per un momento finché non sono andata via.

«Antonella, vero?» ha chiesto.

La dottoressa Claudia era una donna all'apparenza brusca e decisa, con modi da uomo piuttosto che da donna. Aveva il camice abbottonato fino al collo e un taglio di capelli che poteva essere giustificato soltanto dalla praticità. Niente orecchini o collane, unico vezzo una borsa violetta appoggiata accanto alla scrivania. Nonostante questo mi è piaciuta fin da quel primo incontro. Sembrava estremamente competente e molto seria. Una di quelle che non ti confonde con termini medici e prospettive utopistiche, ma va dritta al punto.

«Elena mi ha parlato della sua vicenda e mi sono informata anche qui al centro, ho la sua cartella» ha detto dando un colpetto su un incartamento piuttosto voluminoso che conteneva le mie ecografie, le analisi, i monitoraggi, i risultati delle cure.

«Cosa ne pensa?» ho domandato.

«Ho avuto pochissimi risultati con donne della sua età» mi ha informato senza esitazioni, senza alcun tono di comprensione nella voce.

«Lei però sa che una volta, non troppo tempo fa, sono rimasta incinta.»

«Sì, certamente. È per questo che ho deciso di accettare il suo appuntamento, solitamente dopo i quaranta do poche speranze.»

«Ma io ce la farò, ne sono sicura» ho replicato sulla difensiva, credendo davvero alle mie parole.

La dottoressa è rimasta un attimo in silenzio, poi ha detto: «Mi piace questa decisione. Vediamo se riesco ad aiutarla».

Mi ha visitato e, mentre qualcun altro si occupava ancora una volta delle mie parti basse, cercavo di recuperare i pensieri della sala d'attesa.

«Lei sapeva di avere un fibroma?» ha domandato a bruciapelo, cogliendomi di sorpresa.

«Un fibroma? No, assolutamente» ho risposto, realizzando che non ci si poteva mai rilassare un attimo che arrivava l'ennesima batosta.

«Probabilmente si è ingrandito con le cure, magari prima era una cosetta da niente, invece ora...»

«Ora?»

«Be', potrebbe ostacolare ulteriormente i suoi tentativi di avere un figlio. Mi spiego: lei potrebbe anche rimanere incinta, ma poi l'ovulo potrebbe non attecchire bene.»

«Oh, fantastico.»

«Non si preoccupi, non volevo darle una brutta notizia, solamente fornirle un quadro completo della situazione.»

«Possiamo fare qualcosa?»

«In questo momento no, lo teniamo semplicemente presente nel caso le cure abbiano successo.»

Ho tirato un sospiro di sollievo, e lei mi ha guardata alzando il sopracciglio. Uscendo dal suo studio, ho incrociato la dottoressa Paola.

«So che per qualche tempo sarai seguita da Elena e Claudia. Sei in ottime mani» ha detto.

«Grazie comunque per tutto quello che ha fatto finora per me» ho risposto.

«Di niente» ha sorriso. «In bocca al lupo, Antonella. Faccio il tifo per te.»

La dottoressa Claudia aveva leggermente modificato la mia cura. Era ancora più forte, e con un dosaggio e un tipo di medicinali diversi da prima. L'ho iniziata a fine marzo, giusto qualche giorno prima di partire per Sanremo, e non l'ho detto a nessuno.

Cos'ha la Liguria di così speciale? Forse tutto, forse nulla, magari sono solo io a vederla così. Respiro l'aria di quella regione tanto contraddittoria – mare profondo e alte colline addossate le une sulle altre, paesini incastonati come pietre preziose in una collana – e tornano a vivere i miei dodici anni, le estati con mia madre e mia sorella a Rapallo. Quel posto ha visto la mia infanzia prima e la mia adolescenza poi. Non possiedo una foto da bambina che non mi ritragga al mare. Se sfoglio i vecchi album non trovo alcun ricordo di Legnano, dove pure trascorrevo gran parte dell'anno. Io, da piccola, sembravo esistere solo nella cornice di quel paesino ligure. Eccomi lì, nelle foto di famiglia. Con una ciambella arancione, assieme a mia sorella Cristina sorridente sulla sabbia, mentre corro sul lungomare, sulle giostre del centro. Con il mio costumino anni Settanta e i fazzolettini da contadinella annodati in testa. E poi, mia madre. Conservo una sua foto in bikini e ogni volta che la guardo penso sia una delle donne più belle che abbia mai visto. Fisico slanciato ma formoso, capelli corvini, occhi intensi e sfrontati. È sempre stata una donna oltre che una mamma, affascinante e carismatica, mai in disordine o relegata al ruolo di casalinga. Era il motore della famiglia e, insieme, la parte dolce. Lei ci univa, ci dava amore e sicurezza e un'immagine di donna che avrei continuato ad ammirare nel tempo.

Ricordo le sue camicette a fiori le sere d'estate, i suoi capelli sempre in ordine, il rossetto rosa che io e Cristina le rubavamo e che negli anni ho sempre continuato a usare della stessa esatta tonalità. Improvvisamente mi è apparso chiaro il motivo per cui i signori erano sempre gentili con lei, la facevano servire per prima all'alimentari o la salutavano alzando il cappello. Guardando quella foto mi appare lampante perché mio padre la amasse così tanto, e perché fosse anche un po' geloso di lei. Era un sentimento intenso, il loro, dove rispetto e devozione si fondevano senza sforzo nella quotidianità. Un amore di quelli che oggi non si vedono quasi più.

A Rapallo ci andavamo tutte le estati. La casa era un modesto appartamento in un edificio altissimo, moderno. Aveva poco di suggestivo, eppure per mia madre era magico.

«Questo è il posto dove succedono le cose...» mi diceva sempre col suo sorriso sereno e al tempo stesso enigmatico, denso di pensieri che ero ancora troppo piccola per comprendere.

In effetti, gran parte degli eventi importanti della mia giovinezza si sono verificati proprio in Liguria. In quella casa ho imparato a muovere i primi passi, su quella spiaggia ho trovato la mia prima migliore amica, sugli scogli ho dato il mio primo, timido bacio da adolescente, in un bar del centro ho conosciuto il mio primo grande amore.

Spostarsi a Rapallo significava seguire un rituale. Partivamo da Legnano alla fine della scuola con l'auto carica di valigie fino al tettuccio. Papà guidava verso la Liguria attraversando monti e colline, con la radio sintonizzata su quella stazione di musica italiana che ascoltava sempre. Conosco a memoria le canzoni di Gino Paoli, che piacevano a lui, e di Ornella Vanoni, che la mamma canticchiava anche in casa. Ricordo distintamente l'odore di pini e di salsedine che annusavo nell'aria già a chilometri di distanza. Poi le montagne si aprivano come squarci sulla distesa azzurra del golfo, e io e mia sorella abbassavamo il finestrino per salutare il mare.

Sembrava un viaggio interminabile. Mi tornano in mente i giochi che inventavo con Cristina per passare il tempo, come indovinare il colore delle macchine, ritrovare forme di animali nelle nuvole, inventare rime e filastrocche. C'erano perfino volte in cui – come tutti i bambini che si rispettino – ogni cinque minuti chiedevo annoiata: «Quanto manca?», e Cristina iniziava a ripeterlo dietro di me finché le nostre vocine stridule si trasformavano in un insopportabile coro.

La risposta della mamma era sempre la stessa: «Ci siamo quasi».

Arrivati a Rapallo, mentre papà scaricava la macchina noi correvamo su per le scale fino alla porta d'ingresso. L'odore della casa, chiusa per così tanto tempo, era identico tutte le volte: umidità, sale e il legno degli scaffali all'ingresso. Per noi era un profumo, quello dell'inizio delle vacanze. Per i primi dieci minuti l'abitazione restava avvolta nel buio e nella polvere, e io e mia sorella ci muovevamo caute, cercando a tentoni la nostra stanza. Poi, improvvisamente, veniva invasa da luce, voci, risate, valigie, giochi. Rapallo è l'emblema della mia infanzia, che io ricordo come il periodo più felice della mia vita.

Eravamo persone normali, molto semplici, abituate alla cucina della mamma, ai giochi improvvisati sotto casa, ai giardinetti, alle gite tutti insieme.

Quella spensieratezza, che invadeva con la sua leggerezza ogni cosa, è ciò che mi manca di più.

Al mattino andavamo in spiaggia, sempre allo stesso stabilimento: i Bagni Nettuno.

È curioso, mi sembra di averlo lasciato appena il giorno prima per quanto ogni dettaglio di quel luogo è impresso nella mia mente. L'ingresso di mattonelle bianche, il bar arredato come l'interno di una nave, con cime, reti e tavole in legno. La sua porta strana, che ricordava quella dell'ingresso di un saloon. E poi la spiaggia con la sabbia fine accanto alle cabine in fondo, e più scura e ciottolosa via via che ci si avvicinava al mare. Le due passerelle che portavano alla riva. I pinoli che raccoglievamo in pineta per uno spuntino di nascosto, e schiacciavamo sotto al pesante cancello d'ingresso. Il nostro ombrellone, sempre quello, il 26, con il tavolino bianco dove la borsa di mia madre restava in equilibrio perfetto, quasi fosse fatta apposta.

E poi, se mi concentro bene, posso ritrovare tra le mie memorie più nitide la fragranza e il sapore delle pizzette che la mamma ci comprava per merenda. Bianche, tonde e morbide, con un gusto che non saprei descrivere e che non ho mai più riassaporato. Forse era semplicemente il sapore dell'infanzia, della fame dopo il bagno, delle risate con Cristina.

Io e lei ci sedevamo sugli scalini del bar con le pizzette in mano e le dita unte, e osservavamo la gente passare. Mamme con nidiate di bambini al seguito, nonni che si riunivano per giocare a carte, i primi ragazzini che ci facevano il filo. Confrontavamo la nostra abbronzatura, e io ero sempre più scura di lei. Si arrabbiava tantissimo! In compenso i suoi sandali rossi incrociati erano l'invidia di tutta la spiaggia.

Tornavamo a casa nel tardo pomeriggio e la mamma ci aiutava a fare la doccia, lasciandoci spalmare addosso un po' della sua crema idratante. Aveva un profumo simile a quello di certi medicinali e faceva appiccicare i vestiti alla pelle, ma a me sembrava la più buona del mondo. Vestite da sera, ovvero con un abitino leggero per lei e vestitini il più delle volte a fiori per noi, uscivamo con la luce del tramonto per una passeggiata sul lungomare. Era il momento più bello della giornata, quello delle giostre, quello in cui ci prendeva in braccio papà, quello in cui ogni tanto ottenevamo un palloncino o un pacchetto di patatine, quelle a forma di bastoncino, le mie preferite.

Trascorrevamo lì tutta la stagione, fino alla fine dell'estate, quando arrivava la prima aria frizzante di settembre e i bagnini cominciavano a smontare le cabine rendendo, se possibile, più intenso quell'odore pungente di legno e salsedine. La spiaggia cambiava volto: da denso ritrovo di persone, voci, risate, a silenzioso e ampio spazio vuoto, dove il rumore del mare sembrava pian piano riportare la pace autunnale. All'improvviso appariva enorme e desolata, ma non per questo meno affascinante. Io e Cristina ci divertivamo a correre lungo la battigia e a salutare il mare prima di lasciare Rapallo e tornare a Legnano per l'inizio della scuola.

Era una felicità tanto inconsapevole quanto totale. Quel luogo è indiscutibilmente una parte di me, i suoi ricordi mi compongono.

Sono rientrata in quella casa con qualche timore. Ci vado spesso, è vero, ma non ci ero mai stata completamente sola come quel giorno. Tutto era così come l'avevamo lasciato, mobili, sedie, perfino l'odore che ricordavo da bambina. Ho spalancato le finestre e mi sono seduta, chiedendomi perché avessi sentito il bisogno di tornarci. In fondo avevo una camera già pagata in un albergo a Sanremo, non c'era bisogno di passare nemmeno una notte lì.

«Sono proprio un po' scema, mamma» ho detto facendo risuonare la mia voce nelle stanze della casa. «Mi sa che credo davvero che questa casa sia magica...»

Poi mi sono bloccata un secondo. Non era da me parlare da sola, ma quel posto mi spingeva a cercare di nuovo il calore della mia famiglia. Intorno a me le foto di quando eravamo bambine, e nei cassetti se ne stava dimenticato qualche oggetto della mia adolescenza. Una cassetta musicale, una vecchia rubrica, un elastico rosa. In un attimo ho sentito il bisogno di tornare al passato, di ritrovarmi accanto quegli affetti.

«Indovina dove sono.»

«Sei alla casa al mare» ha detto al telefono la voce di mia sorella, intuendo tutto.

Abbiamo parlato per un sacco di tempo. Ho premuto il tasto verde della chiamata con le prime luci del tramonto e ho chiuso la conversazione che era già buio.

Cristina ormai è la mia famiglia. Da quando è morta la mamma, ormai più di dieci anni fa, siamo state il punto di riferimento l'una dell'altra. Il papà è sempre stato presente, e noi lo adoriamo ma avevamo un rapporto diverso con lui. Essendo un tipo all'antica, non è un uomo con cui puoi parlare proprio di tutto. Tra me e la mia sorellina invece c'è sempre stata una complicità innata. E pensare che non esistono persone più diverse di noi.

Quando eravamo piccole lei era considerata la ribelle, la hippy della famiglia. Insofferente alle regole, fuori ogni sera, mai in orario. Io invece ero quella studiosa, precisa e ordinata. Eppure trovavamo sempre passioni in comune che ci permettevano di passare del tempo insieme. La differenza d'età – quattro anni – era sufficiente per non litigare, ma non così tanta da farci allontanare crescendo. Con il passare degli anni i ruoli tra di noi si sono invertiti. Io sono diventata l'artista della famiglia, sempre in giro e alle prese con personaggi e situazioni fuori dall'ordinario, lei invece si è laureata in psicologia e dopo un lungo tirocinio ha iniziato a lavorare come psicoterapeuta. Ora è una professionista affermata, seria e competente. Chi l'avrebbe mai detto.

Era da un po' che non parlavamo così per telefono. L'ultima volta avevamo avuto un diverbio poco prima di Natale, riguardo a me e Eddy.

«Capisco che tu non voglia sovraccaricarlo di ansie, ma non è giusto tenerlo così fuori dalle tue scelte e vivere le cure completamente sola. Siete in due, dovete condividere anche questo momento.»

«Non cambierò idea, Cri. Non credo di doverlo mettere a parte anche di problemi che in fondo non sono suoi, ma derivano soltanto dalla nostra differenza d'età. Eddy è e sarà sempre al corrente di tutto quello che faccio, ma non trovo giusto imporgli di presenziare alle visite o obbligarlo a farmi le iniezioni. Toglierebbe spontaneità al nostro rapporto.»

«Si chiama condividere, e l'obiettivo non è togliere spontaneità, ma rafforzare la coesione, appoggiarsi l'uno all'altra, sai... come fanno le coppie.»

«Non si può condividere tutto.»

«Sei sempre stata così, Antonella. Ti sei sempre fatta carico dei problemi, anche quando la mamma stava male...»

Il ricordo di tutto quel dolore mi ha trafitto per un attimo, come la puntura di un ago. Era vero: durante la malattia di mia madre avevo sempre cercato di fare da cuscinetto tra le brutte notizie dei medici e il resto della mia famiglia. Quando arrivava una telefonata dai medici che l'avevano in cura mi chiudevo in bagno e, in completa solitudine, accusavo il colpo per poi addolcirlo alla mia famiglia. Sono stati giorni terribili di tentativi inutili, di sofferenza, entrando e uscendo dagli ospedali. Franca, la nostra adorata e dolcissima mamma, la bellissima donna amata da mio padre, se n'è andata in soli tre mesi senza che noi potessimo fare nulla. Dal canto mio, proteggere la mia famiglia è stata la scelta più sensata che potessi compiere. Per loro invece mi ero fatta carico di troppo dolore, in una sorta di egoistico masochismo, di forza illusoria.

«Sai come la penso, Cristina. È il mio modo di affrontare i momenti brutti. Sono dell'idea che non vadano condivisi.»

«Non sono d'accordo, Anto. Così stai semplicemente peggio. Non fa bene tenersi tutto dentro, guarda che chi ti sta accanto lo sente. Percepisce la tua tensione, il tuo dolore. Se non fossi mia sorella te lo spiegherei in una bella seduta.»

«È possibile che tu abbia ragione, ma questo è il modo che ritengo più opportuno di affrontare la situazione.»

«Quando ti metti in testa una cosa nessuno riesce a farti cambiare idea, eh?»

«Mi conosci.»

«Fin troppo bene...»

Nonostante la differenza di vedute c'è un grande rispetto tra noi. Sebbene la conversazione si fosse conclusa lasciandoci dell'amaro in bocca, passate un paio d'ore la stavo già richiamando. Ormai lo sappiamo: non riusciamo proprio a rimanere arrabbiate l'una con l'altra per più di mezza giornata.

Abbiamo iniziato la telefonata parlando della casa e abbiamo finito per fare un bagno di ricordi. Cristina è la memoria storica della famiglia, ancor più di mio padre. Ricorda ogni cosa: nomi di parenti e cugini, fatti accaduti decenni prima, racconti della nonna. Abbiamo ripensato a noi da bambine, al papà, alla mamma, alla signora Maria che aveva il banco di frutta all'angolo, a Pietro, il ragazzino di Genova che piaceva a tutte e due, a Emma e Laura, le gemelle con i capelli rossi, ai mitici coni della gelateria Frigidarium.

«Ma cosa mi fai ricordare! Cocco e gianduia...»

«Guarda che il Frigidarium è ancora aperto, eh.»

«Hai ragione! Quasi quasi domani passo a farmi un cono gigante.»

«Alla faccia mia?»

«Eh, sì. Un po'.»

«Almeno portane una vaschetta a Roma: quando vengo a trovarti voglio farne un'altra di queste chiacchierate. Assolutamente.»

«D'accordo. Gelato del Frigidarium per tutti.»

Il giorno dopo sono andata davvero alla storica gelateria sul lungomare a prendere un cono enorme. Mentre assaporavo i miei gusti preferiti da bambina ho fatto una passeggiata. Quei mattoncini rossi li conosco a memoria, tante sono le volte in cui li ho calpestati. Sono arrivata di fronte alla fortezza, proprio dove due grandi cannoni puntano le loro bocche verso il mare. Quand'ero piccola pretendevo di salirci sopra ogni volta e, dall'alto, salutavo le onde.

Davanti al mare che mi ha vista crescere è stato inevitabile fare un paragone tra i miei sogni da ragazzina e le mie conquiste da donna: la vita mi aveva dato tanto. Chissà se mi avrebbe concesso anche un figlio o se questo sarebbe rimasto soltanto il mio «pensiero stupendo», mai realizzato.

Eddy veniva a trovarmi nel weekend. Erano momenti in cui entrambi sembravamo aver accantonato qualsiasi preoccupazione per ritrovare il bello di stare insieme. Mi accompagnava nelle mie lunghe camminate e facevamo brevi gite in cui gli mostravo i deliziosi paesini liguri che visitavo spesso insieme con i miei genitori. Tra una linguina al pesto e una focaccia al formaggio, le nuvole si allontanavano dalle nostre teste portando via i pensieri pesanti, densi di pioggia. Eddy si è subito innamorato della Liguria. Ha voluto che gli raccontassi per filo e per segno il mio passato in quel luogo tanto suggestivo, ha voluto assaggiare i miei gusti di gelato preferiti da bambina e percorrere le strade dove avevo trascorso la mia infanzia.

«E quindi il tuo primo bagno al mare l'hai fatto qui? Che strana spiaggia, così corta e diversa da quelle a cui sono abituato» diceva ammirando il lungomare.

«E raccontami di quel fidanzatino genovese, che fine ha fatto?»

«Credo abbia ereditato il ristorante dei genitori.»

«Ah, allora stasera andiamo a mangiare da lui!»

«Cretino...»

Sono stati giorni incredibilmente tranquilli, come mai mi sarei aspettata.

Nel frattempo il lavoro procedeva a gonfie vele. Il programma che in principio mi ero mostrata tanto restia a condurre si stava rivelando il successo della stagione, con ascolti oltre ogni aspettativa. Eravamo tutti su di giri, l'atmosfera a Sanremo era densa di buonumore e voglia di fare.

I piccoli concorrenti poi erano eccezionali. Con loro andavo particolarmente d'accordo, sembrava quasi che ci conoscessimo da sempre. In realtà accadeva sempre così: diventavo in qualche modo la beniamina dei bambini, una sorta di zia; alla *Prova del Cuoco* il mio pubblico più affezionato aveva meno di dieci anni. Inoltre collaboravo con alcune associazioni benefiche che si occupavano proprio dei più piccoli.

"Forse è questo il mio destino" mi sono trovata a pensare, "stare tra i bambini ed essere amata da loro, ma non poterne avere uno mio."

All'inizio è stata una considerazione difficile da digerire, ma immersa in quelle vocine, in quei sorrisi, in quell'allegria spontanea e spensierata che solo i bambini possono avere, ho fatto presto pace con le mie delusioni.

Era successo: mi sentivo finalmente libera dalla mia ossessione. Avere un figlio era un pensiero ancora meraviglioso, ma che piano piano cominciavo a vivere con maggior fatalismo.

Il giorno prima di tornare a Roma ho fatto di nuovo tappa a Rapallo per un breve giro.

È stato allora che mi sono ricordata del santuario dove mia madre amava andare a pregare, quello della Madonna di Montallegro. Lei era particolarmente devota a quella chiesa tutta bianca, immersa nel verde delle colline sopra il paese.

«Prima la casa magica... ora il santuario... Mamma, sei tu che mi hai portata qui?» mi sono chiesta dopo essermi arrampicata per la ripida scalinata giungendo davanti all'imponente facciata. Sebbene il santuario sia molto frequentato da devoti e turisti, in quel momento era deserto e silenzioso, e io sono entrata in punta di piedi. Era impossibile non rimanere colpiti dalle pareti, completamente ricoperte dai voti lasciati da chi aveva ricevuto aiuto dalla Vergine.

Foto di ragazzi in divisa militare, di bambini, di donne e uomini di ogni età, e poi biglietti di ringraziamento, preghiere scritte in fretta su fogli di carta o diligentemente ricamate su piccole tele bianche, cimeli storici, oggetti appartenuti alle persone miracolate o in attesa di una risposta alle loro ferventi preghiere.

Sono cattolica, ma inginocchiarmi e chiedere la grazia per rimanere incinta mi sembrava esagerato. Credo che la Madonna non vada disturbata se non per questioni di vitale importanza. Non volevo mettere il mio desiderio di maternità al pari di chi chiedeva la guarigione di un caro malato o aveva sperato nel ritorno di un figlio dalla guerra.

Ho attraversato quella chiesa affollata di preghiere e ricordi, pensando alla mia mamma. A quando percorrevo quella navata da piccola, con la mia manina che si perdeva nella sua e i sandali estivi che scricchiolavano.

Alla fine mi sono fermata davanti all'altare, sopra il quale pende un quadro raffigurante l'apparizione della Vergine a un pastore della zona.

Secondo la leggenda, la Madonna apparve in quel luogo tra i monti e domandò al pastore che vi fosse costruita una chiesa dedicata a lei. Da quello stesso punto sgorgò anche la fonte di un ruscello, tuttora considerato miracoloso. Per me era una bella favola, la mamma invece ci credeva con il cuore.

"Cosa chiederti..." ho pensato guardando l'espressione della Madonna vestita di azzurro, con i piedi che posavano sulle nuvole. "Lascia che sia quello che è giusto per me."

Uscendo dalla chiesa mi è tornata in mente proprio la canzone dei Beatles che recitava la stessa frase: *Let it be.*

Più che guidati dal cielo, ritengo che gli eventi importanti della vita siano «segnati». Credo nella forza del destino, quella che ti spinge in una direzione o nell'altra a prescindere da ciò che scegli. Alcune cose devono semplicemente accadere.

È inutile affannarsi per nuotare controcorrente, meglio lasciarsi trasportare. Il libero arbitrio trova il suo senso nel quotidiano, nelle decisioni che prendiamo ogni giorno e che possono assecondare, ma non cambiare, il corso della nostra vita.

Con questo grande fatalismo che mi riempiva di serafica tranquillità, sono tornata a Roma.

La seconda visita dalla dottoressa Claudia è stato un semplice check-up: le cure erano molto più pesanti di quelle precedenti, e la ginecologa voleva tenermi sotto controllo per evitare che il mio fisico ne risentisse. Appena sono entrata nel suo studio, la dottoressa guardandomi ha esclamato: «La trovo benissimo».

«Davvero? Io non mi sento proprio al massimo.»

«Be', alcune donne reagiscono alle cure gonfiandosi come mongolfiere. Lei, a parte questo seno florido...»

«Non ne parliamo. La costumista mi sta odiando, deve allargare tutti i vestiti all'altezza del décolleté. Ma non è questo il problema, è che mi sento ancora di più sulle montagne russe. Un giorno su, un giorno a terra, un giorno sorrido, l'altro vedo tutto nero.»

«Sono gli ormoni, sapeva che sarebbe successo. Su Antonella, la prima volta mi ha colpito la sua determinazione. Da lei mi aspetto tenacia. Non può mollare proprio adesso.»

«Tanto è l'ultimo mese. Siamo a maggio.»

«Lo sfrutti al meglio, allora.»

«Sì, stavo giusto pensando di sequestrare il mio compagno per un mese di sesso...» mi sono lasciata sfuggire a voce alta.

Per la prima volta l'ho vista abbozzare un sorriso.

«Su, che poi non la voglio più vedere in questo centro» ha detto.

Nella sala d'attesa, prima di andar via, ho incrociato la stessa ragazza dai capelli rossi che avevo notato alla prima visita, con lo stesso libro tra le mani. Questa volta però ha alzato lo sguardo, e mi ha sorriso.

Oliver era sovraeccitato dal mio ritorno, Tiziana e Miriam avevano già organizzato un aperitivo e Eddy sembrava felice di avermi di nuovo con sé per l'intera settimana.

Una domenica mattina stavo facendo colazione quando ho ricevuto una telefonata. Sentendo lo squillo mi sono chiesta chi potesse essere a chiamare alle nove del mattino e, quando ho risposto, dall'altra parte ho trovato una sorpresa: era Eva, un'amica belga di Eddy.

Fin dalle prime uscite insieme eravamo andate molto d'accordo. Era una ragazza sempre sorridente e solare, e aveva un modo di parlare gesticolando che mi ricordava tanto quello dei romani. Mi aveva incoraggiata parecchio riguardo alle mie cure portando come esempio una sua amica che era riuscita a rimanere incinta dopo anni di insuccessi.

«Adesso ha un bambino di otto mesi... però gli hanno dato un nome un po' strano.»

«Quale?»

«Elvis... Sono dei grandi fan di Presley.»

Anche il suo ragazzo Bob era molto simpatico. Lavorava come responsabile di una catena di negozi di elettronica e raccontava sempre l'episodio di un cliente che aveva preteso di cambiare una macchinetta fotografica che, a suo dire, non lo faceva venire bene in foto. «Guardi, mi fa il nasone!» aveva detto convinto. Lo strano tipo aveva portato, a riprova di quanto dichiarava, un suo album di foto scattate con un'altra digitale. L'episodio era divenuto la leggenda del negozio, e una delle sue fotografie campeggiava ancora su una parete del reparto dipendenti. Erano amici di Eddy da tempo immemore e tra di loro c'era quel clima disteso che si può avere solo con i veri amici. Mi avevano immediatamente adottato, soprattutto Eva.

«Antonella, come stai? Non ti chiedo niente, eh, lo so che quando succederà sarai tu a dirmelo» ha esordito.

Diceva sempre così, che non chiedeva nulla per aspettare il mio annuncio. Ottimista come sempre, Eva.

«Sto bene. Stiamo tutti bene. Sono qui con Oliver, Eddy ancora dorme. Quando si sveglia ti faccio richiamare...»

«No no, è con te che volevo parlare.»

«Allora dimmi tutto.»

«Io e Bob ci sposiamo!»

«Eva, è fantastico! Congratulazioni!»

«Sì, ma non è tutto. Abbiamo deciso di sposarci in Italia, vicino Roma, ai Castelli. Abbiamo visto il sito di un borgo con chiesetta medievale e parco per il ricevimento e ce ne siamo letteralmente innamorati! All'inizio Bob era indeciso, poi gli ho ricordato che lì a Roma ci siete tu e Eddy e che magari ci potevate dare una mano nel caso ci fosse qualche problema.»

«Ma certo, contate pure su di noi!»

«In realtà, Antonella, avrei un'altra cosa da chiederti. Ma accetta solo se te la senti, ok?»

«Certo, dimmi pure.»

«Mi faresti da testimone?»

«Io? Ma certo! Sarebbe un vero piacere! Lo chiederete anche a Eddy?»

«Ecco... in realtà Bob ha un sacco di parenti...»

«Ahahaha, povero. Ci rimarrà male.»

«Tranquilla, si conoscono troppo bene per farsi i dispetti.»

«Quando vi sposate?»

«Oh, tra pochissimo. Abbiamo deciso di fare le cose in fretta: il 26 giugno.»

«Accidenti! Allora devo iniziare a scegliere il vestito!»

«Proprio così. Mi raccomando, niente bianco eh!»

La fine di giugno era arrivata con temperature più alte del solito, anzi, come dicevano i meteorologi in tv, era l'inizio di una estate tra le più calde degli ultimi cinquant'anni.

Pochi giorni e avrei detto addio per sempre a un sogno e, insieme, a un'ossessione.

Mi sentivo stranamente bene. Ero ottimista: comunque fosse andata, sarebbe finita. Avrei restituito a me stessa la vera Antonella, non una donna sempre sull'orlo di dubbi e paure, completamente persa tra pensieri e fantasie senza futuro. Ero riuscita a fare pace con la vita prima ancora di arrivare alla data di scadenza del mio sogno, e di questo ero molto fiera. Anche Eddy sentiva che la donna che aveva conosciuto stava lentamente tornando, e reagiva con entusiasmo. Forse anche troppo. Per il matrimonio sono arrivati a Roma decine di amici dal Belgio, e nell'arco di qualche ora sono stata trascinata nel loro frenetico stile di vita.

«Sono arrivati Peter e Colette all'aeroporto, li andiamo a prendere?»

E poi: «Alle sette aperitivo con i cugini di Bob, vedrai sono simpaticissimi, poi abbiamo organizzato una pizza e alle undici abbiamo appuntamento al locale che ti avevo detto, a Trastevere».

«Quale locale? Quello con la musica così alta che per chiedere un bicchiere d'acqua devi saltare addosso ai barman?»

«No dai, Antonella, non dirmi che rimani a casa!»

Sono stati giorni divertenti ma estenuanti, durante i quali correvamo da una parte all'altra della città senza sosta, e anche quando restavamo a casa ricevevamo visite continue di amici e invitati; chi veniva a salutare, chi per conoscermi, chi si fermava per un caffè, chi per la cena.

Era un gruppo chiassoso, multiculturale e soprattutto spontaneo. C'erano diversi belgi ma anche una ragazza danese, un americano e io, italianissima, l'unica che passate le due di notte faticava a tenere gli occhi aperti e si congedava dal gruppo per raggiungere le sue lenzuola candide e un morbido cuscino.

Il 26 è arrivato in fretta, portando con sé un'afa intensa.

Fin dalle prime ore del mattino siamo stati costretti ad accendere l'aria condizionata e Oliver se ne stava sdraiato all'ingresso, dove il pavimento in marmo era più fresco.

Ho indossato il vestitino rosa comprato per l'occasione, ma che in quel momento mi pareva quasi pesante. Eddy ha tentato di mettere la giacca sopra la camicia, ma ha presto desistito: erano solo le dieci di mattina e c'erano già trentadue gradi.

Quando siamo arrivati alla piccola e bellissima chiesetta con vista lago, l'indicatore di temperatura dell'auto ne segnava trentacinque. Le panche erano già gremite di ospiti, essendo praticamente impossibile aspettare sotto il sole cocente sul sagrato. Le persone anziane avevano conquistato le prime file e si sventagliavano con quanto a disposizione: libretti della messa, fogli di carta, dépliant e biglietti trovati in borsa.

«Eddy!» ha chiamato una voce alle nostre spalle.

Dietro di noi, John tendeva le mani sorridente mentre sua moglie Kristal sfoggiava un enorme e bellissimo pancione sotto un abito a fiori rossi.

«Sei bellissima» sono riuscita a dirle. Era l'immagine della mamma felice, irradiava una sensazione di completezza, di amore. Mentre ci raccontava di ecografie, nomi e passeggini, non poteva fare a meno di portare la mano alla pancia e accarezzarla con dolcezza, come se già cullasse il suo bambino.

Bob salutava con lo sguardo appena lucido amici e parenti dall'altare, con quell'aria vaga che hanno un po' tutti gli uomini quando non possono lasciarsi andare a emozioni poco virili. Ha abbracciato Eddy e gli ha detto qualcosa all'orecchio prima di presentargli una ragazza mora molto carina, con un abito verde smeraldo e un sorriso di quelli a cui gli uomini di solito non resistono. Era solo il caldo quello che sentivo, oppure stavo letteralmente avvampando?

«Chi era quella?» ho domandato a Eddy quando è tornato accanto a me.

«Quella? Oh, è la cuginetta di Bob, si chiama Charlotte.»

«Cuginetta? A me non sembra tanto piccola...»

«Be' è giovane, ha ventidue anni.»

«Proprio l'età giusta per te, no?»

«Antonella, ma che dici?»

«Ho visto come la guardavi.»

«Che frase da melodramma. Come la guardavo?»

«Come uno che ha in mente qualcosa...»

«Qualcosa tipo *cosa*?»

«Tipo: "Ehi tesoro, cosa fai dopo?"»

«Certo. Sicuramente mi nasconderò con lei tra i cespugli mentre tu mangi la torta. Antonella, smettila con questa gelosia, non ha senso.»

«Non sono gelosa! È solo...»

"È solo che in questo momento vedo ogni altra donna come la potenziale madre dei tuoi figli, quella che io non potrò mai essere" pensavo "e ho paura che mi lasci, che corri dietro a quelle della tua età, fertili senza bisogno di nessuna cura, madri senza troppi sforzi." Ma non potevo dirlo.

Eva ha fatto il suo ingresso dopo una manciata di minuti, accompagnata da una sinfonia dolcissima che non conoscevo, atipica per un matrimonio e al contempo perfetta per il suo incedere lento al braccio del papà.

«È una canzone molto famosa in Belgio» mi ha sussurrato Kristal, seduta al mio fianco. «Parla di due innamorati che si ritrovano dopo anni e che giurano di non lasciarsi più. Eva l'ha fatta arrangiare appositamente per la cerimonia.»

Aveva un ampio abito bianco latte e il velo davanti al viso, come da tradizione. I suoi capelli biondi, lunghissimi, le accarezzavano la vita sottile. Gli sposi hanno preso posto su due sedie coperte di lino bianco e il prete ha iniziato la celebrazione, per metà in italiano e per metà in un incomprensibile fiammingo.

A dieci minuti dall'inizio della cerimonia gli uomini hanno cominciato a slacciarsi le cravatte, le donne a cercare un po' di aria levando scialli e coprispalle. I bambini invece di giocare fuori sul sagrato erano stremati sulle panchette dell'ultima fila. Nelle pause del cerimoniale si sentiva forte il rumore delle cicale.

Allo scambio degli anelli, le prime nonne hanno accusato il colpo e sono state obbligate a una pausa per bagnarsi viso e polsi alla fontanella accanto alla chiesa. Anch'io iniziavo a sentirmi poco bene. Ero debole per il caldo e a tratti mi girava la testa, più volte ho dovuto sedermi anche quando avrei dovuto restare in piedi. Un vago senso di nausea mi faceva sentire costretta tra le pieghe del mio abito, sebbene non stringesse affatto.

A un certo punto ho girato lo sguardo verso Eddy, seduto vicino a John. Ho visto Kristal portare le mani alla testa, poi sussurrare qualcosa al marito e accasciarsi sulla sua spalla.

Immediatamente Eddy ha aiutato l'amico a portarla fuori, la cerimonia si è interrotta per un attimo e qualcuno ha dato un grosso bicchiere di acqua e zucchero alla povera Kristal, sdraiata all'ombra con i piedi sollevati.

«Eh, con un'afa simile per le donne in attesa è normale sentirsi male...» ha detto qualcuno.

Anch'io mi sentivo sempre peggio, ma chiaramente non volevo dire nulla. Non ero nella condizione di Kristal. Be', in realtà non avevo ancora visto gli esiti dell'ultima cura, ma dire che "tutto poteva ancora accadere" era quantomeno ottimistico.

La cerimonia è proseguita senza ulteriori intoppi, ma quando ci siamo finalmente seduti a tavola ero allo stremo delle forze. Ho giusto assaggiato il primo piatto a base di pesce, e quando è arrivato il secondo ho gentilmente declinato.

Eddy e John chiacchieravano ed esplodevano in risate così sonore che quasi mi infastidivano. In effetti, era come se sentissi tutto amplificato: la voce acuta di Kristal, i sapori e gli odori del cibo, il rumore di sottofondo. Un vago senso di vertigine rendeva tutto opprimente; se avessi potuto mi sarei sdraiata.

Arrivati alla torta nuziale ero talmente sfinita che, mentre Eddy e gli altri si preparavano ad aprire le danze fino a notte fonda, sono rimasta seduta a osservarli.

Dalla mia visuale potevo vedere benissimo Charlotte raggiungere il gruppo e iniziare a fare moine con la disinvoltura dei suoi ventidue anni. Camminava a bordo piscina sfidando lo sposo a buttarsi, in realtà richiamando con lo sguardo tutti gli uomini presenti, Eddy compreso. Pochi attimi e Bob, preso di peso dagli amici, è finito in acqua. Lo hanno seguito a ruota praticamente tutti, uomini e donne, perfino il padre della sposa. Morivo dalla voglia di starmene a vedere cosa sarebbe successo e a che punto della serata Charlotte avrebbe trovato una buona scusa per togliersi il vestitino bagnato, ma ero troppo stanca anche solo per seguire i miei pensieri più possessivi. Che la giovane cuginetta facesse quello che voleva, io ero distrutta. Non avrei retto lo scontro fisico. Ho capito che per me era giunto il momento di andare.

Una volta in stanza sono caduta in un sonno così profondo che non ho sentito Eddy rientrare né la luce del giorno mi ha svegliata come al solito.

Pochi giorni dopo, tornata a Roma, ho fatto qualche calcolo. Giugno era ormai finito e i primi bollenti giorni di luglio erano alle porte.

Avevo una strana sensazione addosso, ma anche i soliti doloretti e sintomi di ogni mese. Da una parte forse, essendo l'ultimo mese di cure, avevo concesso a me stessa più prospettive del solito. Mi permettevo fantasie che durante il resto dell'anno mi ero categoricamente vietata. Questa volta era diverso: ero consapevole che il mio percorso stava per avvicinarsi a una fine e proprio per questo avevo voglia di vivere ogni sensazione, di lasciarmi andare a una speranza che, dopo quel caldissimo giugno, non mi sarei più concessa.

Miriam telefonava spesso per sapere come stavo e infatti, anche durante quei giorni, puntuale, arrivò la sua chiamata.

«Siamo alla fine del mese, eh» ha iniziato.

«Lo so.»

«E non dici niente?»

«Miriam, dovrei sapere a giorni se ha funzionato o no.»

«Sì, ma tu come ti senti?»

«Un po' più stanca del solito, tutto qui.»

«Stanca? Guarda che potrebbe essere un segnale...»

«Calma, calma. È soltanto un po' di affaticamento, non ho nemmeno un giorno di ritardo.»

«Ma io ho rifatto le carte.»

«Ancora?»

«Sì. Non stavo più nella pelle. E di nuovo hanno detto che rimarrai incinta, e che avrai una bambina!»

«Non dirlo ancora altrimenti ci credo.»

«Un pochino dovresti. Sono brava con le carte, sai?»

Quando ho riattaccato non riuscivo a smettere di pensare alle sue carte. Che avessero ragione? Che mi portassero fortuna?

Dopo un periodo di lavoro intenso, era giunto un momento di apparente tregua, anche se con gli autori stavo iniziando a pensare a un nuovo programma televisivo per settembre. Volevamo confezionare un buon prodotto, divertente e innovativo, da proporre durante il rientro dalle vacanze. "Se sono incinta sarà fantastico" pensavo, "ma se non lo sono comunque la mia professione mi trascinerà di nuovo nel turbine degli impegni, e sarà più facile riprendermi."

Ho scelto di rallentare i ritmi e prendere del tempo per me, per coccolarmi. Me lo meritavo, dovevo scaricare le tensioni e avere cura di me stessa. Inoltre mi sentivo più debole del solito, più bisognosa di un ambiente ovattato e protetto. Stavo a casa più spesso, facevo lunghe telefonate alle amiche o le invitavo a casa per cena, passavo qualche ora nei grandi parchi vicino casa e mi concedevo lente e lunghissime passeggiate insieme con Oliver. Lui sembrava capire il mio desiderio di protezione e mi stava accanto con grande affetto, cercando le mie carezze infilando la testa sotto alle mie mani, accucciandosi silenzioso vicino alle mie gambe quando mi sedevo sul divano.

Proteggevo il mio corpo anche convinta di dare una possibilità in più ai miei ovuli di collaborare. Finalmente potevo permettermi quel riposo che tutti i medici mi avevano consigliato e che non ero mai realmente riuscita a mettere in atto. C'erano stati sì dei momenti di vacanza, ma non per la mia testa. Finalmente riuscivo a rilassarmi davvero, paradossalmente libera dalla morsa dell'ansia proprio negli ultimi giorni di speranza.

Era il 2 luglio, un mercoledì, quando mi sono accorta di avere sul serio un giorno di ritardo.

«Non ci sperare troppo» mi ripetevo. La delusione avrebbe potuto essere devastante.

Ho telefonato alla dottoressa Claudia, che ovviamente non ha tentato nemmeno per un attimo di assecondare le mie fantasie: «Aspetti, potrebbe essere un falso allarme. Non faccia niente».

«Come niente? In questi casi non si corre a comprare un test di gravidanza, anzi, cinque o sei per essere sicure?»

«È qui che si sbaglia: i test non sono sempre affidabili. Perché rischiare di illudersi con un risultato positivo, o deprimersi in anticipo con uno negativo? Aspetti domani e facciamo le analisi del sangue, quelle sono infallibili.»

Ho messo giù il telefono un po' delusa, ma preparata alla sua risposta. Sapevo che Claudia non mi avrebbe dato false speranze e mi avrebbe consigliato di far analizzare il livello di beta HCG nel sangue prima di arrivare a qualsiasi verdetto. Aveva assolutamente senso. Era una cosa razionale...

«Pronto Allegra? Mi andresti a comprare un test di gravidanza in farmacia? No... no, non chiedermi nulla. Sì, è urgente.»

Quando è arrivata con il pacchetto bianco della farmacia ho fatto appena in tempo a dirle grazie e l'ho letteralmente chiusa fuori. Era il mio momento, non volevo altre persone intorno.

Eddy era allo stadio, non aspettavo visite e nessun postino avrebbe suonato alla porta, era l'ora magica del silenzio, quella in cui prendere una tazza di tè e del tempo per se stessi. La casa era tutta per me e Oliver.

Ho sentito un nodo alla gola. Ero emozionata, tremavo un po' nello scartare il pacchetto. Dentro, una confezione doppia di stick.

«Ci siamo, Oliver» ho detto guardando il mio

bambino peloso, che fissava incuriosito la scatola «tra poco sapremo se avrai un fratellino o una sorellina, o se rimarrai figlio unico.»

Mi sono chiusa in bagno e ho iniziato a percorrerlo avanti e indietro. Mi avvicinavo al lavandino, mi scrutavo allo specchio cercando sul mio viso, nel mio aspetto, nei miei gesti, qualche segno premonitore. Qualsiasi cosa: un fremito, un dettaglio, un indizio qualunque.

Ho scartato la confezione e mi sono messa a fissare quel piccolo astuccio bianco.

«Guarda, Oliver, con questo sapremo se sono incinta» ho detto avvicinandolo al muso del mio cane, che lo ha annusato circospetto.

Ho riletto le istruzioni, anche se conoscevo perfettamente il funzionamento del test. Volevo essere sicura di farlo bene. Sapevo che in teoria il momento migliore per avere un risultato attendibile era la mattina, ma nonostante fossero le sei del pomeriggio non avevo alcuna intenzione di attendere oltre. Nella confezione c'erano due stick, ne avrei usato uno subito, mentre avrei tenuto l'altro per la mattina seguente, giusto per sicurezza.

Durante l'attesa sono rimasta lì davanti allo specchio, a fissare il mio volto riflesso. Le lievi tracce del tempo non mi disturbavano, mi piacevo ancora, mi sentivo piena di voglia di fare e delle energie necessarie per avere un figlio, anzi la figlia che abitava i miei sogni. Volevo correrle dietro, fare la lotta sul letto con i cuscini, cucinare torte e biscotti, guardarla crescere, giocare al parco, spingerla sull'altalena. Più di tutto, volevo vederla nascere, darla alla luce con tutto l'amore del mondo. Ho provato a immaginare una bambina con la forma del mio viso e i colori di Eddy. Ho provato a immaginare il suo peso lieve nel tenerla in braccio, le sue dita sottili che stringevano le mie, il suono di un vagito. Più di tutto, ho provato a immaginare come sarebbe stato abbassare lo sguardo e scorgere il test positivo. Quella gioia sembrava essersi nascosta da qualche parte, dentro di me, e ribolliva pronta a esplodere. Quando ero rimasta incinta la prima volta non avrei mai creduto che il mio percorso potesse essere tanto lungo e faticoso. Mesi e mesi di tentativi, cure, iniezioni, monitoraggi, delusioni, lacrime e liti. Tutto stava per finire, insieme con la speranza. Certo, dentro di me il desiderio di avere un figlio sarebbe rimasto acceso a lungo, ma se anche questa volta avessi fallito, sapevo che piano piano si sarebbe spento. Con gli anni, con la maturità di non insistere oltre.

Quanti minuti dovevano passare? Ho controllato per la terza volta le istruzioni: cinque. Ne erano passati solo due, possibile che contenessero tutti quei pensieri?

Al terzo minuto, seduta con la schiena appoggiata alla porta, fissavo una parete piena di mensole sovraccariche di creme, shampoo e saponette tra cui una a forma di paperella, che probabilmente non avevo mai notato e che in quel momento mi ha strappato un sorriso.

Al quarto minuto ero di nuovo in piedi e pensavo a Eddy, a come sarebbe stato felice di una notizia positiva e a quanto dolore avrei potuto causargli annunciando che il nostro sogno di genitori, per il momento e forse per sempre, finiva lì, sul ripiano di quel lavandino. Ho pensato a quanto lo amassi, e a come il desiderio di maternità fosse nato proprio assieme a quell'amore.

Allo scoccare del quinto minuto ho preso tempo: ho aperto la porta del bagno e mi sono inoltrata nel corridoio, con Oliver che mi seguiva silenzioso e tichettava con le unghiette sul parquet.

Al sesto minuto ho deciso che sul test era sicuramente apparso il risultato, e allora ho avuto paura a rientrare in bagno.

Oliver mi ha preceduto, mettendosi a proprio agio sul tappeto di fronte al lavandino, in attesa che lo raggiungessi. La sua espressione sembrava dire: «E dai, ti tiri indietro proprio ora?».

Quei cinque passi per raggiungere il mio cane sono stati i più lunghi e al tempo stesso i più rapidi della mia vita. In un attimo ero lì, ma mi sembrava di averci messo tutti quei due anni di tentativi ad arrivarci.

«È ora» ho sussurrato tra me e me.

Ho preso tra le mani il test e ho controllato il risultato: due linee rosse nettissime. Secondo quel test, ero incinta.

Sono rimasta a fissarlo inebetita per qualche secondo, poi ho iniziato a saltellare con Oliver.

«Oliver, forse sono incinta! Forse nella pancia c'è la tua sorellina!»

No, ok, dovevo rimanere con i piedi per terra. Ho chiamato Cristina.

«Cristina, forse sono incinta. Avevo un ritardo, ho fatto un test, è positivo! Che faccio adesso secondo te?»

«Primo, prendi fiato. Che bello Antonella, sarei contentissima per te se non fosse che...»

«Che?»

«Che devi chiamare la dottoressa. Lo sai, no, che questi test non sono sempre attendibili.»

«Sì, lo so, hai ragione, ora la chiamo subito. Però non è fantastico? Non era mai successo da quando ho perso il bambino, e poi questa riga rossa è così netta, non sembra proprio esserci dubbio...»

«Tengo le dita incrociate, Anto. Però adesso chiama la dottoressa.»

Ecco, adesso come avrei dovuto dirglielo? Sa, dottoressa, quella cosa che mi aveva sconsigliato di fare? Ecco, l'ho fatta. Sì, forse le avrei detto proprio così. Oppure: sa, dottoressa, avevo questo test in casa e non potevo mica buttarlo via così... Facendo un grande respiro ho selezionato il suo nome nella rubrica del cellulare.

«Dottoressa Claudia, salve sono Antonella.»

«Ecco, lo sapevo: ha fatto il test vero?» mi ha risposto senza che aggiungessi un'acca.

«In effetti...»

«Immaginavo che non avrebbe resistito. Io consiglio sempre di fare prima le analisi e poi il test, ma poi lo provate tutte, è umano. E che dice il suo?»

«Positivo.»

Ho sentito per un attimo il suo silenzioso stupore all'altro capo del telefono.

«È una buona notizia, assolutamente positiva, ma non si lasci andare alla felicità prima del tempo. Domani vada a fare le beta HCG e soltanto dopo il risultato potremo dire se ce l'ha fatta o no. Capito?»

«Va bene.»

Ecco, era un po' come quando il ginecologo mi aveva detto di non fare sesso tutti i giorni all'inizio della storia con Eddy: trattenersi era impossibile. La gioia più incondizionata era già esplosa in ogni centimetro di me, mi pareva di camminare sospesa, giravo per casa senza sapere dove sfogare tutta quell'improvvisa euforia. Ho acceso e spento la radio, ho tentato di guardare la tv per distrarmi, ho resistito dal fare telefonate. Dovevo stare tranquilla.

Ero in dubbio se annunciarlo o meno a Eddy, ma sapevo bene che non sarei stata in grado di dissimulare quella felicità, me l'avrebbe letto in faccia. A momenti sarebbe rincasato dopo la serata allo stadio, ma l'ho chiamato comunque per sapere dove fosse.

«Cos'è questa voce?» ha subito chiesto.

«Devo dirti una cosa» ho risposto, e mi sono accorta di avergli rivelato tutto con quelle quattro parole.

«Arrivo subito» è stata la sua risposta.

Nemmeno un quarto d'ora più tardi ho sentito la chiave girare nella serratura. È entrato sorridendo, contagiato dal mio stato d'animo, ma leggevo anche nei suoi occhi una grande tensione.

Sembravamo due scemi: fermi immobili, impalati, lui all'ingresso, io al centro del salone. Come due innamorati che si stanno per dichiarare, ma nessuno ha il coraggio di fare il primo passo. Sono stata io a rompere il silenzio, con quelle che nell'istante in cui le ho pronunciate mi sono parse le parole più belle del mondo: «Mi sa che diventerai papà».

Credo di non aver mai visto il suo sorriso tanto radioso. Emozionati, uniti, pieni di speranza, ci siamo abbracciati tanto forte da non respirare. Siamo rimasti così a lungo. Dentro di me le delusioni e il dolore di quei mesi di tentativi si stavano sciogliendo piano in quel calore, avevo le lacrime agli occhi. Ripensavo alla prima gravidanza interrotta in quel modo orribile, alle nostre liti, ai pellegrinaggi al centro specializzato, alle parole prive di speranza delle dottoresse, alla possibilità che la nostra storia naufragasse lentamente senza che potessimo fare nulla. Tutte immagini che questa enorme gioia iniziava a cancellare, portandole via, lontano.

«Che facciamo adesso?» ha chiesto lui.

«Domattina vado a fare le analisi del sangue per avere la conferma definitiva.»

«Ah» ha detto lui, improvvisamente nervoso. «Quindi non è sicuro?»

«Non al cento per cento, ma il test è positivo ed è un ottimo segno, sono sicura di essere incinta. Questa volta me lo sento davvero.»

«È proprio positivo, ne sei certa?»

«Guarda, eccolo qui» ho detto mostrandogli lo stick bianco che avevo in mano. Le due linee erano ancora di un rosso deciso.

Ha sorriso, come tranquillizzato.

«È presto per festeggiare...» ha detto. «Ti va una pizza?»

Abbiamo passato quella sera così, mangiando una pizza davanti a un film, interrotto ogni tanto da sospiri carichi di fantasie su quello che sarebbe successo.

Ci siamo addormentati abbracciati, dormendo quel poco che l'ansia di sapere un risultato definitivo ci consentiva. All'alba mi sono alzata, vestita e sono uscita per andare a fare le analisi del sangue. Era il 3 luglio, il giorno del compleanno di mia madre.

5

In un battito

L'aria della mattina era già calda, ma la leggera brezza suggeriva una giornata meno afosa delle precedenti. Sono entrata nel centro alle otto e cinque, dirigendomi verso il reparto analisi.

Ci andavo con uno spirito nuovo, diverso da ogni altro giorno. Quelle pareti, quelle finestre, quel pavimento grigio sul quale ero passata mille volte nel corso degli ultimi anni non mi avevano mai vista con tutta quell'emozione addosso.

«Buongiorno, c'è la dottoressa Elena?» ho chiesto sperando che quel giorno fosse al centro.

«No, oggi non lavora. La trova domani.»

«Ah. Io dovrei comunque fare delle analisi.»

«Prego, ci sono altri medici che possono aiutarla. Prima però deve lasciarmi i suoi dati.»

Ho pronunciato il mio nome ad alta voce e il cognome flebilmente. La segretaria ha inserito i dati nel computer digitando con rapidità. All'improvviso mi sentivo vulnerabile, temevo l'attenzione delle persone, la curiosità di chi mi stava attorno. Ora avevo un segreto da proteggere.

Nella sala prelievi mi sono imbattuta in due giovani dottoresse avvolte da un forte aroma di caffè; alle loro spalle ho scorto due bicchierini di plastica bianchi di quelli dei distributori automatici di bevande, uno ancora fumante.

Da come mi studiavano con insistenza era evidente che mi avessero riconosciuta, e la cosa mi ha fatto sentire a disagio. L'analisi del livello di beta HCG che avevo richiesto costituiva il test di gravidanza per antonomasia: stavo dichiarando di sospettare una dolce attesa.

Invece di mostrarmi sorridente e socievole come al mio solito, in questa circostanza mi sono chiusa in me stessa. Non ho alzato lo sguardo per timore di incrociarne uno un po' troppo ammiccante. Non ho dato confidenza per non dare avvio a discorsi che avrebbero inevitabilmente condotto a domande indesiderate. Ho semplicemente aspettato il mio turno e quando è arrivato mi sono seduta, con il braccio proteso e gli occhi fissi sulla borsa nera.

«Come va?» ha chiesto una delle due dottoresse, sorridendo, con il tono di chi desidera intavolare una conversazione.

«Bene, grazie» ho tagliato corto.

«Non sentirà male, dura giusto un attimo...» ha continuato lei cercando i miei occhi.

Ho annuito senza allontanare lo sguardo dalla borsa, sapendo che altrimenti avrebbe iniziato con altre domande: «L'ho già vista qui, ha fatto altre analisi?», «Come si sente?». Un crescendo di confidenza per poi arrivare a informarsi sulle beta HCG. No, grazie, non era il momento.

L'ago ha trapassato la pelle con un lievissimo pizzico. Dopo tutti i prelievi a cui mi ero sottoposta in quei mesi, ci avevo fatto l'abitudine e non mi dava quasi più fastidio. Pochi secondi, un cerotto di carta, e ho salutato educatamente allontanandomi dal centro.

Avevo chiesto che la dottoressa Elena fosse immediatamente informata del risultato dell'esame, sarebbe stata lei a comunicarmelo nel pomeriggi A quel punto potevo soltanto aspettare, ma il mio cuore era già leggero, sicura che, nonostante i test non fossero affidabili al cento per cento, era difficile che in quel caso l'esito venisse contraddetto. I dubbi generalmente erano più fondati in caso di risultato negativo, mentre quando era positivo c'erano molte meno possibilità di errore. Difficilmente le beta HCG avrebbero smentito il fatto che fossi incinta. Al massimo avrebbero potuto rilevare un valore troppo basso, segno che l'ovulo non aveva ben attecchito, ma traboccavo di sensazioni positive.

In preda a quella frenesia che precede i momenti belli, non riuscivo a star ferma, avevo la sensazione di emanare una misteriosa energia. Dovevo calmarmi e tornare alla realtà.

«Miriam, che ne dici se ti offro la colazione al bar?» ho domandato alla mia amica telefonandole all'improvviso.

«Uh? Come, cosa?»

«Stavi ancora dormendo? Oddio, scusami tanto.»

«No. Mmm. Adesso mi vesto e ti raggiungo.»

Ci siamo date appuntamento in una caffetteria in centro, con i tavolini all'aperto. Quando Miriam è arrivata, avevo già ordinato per lei cappuccino e cornetto alla crema.

«Inspira. Espira. Fallo di nuovo e continua a farlo fino al pomeriggio» è stato il suo sintetico consiglio.

«Tutto qui? Non mi dici frasi del tipo: "Non ti illudere troppo, aspetta i risultati prima di gioire?".»

«No. A parte che emozioni di questo genere sono totalmente incontrollabili e non ci riusciresti. E poi sono mesi che ti dico che avrai una bambina. Sei tu che non mi credi!»

Quel caffè macchiato mi è sembrato il più buono mai assaggiato prima di allora. In realtà tutta la giornata pareva risplendere. Mi sono sorpresa a fissare frammenti di sole in un bicchiere d'acqua, un bambino che correva dietro alla mamma, un gatto rosso che si strusciava contro le gambe del nostro tavolo. Il mondo sembrava improvvisamente perfetto se guardato da dietro la lente della felicità.

Ho salutato Miriam con un largo sorriso, poi sono tornata a casa a piedi, facendo una lunga passeggiata sotto il sole già caldo di metà mattina.

Aperta la porta, mi ha accolto un silenzio quasi innaturale. Le finestre inondavano di luce il salotto, ma quando ho raggiunto il divano mi sono resa conto che non avevo alcuna voglia di restare chiusa lì dentro. Quella era una giornata da condividere, da respirare. La mia energia aveva bisogno di uscire, di perdersi.

Avevo appena lasciato un'amica, e già ne stavo chiamando un'altra.

«Tiziana? Ti va di fare due passi con me e Oliver?»

«Alla buon'ora. Pensavo di non sentirti più fino al parto...» ha scherzato lei.

Siamo rimaste fuori a pranzo, abbiamo fatto un lungo giro in libreria e curiosato tra le vetrine dei negozi. A quel punto ho cominciato a tener d'occhio il display del cellulare ogni cinque minuti, come una pazza. Controllavo che prendesse, che la suoneria fosse alta, che fosse sempre a portata di mano così da non perdere la chiamata di Elena.

Alle cinque del pomeriggio il cellulare ha preso a squillare, e senza un attimo di esitazione ho risposto.

«Antonella, ho delle buone notizie: le beta HCG sono alte. Anzi, che dico alte, sono altissime!» ha esordito Elena con un grande sollievo nella voce.

Il cuore era sul punto di scoppiarmi in petto mentre le ho gridato in risposta un sonoro: «Sìììì!».

«Ti dirò di più, sono talmente alte che sospetto una gravidanza gemellare.»

«Due? Potrebbero essere due?» ho domandato in preda all'entusiasmo.

«Sì, tra qualche giorno faremo un'ecografia di controllo. I valori potrebbero semplicemente essere alti in risposta alle cure che hai fatto. Se invece sono proprio due dovremo stare ancora più attente, alla tua età una gravidanza del genere può essere rischiosa.»

«Però potrebbero essere due, capisci? Da niente... a due! È comunque una notizia meravigliosa!»

«Certo. Ti metto solo in guardia: con i gemelli è tutto molto più faticoso e la gravidanza può diventare difficile da portare a termine.»

Avevo avuto modo di conoscere il carattere di Elena e il suo modo di interagire con il paziente in veste di medico: era un tipo prudente. Non mi lasciava andare a facili entusiasmi, tentava sempre di farmi tenere i piedi ben saldi a terra e di rendermi pienamente consapevole tanto delle possibilità quanto delle problematiche del percorso che stavo affrontando.

«Non importa, ce la farò» ho risposto con sicurezza.

Non volevo dare troppo peso ai timori di una gravidanza a rischio: ero incinta, quindi avevo compiuto un bel passo in avanti. E poi: due in una botta sola! Da che eravamo solo io e Eddy saremmo improvvisamente diventati quattro, anzi cinque contando Oliver. Una vera famiglia, e grazie a una sola gravidanza. Mi sembrava un gran bel colpo. Già fantasticavo di una casa rumorosa, pervasa da quel caos affettuoso a cui ero abituata quando ero piccola. Mi vedevo cucinare grandi pentoloni di pasta al pomodoro e guardare questi gemellini sporcarsi dalla bocca fino alle orecchie. Passavo mentalmente in rassegna una serie di oggetti tutti doppi per finire a vagheggiare su uno di quegli strani passeggini tandem. Gemelli. Non ci avevo mai pensato. Li immaginavo maschio e femmina, chissà perché, ma anche dello stesso sesso sarebbero andati benissimo. Si sarebbero fatti un sacco di compagnia, avrebbero giocato insieme, avrebbero condiviso ogni momento potendo sempre contare l'uno sull'altro. Li avrei vestiti uguali? Oh no, detestavo chi lo faceva. Sono bambini, mica fotocopie. E come avremmo fatto da soli con tutto quel da fare? Due di tutto: due culle, due pannolini da cambiare di continuo, due biberon da preparare. Con la mia famiglia a Milano e quella di Eddy in Belgio avremmo dovuto trovare una Mary Poppins che ci aiutasse! Oddio, certo che due bambini nella pancia mi avrebbero fatta diventare enorme. Una specie di mongolfiera con i ricci biondi. Ma chi se ne importava?

I pensieri non si fermavano, si rincorrevano e si accavallavano nella mia testa, dando vita unicamente a immagini positive. Non mi soffermavo sulle eventuali difficoltà, ma soltanto sulla stupenda possibilità di avere due bambini. Non pensavo nemmeno ai rischi. Ero convinta che, se mi era capitato quel tipo di gravidanza, fosse destino, e di conseguenza sarebbe andato tutto bene.

Eddy sarebbe rincasato a breve, così sono rientrata anch'io e mi sono seduta sul divano in attesa del suo arrivo. Inspiravo ed espiravo, proprio come mi aveva consigliato Miriam, tentando di pensare ad altro per smettere di tremare. Provavo a concentrarmi sui miei piedi, che battevano impazienti sul pavimento. Prendevo in mano gli oggetti che trovavo sul tavolo, ci giocherellavo un poco, quindi li rimettevo a posto. Ho scartato una caramella all'arancia per poi ridurla in briciole in bocca. Alla fine ho udito il rumore della porta che si apriva, seguito dal tonfo del suo mazzo di chiavi sul tavolino all'ingresso e subito dopo dai suoi passi che avanzavano in direzione del divano. Eddy mi ha salutato con un sorriso raggiante, perché appena mi ha vista ha capito che l'esito delle analisi era positivo.

«Cos'è quel segno? Vittoria?» ha domandato senza levare lo sguardo dalle mie due dita alzate.

«Vuol dire anche due!» ho detto io.

«Due? Sono gemelli?» ha chiesto stupito.

«Forse. Le beta HCG sono altissime!» ho esclamato saltandogli al collo.

Non è svenuto né ha dato segni di cedimento, nonostante la scoperta dell'attesa imprevista di due figli invece di uno sarebbe stato un bel colpo per qualsiasi padre. Invece ha iniziato a fantasticare con me un'ipotetica vita a quattro.

«E due lettini? Dove li mettiamo?» mi ha domandato indicando la minuscola stanza degli ospiti.

«Oh, dovremo cambiare casa.»

«Prendiamola col giardino! O almeno con un bel terrazzo! Pensa quanto si divertirebbero!» ha suggerito.

«Sì, un terrazzo grande abbastanza da metterci un tavolo per mangiare fuori o un bel gazebo sotto cui fare i compiti...»

«I compiti? Già pensi ai compiti!»

«Perché, tu a cosa pensi?»

«Penso che adesso devo dirlo ai miei amici... fantastico! Dopo tante brutte notizie, finalmente posso darne una buona. Chiamo subito John.»

Era una vera liberazione. Il suo tono di voce mentre parlava al telefono in francese mi confermava che la felicità era tornata nella nostra vita. Potevamo usare verbi al futuro, parlare di bambini, di famiglia.

Mi sentivo al settimo cielo, eppure, passata l'iniziale euforia, non dimenticavo che rimanere incinta era solo il primo traguardo di un lungo e insidioso percorso. Avrei potuto gioire davvero soltanto il giorno in cui avrei guardato negli occhi un figlio. O anche due.

È difficile nascondere qualcosa quando sei una come me: nonostante l'allenamento al sorriso dettato dalla mia professione, di carattere sono aperta e trasparente, mi si legge quasi tutto in faccia. Sul lavoro, tuttavia, ero consegnata al silenzio. Non potevo permettermi di annunciare una gravidanza prima che fossero passati i canonici tre mesi, quelli più a rischio di perdere il bambino. Dare la notizia e poi doverla smentire sarebbe stato troppo doloroso.

Perciò ho proseguito tenendomi tutto dentro, forse un po' più allegra del solito, ma senza mai dare adito a voci sospette. In fondo anche con il pancione avrei potuto far fronte ai miei impegni: *La Prova del Cuoco* e il nuovo programma che sarebbe iniziato a settembre. Una piccola pausa a gennaio, intorno all'ottavo mese, e poi sarei potuta tornare sullo schermo con *Ti lascio una Canzone* in primavera, dopo aver partorito. Tutto, ovviamente, se l'andamento della gravidanza me l'avesse permesso, ma ero molto fiduciosa. Ero certa che, se avessi passato il primo fatidico trimestre, avrei trascorso gli altri mesi in scioltezza.

Il format per l'autunno a cui stavamo lavorando procedeva bene, anche se faticosamente. Avevo preso spunto da un'idea francese e volevo adattarla alla televisione italiana. La struttura era decisamente atipica per una prima serata: una decina di ospiti seduti attorno a un grande tavolo, a parlare di un tema trito e ritrito come la televisione. Se ne discuteva però in modo assolutamente nuovo. Il punto di forza del progetto consisteva nel ripercorrere i momenti storici della tv italiana, quelli che tutti ricordano, quelli di spettacolo puro e quelli dove aneddoti e ricordi dei protagonisti che li vissero si intrecciavano tra loro. Persone, trasmissioni, sigle, cartoni animati, attinti da quella memoria che il piccolo schermo aveva lasciato dentro di noi. Tracce che portiamo dietro dall'infanzia: una Heidi che pare avere ancora il gusto del latte con i biscotti o un giovanissimo Pippo Baudo alle prime armi in uno studio in bianco e nero.

L'idea ci entusiasmava, ma era faticoso trovare ospiti desiderosi di mettersi a confronto; inoltre dovevamo studiare bene il ritmo degli interventi per non permettere che la staticità fisica dei partecipanti si riflettesse sull'andamento del programma.

Era una bella sfida, a cui tutti credevamo molto, e lavoravamo con grande impegno per confezionarla a dovere.

Cristina mi telefonava spesso e mi domandava sempre: «Come andiamo?».

«Per il momento bene, ma saprò dirti qualcosa di più dopo l'ecografia.»

«Con chi ne hai parlato finora?»

«Lo sai tu, lo sanno Tiziana e Miriam. Lo sa Oliver. E basta.»

«E papà?»

«A lui ancora non l'ho detto. Voglio prima essere sicura che stia andando tutto bene.»

Mio padre l'ha saputo dai giornali.

La mattina seguente, la mia assistente Allegra mi ha sventolato davanti agli occhi la copertina di una famosa rivista.

«Quello che ti hanno fatto è orribile. Orribile!» continuava a ripetere, senza darmi modo di comprendere.

«Cos'è successo? Che hanno scritto stavolta?» le ho domandato, già immaginando qualche cattiveria su me e Eddy o una foto impietosa scattata dal paparazzo di turno. Solo dopo una serie di improperi verso medici e giornalisti mi ha consegnato il giornale.

«Antonella Clerici finalmente incinta» recitava la copertina. Per un attimo ho temuto di sentirmi male. È stato come vedere il mio cuore sezionato e sbattuto davanti a tutti, senza il minimo scrupolo o pudore. Ho pensato all'impegno che avevo messo nel tenere la notizia per i miei cari, ho pensato agli amici e ai conoscenti, nonché a mio padre, che ne sarebbero venuti a conoscenza dall'edicolante. Ero furiosa.

Ho immediatamente rintracciato il giornalista.

«Mi ha chiamato perché ha dei commenti? Vuole dire qualcosa?» ha subito chiesto lui, avido di ulteriori informazioni.

«Mi spiace, non posso smentire né confermare la notizia, si metta nei miei panni. Desidero solo sapere da dov'è uscita questa storia» ho reclamato «perché se è soltanto una voce di corridoio lei capisce che darle tanto adito sarebbe quantomeno rischioso, oltre che poco rispettoso della mia persona. È la mia parola contro la vostra.»

«Antonella, mi dispiace davvero molto, ma ho delle prove concrete di quanto ho scritto» ha risposto lui con sicurezza.

«E sarebbero?» ho domandato.

«Sono in possesso delle sue analisi del sangue.»

Una profonda amarezza si è adagiata nel mio stomaco, impedendomi di replicare qualcosa di sensato. Qualcuno, all'interno del centro, aveva venduto le mie analisi. Non potevano essere uscite da là in nessun altro modo. L'unica copia fino a quel momento credevo di averla io, chiusa nella cartellina rosa degli esami nel mio armadio. Mi sono sentita invadere da rabbia e incredulità. Qualcuno in quella struttura, dietro a un finto sorriso, aveva subito individuato nel mio difficile percorso un rapido modo di far soldi. Si trattava di un episodio di sciacallaggio impietoso. Che fosse stata la segretaria alla quale avevo comunicato i miei dati personali? In fondo aveva un computer, probabilmente collegato in rete. Oppure le giovani dottoresse del prelievo? O la silenziosa donna delle pulizie che mi aveva visto entrare? O un nuovo dottore a cui era capitato per caso di scorgere il mio cognome tra le cartelle? Oppure, chi altro? Magari qualcuno che si occupava semplicemente dell'archivio o dei computer.

Mi sono sentita profondamente tradita. In quel centro avevo riversato le mie speranze, lì avevo affrontato fallimenti e sfide, avevo costruito fantasie e tirato fuori tutto il mio coraggio. Grazie a quel luogo mi ritrovavo finalmente incinta, ma anche improvvisamente in piazza.

Quando più tardi ho telefonato a mio padre, scoprendo che era già al corrente di tutto, ho provato un grande senso di colpa. Avrei dovuto dirglielo subito. Una volta tanto, invece di proteggerlo, avevo lasciato che fosse un giornale da pochi euro a svelargli una notizia tanto importante che mi riguardava. Gli ho chiesto scusa, sperando di non averlo ferito troppo. Era uno di quei momenti in cui avrei desiderato essere una persona qualsiasi.

«Sono mortificata» ha detto Elena una volta letto il giornale. «Ti prometto che, dal canto mio, d'ora in poi farò il massimo per garantirti la privacy.»

Sentivo il suo autentico dispiacere e continuavo a fidarmi ciecamente di lei, ma sapevo che tornare in quel centro mi avrebbe messo profondamente a disagio.

«Anche per il controllo che dobbiamo fare, io non so se mi conviene tornare lì. Come minimo trovo un'immagine della mia ecografia in prima pagina.»

«Ci penso io» ha risposto convinta. «Tu come ti senti?»

«Come una che adesso deve dirlo a tutti.»

Il giorno dopo, quando sono arrivata in redazione, svariate paia di occhi mi fissavano con curiosità, in attesa di una dichiarazione ufficiale.

«Sì, sono incinta» ho tagliato corto.

Un boato di grida e applausi si è levato dai miei collaboratori, facendomi commuovere un tantino.

«Ma non te ne andrai, vero?»

«Se tutto prosegue per il meglio mi avrete tra i piedi ancora per un bel po'» ho risposto.

«Te lo meriti, Antonella» ha esclamato qualcuno.

«Non vediamo l'ora di conoscere il pupo» ha detto un altro.

«O la pupa» hanno aggiunto in coro due ragazze.

«Lo vuoi un caffè? Ah no, sei incinta, non puoi. Vuoi sederti?»

«Sì, Antonella, siediti un attimo.»

«Vuoi qualcosa di fresco?»

«Aaaaalt! Fermi tutti! Sono incinta, mica malata! Anzi, mi sento pronta a fare un sacco di cose. Dov'è l'elenco degli ospiti del programma? Su, iniziamo» ho incalzato. Non ci tenevo proprio a fare la parte della donna gravida e invalida, quella con i piedi per aria, il mal di reni e la stanchezza perenne. Io stavo benissimo. Stranamente, al contrario di quanto avevano previsto le mie amiche, non accusavo neppure un accenno di nausea. Mi sentivo piena di energie e non avevo alcun motivo per restare a casa o riguardarmi. Il lavoro di redazione poi non era certo come quello in miniera: sedersi e concentrarsi non ha mai fatto del male a nessuno.

Ho pensato che fosse giusto parlarne anche con il mio capo. Non era un grande fan dei bambini, ma approvava e appoggiava i miei progetti di maternità perché sapeva quanto desiderassi un figlio.

«Sono molto contento per te. Fammi solo sapere come procede e se servono modifiche ai tuoi impegni» ha detto.

Si sono mostrati tutti molto felici per la notizia: chi mi voleva bene provava una gioia sincera nel vedermi finalmente realizzata, mentre i miei detrattori pensavano che un bambino mi avrebbe finalmente tolta dai giochi. Insomma, la pancia metteva d'accordo un po' tutti.

Dovevo aspettare ancora alcuni giorni prima di poter fare l'ecografia, e ho pensato di trascorrerli al mare, nella mia casa ad Ansedonia, insieme con Oliver.

La mia passione per l'Argentario non si placava, anzi, si faceva più intensa di anno in anno. A ogni inizio d'estate la stagione televisiva terminava, e il lavoro di redazione ai programmi autunnali mi impegnava soltanto tre o quattro giorni alla settimana. Così, durante i weekend spesso organizzavo fughe dalla città.

È nata in questo modo, anni prima, la scelta di prendere casa proprio lì. Sentivo la necessità di un posto mio, una sorta di *buen retiro* al mare, vicino Roma, dove poter trascorrere i giorni più caldi e portare il mio cane a divertirsi. Ho pensato ad Ansedonia perché un collega aveva casa da quelle parti. Quando l'ho chiamato per chiedergli informazioni non ha saputo far altro che elencarmi i pregi di quel posto, di cui era chiaramente innamorato: «Una quiete, un'atmosfera così rilassata e tranquilla tu non l'hai mai vista, Antonella. È il posto ideale per le tue necessità. Vai e vieni da Roma quando vuoi, anche in giornata, il mare è bello e i dintorni molto gradevoli. E poi, come si mangia in Toscana...».

Mi ha invitata un fine settimana e, come previsto, ne sono rimasta incantata. Sembravano esserci solo pace, silenzio e natura. Ansedonia è una località priva di un vero e proprio paese, la sua scarna vita sociale si svolge attorno a una piazzetta con un bar, un ristorante e un piccolo supermercato dove rifornirsi del minimo indispensabile. Per il resto è una collina verde dove si arrampicano casette in stile anni Sessanta, alcune ristrutturate, altre con lo stesso sapore un po' retrò di una volta.

Tutte godono di una vista spettacolare sul mare. La spiaggia sottostante è un piccolo golfo frastagliato che di giorno rende il mare calmo e di notte lo convoglia nelle sue insenature. Dall'alto si ode il rumore delle onde che si frangono senza tregua contro gli scogli. È una musica ipnotica e rilassante.

Ho scelto proprio quella casa dopo averne visionate parecchie altre. Nonostante si sviluppi su tre piani non è molto grande, ma mi hanno colpito la sua straordinaria posizione e le enormi vetrate su un panorama mozzafiato. In pietra, è curata in ogni dettaglio e possiede perfino una stanzetta per i bambini, con due lettini singoli e una finestra sul mare. Ha anche un giardino piccolo, ma tappezzato di fiori colorati. L'ho sentita subito mia.

Anche quella volta, mentre ci dirigevamo verso Ansedonia, ho notato Oliver percepire il cambiamento ed eccitarsi. Per primo è entrato in casa facendo delle giravolte su se stesso e salendo di corsa per la ripida scala che porta al primo piano, poi è rimasto lì ad aspettarmi perché ha una gran paura di scendere gli scalini da solo.

«Oliver, che ne dici di una corsetta?»

L'ho portato sulla spiaggia e abbiamo trascorso l'intero tramonto a giocare con rami secchi e una vecchia palla blu che avevo in macchina. Un vento lieve increspava appena le onde e lasciava che i cespugli alle mie spalle sibilassero le loro canzoni. La sabbia si tingeva di rosa mentre il sole spariva tra le onde, e io sedevo assieme al mio cane con la testa finalmente leggera e la sua zampa su un ginocchio, come un amico.

Lui ama il mare perché è da quelle onde che è stato guarito. Quando era ancora molto piccolo, durante l'estate avevo notato che Oliver zoppicava leggermente da una delle zampe posteriori.

«Mi dispiace,» mi aveva detto il veterinario da cui lo avevo fatto visitare «temo che questo cane rimarrà zoppo.»

Non mi ero arresa alla diagnosi e per tutta l'estate, oltre a massaggiargli con cura la zampina, l'ho portato a nuotare. All'inizio si avvicinava all'acqua con circospezione, si bagnava appena e tornava indietro mugolando, con quell'andatura molleggiata da cucciolo. Ogni giorno, però, la paura spariva per lasciare spazio a un'avida curiosità. La prima volta che si è buttato davvero in mare ho fatto il tifo dalla battigia. Vedevo questa testolina bionda lottare contro le onde e muoversi come un'anatra, mosso dal pedalare delle zampe ancora goffe, spinta avanti e indietro dalla corrente. Dopo quel primo tuffo il mare è diventato la sua passione. Tornava a riva snello, di quella magrezza bagnata che hanno i cani, con il pelo appiattito in ciuffi gocciolanti e l'espressione un po' sbandata. Lo sciacquavo con cura con l'acqua dolce e lui se ne stava lì, fermo immobile, a godersi la doccia. Solo dopo essersi scrollato di dosso l'ultima goccia tornava a somigliare al cane che conoscevo e, a suo modo, sorrideva.

A settembre, quando l'avevo portato di nuovo dal veterinario, la sua zampa era completamente guarita. Forse è per questo che adora andare all'Argentario quanto me, ho pensato fissando quelle onde.

La vita che conduco ad Ansedonia è al limite del monacale. Se lo desidero, riesco a non vedere anima viva. Mi faccio spedire la spesa, esco in orari strategici, mi dedico ad attività rilassanti che non necessitano di alcuna interazione umana. Ciò non significa che abbia bisogno di isolarmi, ogni tanto voglio semplicemente staccare la spina.

Al mattino mi alzo presto, intorno alle otto, e porto Oliver a fare una passeggiata che lo mette subito di buonumore: la strada da casa al bar, due curve tra abitazioni e siepi basse che lo invogliano a fare pipì. Con quella corsetta lenta da cane felice, sembra anche lui gustare il cielo azzurro, l'odore della mattina, il cinguettio degli uccellini. Ci fermiamo per un cappuccino e un cornetto di cui riceve sempre un angolino, educatamente seduto accanto al mio tavolino, poi ordiniamo la spesa al market portando con noi solo ciò che ci serve per pranzo. Sto in spiaggia qualche ora, poi torno a casa e dedico il resto della giornata alla lettura, o al pigro ascolto di qualche cd. La sera ceno e vado a letto presto, solitamente dopo la visione di un dvd scelto con cura.

Inutile dire che Eddy si annoiava a morte quando

veniva con me alla casa al mare, motivo per cui spesso e volentieri andavo sola con Oliver. Mi ha raggiunto al terzo di quei cinque giorni passati ad Ansedonia prima dell'ecografia. Aspettavamo quel giorno con avida curiosità e incredibile angoscia. Dopo quanto era successo la prima volta, la paura latente di perdere il bambino ci era rimasta dentro come un tarlo. Non osavo dire nulla.

Quel giorno la dottoressa Elena riceveva a Civitavecchia e ha pensato di agevolarmi facendosi raggiungere lì piuttosto che a Roma.

Ha preso appuntamento per me alle nove di mattina, quando lo studio era ancora chiuso, in modo che, oltre ad avere il massimo della privacy dopo quanto era accaduto al centro, avrei potuto portare con me anche Oliver.

«Andiamo a vedere il fratellino o la sorellina!» dicevo al mio cane mentre percorrevo in auto la strada per lo studio. Cercavo di mitigare il nervosismo pensando che quell'ecografia era così ravvicinata al risultato positivo delle analisi che non avrebbe potuto non andar bene, e poi sarebbe stato comunque presto per sentire o non sentire il battito.

Ogni passo verso quella porta azzurra era spazio tolto alle incertezze.

«Bravo Oliver, sei venuto anche tu!» ha esclamato Elena osservando con dolcezza il mio cane che si era accucciato in un angolo della stanza accanto a Eddy.

«Sei pronta?» ha aggiunto.

«Sono due anni che sono pronta» le ho risposto.

Quando l'ecografo ha iniziato a darci le prime immagini, dentro c'era questo puntino bianco visibilissimo. Non due. Uno.

«Antonella, eccolo qui. È un embrione soltanto, dunque non si tratta di una gravidanza gemellare» ha annunciato. «E c'è un'altra bella notizia: è proprio ben attaccato al tuo utero e dalla parte opposta del fibroma.»

«Quindi va tutto bene? La gravidanza è meno rischiosa? E si capisce già il sesso? Fammelo vedere meglio...»

«Calma, certo che va tutto bene» ha sorriso Elena. «A questo stadio di crescita non si può determinare ancora il sesso del nascituro, sei soltanto al primo mese. Per quanto riguarda il rischio, una gravidanza a quest'età non è semplice di per sé, comunque se il bambino è uno solo le cose di solito vanno meglio.»

Mi ha consigliato di fare una visita dal mio ginecologo abituale. Lei avrebbe continuato a seguirmi con le ecografie mentre lui si sarebbe occupato della parte più strettamente medica. Era piacevole aver incontrato un medico come Elena, attenta, scrupolosa e al contempo – caratteristica che mi metteva sempre a mio agio – molto dolce.

«Non ti faccio nessuna raccomandazione particolare, Antonella. Sei in salute e tutto procede bene. Conduci una vita normale, magari evita di strapazzarti, di prendere troppo caldo o di fare lunghi viaggi in macchina, ma per il resto goditi questo momento» ha concluso.

Quando ho rivisto il mio ginecologo Antonio dopo quegli strazianti mesi di tentativi, non ho potuto fare a meno di abbracciarlo. Tornare in quello studio con il mio piccolo, grande tesoro ben nascosto nella pancia era un traguardo che avevo sognato ogni giorno.

L'ultima volta che lo avevo incontrato ero una donna completamente ignara del percorso che avrebbe dovuto affrontare, convinta di poter rimanere incinta dal giorno dopo, a digiuno di qualsiasi nozione circa gli ostacoli che l'età imponeva al mio desiderio. Arrabbiata, soprattutto, per non aver saputo pressoché nulla fino a quel momento.

Quel giorno ero una donna più sicura, con un bagaglio di conoscenze pratiche e soprattutto emotive che mi rendevano pienamente consapevole.

«Sono incinta» ho ripetuto. Il suono di quelle parole nella bocca mi era stato precluso per troppo tempo, ed era arrivato finalmente il momento di gustarle.

«Congratulazioni, Antonella, è la notizia più bella che potessi darmi. Vedrai, andrà tutto bene» ha affermato prima di elencare rischi e consigli. Sembrava che mi avesse letto nel pensiero.

«Anch'io ne sono convinta» ho convenuto. Da quando il test di gravidanza mi aveva dato la bella notizia, *andrà tutto bene* era diventato il mio mantra.

Dopo una breve visita mi ha dato qualche piccola raccomandazione: «Stai attenta al peso e alla pressione, ricordati di controllarli almeno una volta alla settimana».

«Attenta al peso? Ma io sono una buona forchetta...»

«Non devi metterti a dieta, ma nemmeno mangiare per due come dicevano le nonne! Continua a seguire lo stile di alimentazione che hai sempre avuto. Cerca di avere menu equilibrati e di variare. Ricordati che mangiando fornisci al feto i nutrienti per crescere e svilupparsi.»

Improvvisamente il solo atto di mettersi a tavola assumeva un'accezione quasi gloriosa.

«Evita carne cruda e lava molto bene frutta e verdura per evitare di contrarre la toxoplasmosi. È un'infezione che a te non farebbe niente di male, ma al bambino potrebbe causare gravi danni. Attenta se hai gatti in casa, perché a volte sono portatori di...»

«Niente gatti ma... Oliver! Il cane può dare problemi? Mi dica di no!»

«Non ti preoccupare, nessun pericolo. Magari stai attenta a non farti strattonare quando lo porti a passeggio.»

«A fare delle passeggiate non ho problemi, vero?»

«Oh, no, non sei ammalata! Se lo desideri puoi anche fare dell'attività fisica leggera, ma senza affaticarti.»

«Sul serio? Non credevo che anche nei primi mesi fosse possibile... avevo quest'incubo di shakerare il bambino!»

«L'utero è ben ammortizzato, non preoccuparti. Intorno ha l'intestino, i legamenti, la vescica... tutto un sistema interno che fa da cuscinetto a colpi e movimenti bruschi.»

«Incredibile. Più vado avanti più scopro meraviglie del mio corpo...»

«E pensa che questo è solo l'inizio. Vedrai, Antonella, ti aspettano grandi scoperte.»

Antonio parlava della gravidanza con incanto, come fosse una magia che quotidianamente si compiva sotto ai suoi occhi. Era impossibile non essere contagiati dalla sua emozione.

«Queste sono le analisi da fare, che ripeteremo ogni mese per controllare che tutto sia a posto» ha poi detto porgendomi un foglio affollato di termini medici.

«Tutto qui?» ho domandato.

«D'ora in poi tratteremo la tua gravidanza come qualsiasi altra, però sappi che dovremo fare alcuni esami di diagnosi prenatale per essere sicuri che il feto sia in salute, tu sai che più si va avanti con l'età più i rischi di avere un bambino con qualche problema cromosomico aumentano. Comunque affronteremo il discorso nei prossimi mesi.»

«Certo. Sindrome di Down e via dicendo, mi sono informata. Faremo tutto il necessario. Vorrei farti una sola domanda ancora» ho preso un respiro e ho tirato fuori il mio più grande timore: «Secondo te rischio ancora un aborto spontaneo? Sono solo alla fine del primo mese e non faccio che ripensare all'altra gravidanza.»

«Non preoccuparti. Il fatto che sia successo una volta ci induce a tenerti sotto controllo, ma non a essere troppo allarmisti. Vedrai, se conduci una vita regolare e serena, la prossima volta che ci vedremo avrai già una bella pancina.»

Alle sue spalle, dietro al rassicurante sorriso, vedevo una lunga serie di attestati ma anche di fotografie. Mamme che tenevano i loro bambini appena nati in braccio, oppure ancora appoggiati sulla pancia, dopo il parto. Il miracolo della vita era passato decine, centinaia di volte in quello studio, e adesso ero io a portare dentro di me un nuovo germoglio. Mi sentivo fiera di me stessa in un modo completamente nuovo, totalizzante.

Ci siamo congedati dandoci appuntamento per il mese seguente.

Con lui che seguiva il mio iter medico, ed Elena che pensava alle ecografie, mi sentivo serena. Era come se a quei due medici fossero affidate la paternità e la maternità della mia gravidanza. Antonio, che mi aveva indirizzato verso il giusto percorso, ed Elena, che mi aveva prima presentato la dottoressa Claudia e poi seguito con le ecografie.

Uscendo da quello studio mi sentivo leggera. Non c'erano rischi o preoccupazioni che tenessero: dentro di me ero sicura che tutto sarebbe andato benissimo.

Ho deciso di prenderla con calma, anche sul lavoro, e di rallentare i ritmi. Ormai la notizia era di dominio pubblico e assentarmi per qualche tempo era più che giustificato. Fare la spola tra Ansedonia e Roma due volte alla settimana diventava impegnativo, così mi sono messa d'accordo con i miei autori per lavorare da casa via Internet. Ogni tanto, poi, mi venivano a trovare all'Argentario, e nel salottino accogliente della mia abitazione accompagnavamo i nostri discorsi con bevande ghiacciate e l'aria salata del mare che entrava dalle finestre.

Anche gli amici spesso mi facevano visita. Tiziana e Miriam approfittavano del mio soggiorno per correre a prendere un po' di sole ogni volta che potevano; Cristina era venuta una volta da Milano e già pianificava qualche altro weekend.

Eddy passava gran parte della settimana in città e mi raggiungeva ad Ansedonia il venerdì per passare il fine settimana insieme. Con lui si presentava sempre qualcuno a farci compagnia.

Per l'occasione si cimentava nei suoi famosi barbecue, e la giornata trascorreva piacevole e rumorosa tra chiacchiere, bistecche e vino rosso.

La perplessità degli ospiti era comunque sempre la stessa: «Bellissimo qui, un vero paradiso! Ma oltre ad andare al mare, che fai tutto il giorno?».

Non comprendevano appieno il mio desiderio di sguazzare in quella dolce noia per un po'. Era una vita ai loro occhi piatta e priva di qualsiasi diversivo. Per me era semplicemente la cura per il mio corpo di mamma.

Per offrire qualche novità, spesso andavamo tutti insieme a Orbetello o in qualche altro paese della costa a fare una passeggiata, prendere un gelato o goderci una cena al ristorante.

«Sveglia all'alba, bagnetto, passeggiata e a letto. Mi sembra di avere ottant'anni» aveva commentato ironica Miriam.

«Dai, domani facciamo qualcosa di diverso!»

«Tipo?»

«Portiamo Oliver a correre sulla spiaggia della Feniglia, la adora!»

«Ancora il cane? No!»

Per lei, restia a qualunque genere di attività fisica, le mie interminabili passeggiate rappresentavano il girone infernale dei pigri.

«Dopodomani dobbiamo andare, vero?» ha chiesto Eddy una domenica sera, mentre rimettevamo in ordine la casa, dopo che gli ospiti se n'erano andati.

Stavo sistemando il divano e mi sono ritrovata ferma immobile, con quel cuscino bianco ancora tra le mani e le unghie che lo stringevano un po' troppo.

L'indomani sarebbe stato lunedì. E poi sarebbe arrivato martedì. Quel martedì.

Com'è strana, la paura. Arriva e se ne va a ondate, senza lasciarti il tempo di tirare il fiato sul serio. Un attimo sei in alto, sollevata e leggera, il momento dopo ti riporta a terra, bloccata e terrorizzata. E questo nonostante fossi sicura di aver superato i timori, di essere entrata in una fase dove c'era spazio solo per la positività e la gioia, dove le prospettive per il futuro non attanagliavano lo stomaco ma si posavano lievi nella pancia, come un battito d'ali.

Un battito. Già.

Tutto era racchiuso in quella parola.

Elena mi aveva fissato un secondo appuntamento: dovevo fare l'ecografia per sentire il cuore del bambino. Fino a quel momento mi ero imposta di non pensarci, ancora stordita dalla novità mi cullavo semplicemente nella consapevolezza di avere un puntino bianco nella pancia. Ogni tanto riguardavo le immagini della prima ecografia e, anche se non si riusciva a vedere quasi niente, a me parevano chiarissime.

Poi era giunto quel martedì pomeriggio, e di colpo la paura era tornata come un'onda e ci aveva travolti. Eddy era molto teso, lo vedevo guidare verso lo studio di Elena con lo sguardo concentrato sulla strada e i muscoli delle braccia rigidi contro il volante. Io non potevo che rivivere ogni istante il fantasma dell'ultima gravidanza. Quel silenzio assoluto e l'attimo prima di quel silenzio, quando la speranza era immacolata e assoluta. Quando credevo che tutto sarebbe andato bene, come in quel momento. O forse non più.

Elena ci ha salutato con un'espressione piena di comprensione. Questa volta non ha tentato di tranquillizzarci, ha semplicemente detto: «Vediamo come va. Antonella, scopri la pancia».

Mi ha fatto sdraiare dietro un paravento bianco, su un lettino accanto all'ecografo. Eddy invece si è seduto su un divanetto riservato agli accompagnatori delle pazienti. Non poteva vedermi, ma davanti a lui uno schermo collegato con gli strumenti mostrava le immagini ecografiche in alta risoluzione. Era come essere al cinema a vedere il film della nostra vita. A breve, su quello schermo, avremmo scoperto che colore, sapore, odore avrebbe avuto il nostro futuro.

Al freddo del gel ero ormai abituata. Alla pressione della sonda, anche. I movimenti di Elena erano delicati ma fermi.

«Ci siamo quasi... Ecco qui. Eccolo» ha annunciato.

Le immagini sullo schermo avevano mostrato le nebbie del mio corpo, ombre scure e sfocate, fino a fermarsi lì dove fino a poche settimane prima abitava il mio puntino bianco.

Accidenti, non era più così piccolo, adesso si iniziava a vedere qualcosa, un minuscolo esserino arrotolato su se stesso dalla forma simile a quella di un gamberetto.

«È cresciuto!» ho esclamato.

«Oh sì, mi sembra che stia andando bene. Prendo qualche misura per confrontarla con i percentili di crescita e vedere se le dimensioni corrispondono alle tue settimane di gestazione.»

«E il battito? Elena, c'è il battito?»

«Attivo il doppler» ha detto.

Click. E poi un attimo, forse una frazione di secondo, che mi ha tolto il fiato.

Potevo sentire il mio respiro sospeso e quello profondo di Eddy, al di là del paravento. Vedevo la mano sicura di Elena posizionarsi meglio verso il gamberetto.

Poi, un rumore inconfondibile. Come di un cavallo al galoppo. L'eco di mio figlio dal mio ventre si diffondeva nell'aria così forte, così impetuoso. Esplodeva nelle nostre orecchie, accelerava anche il nostro cuore. Un battito deciso, limpido.

Ero senza ombra di dubbio madre, contenevo una vita.

«Lo siamo...» ho detto a Eddy mentre uscivamo dallo studio ancora ebbri di emozione.

«Genitori, dici?»

«Già.»

«È... non so, anche *fantastico* mi pare un termine riduttivo.»

«Hai visto come sta diventando grande il nostro gamberetto?» ho continuato.

Da quel momento, fino a che non abbiamo saputo il sesso, mi sono riferita alla creaturina che mi cresceva dentro come al *gamberetto*. In pochi giorni amici e parenti hanno preso a usare lo stesso soprannome. Arrivavano addirittura accorate telefonate dal Belgio, che chiedevano aggiornamenti sul *gamberettò*. Mi facevano così ridere. Una risata di cuore: qualche mese prima non avrei mai sperato di poter iniziare una gravidanza, e addirittura di poter dare un soprannome al mio bambino.

Come era capitato in precedenza, quando Eddy tornava a Roma per motivi di lavoro, rimanevo spesso completamente sola con Oliver. Così, dopo un paio di giorni dalla visita, mi aveva riportata ad Ansedonia e non era rimasto che una decina di minuti, giusto il tempo per un bicchiere d'acqua, per recuperare una maglietta, e via di nuovo verso la città.

Non erano momenti di sconforto, abitavo quella solitudine come un grande letto comodo, lo spazio dove arrotolarmi nei pensieri e lasciarmi cullare dalle fantasie. Non ne avevo paura, il silenzio era una tela bianca da riempire, un momento di confronto con me stessa che mai avevo percepito come più opportuno.

Leggevo molto, soprattutto libri che parlavano della gestazione dal punto di vista fisico e medico. Era la mia prima vera gravidanza e mi rendevo conto di sapere poco e niente di quello che mi stava succedendo, e in precedenza non avevo mai neppure sfogliato un libro sull'argomento. Mi interessavano certo i dati pratici – tabelle e percentili, curve di crescita del feto e consigli di vario genere –, ma ciò che mi appassionava di più erano le immagini. Osservavo incantata le fotografie del feto nella pancia della mamma, rileggevo decine di volte i paragrafi che parlavano della settimana di gestazione in cui mi trovavo in quel momento, confrontavo i diversi volumi che mi erano stati regalati. Era toccante osservare i cambiamenti del mio corpo, vedere la mia pancia crescere e al tempo stesso comprendere cosa stesse accadendo là dentro. Quel puntino si stava inevitabilmente trasformando in un piccolo essere umano. Avevo letto che già dalla quinta settimana si iniziavano a differenziare la testa e il corpo, alla sesta cominciavano a formarsi gli organi interni, alla settima le gambe e le braccia. Perfino il naso! Mi sembrava di vivere un miracolo. Rimanere incinta era stato il faticoso risultato delle cure, ma una volta che l'ovulo fecondato aveva trovato il suo posticino dentro di me era la natura a compiere quei prodigi, senza che io muovessi un dito.

Stavo attraversando un ottimo momento, mi sentivo serena e fiduciosa, stavo bene fisicamente e le ultime analisi fatte parlavano di un quadro clinico ottimale. Oltre a non avere nausee godevo di un appetito invidiabile e di un aspetto radioso. I miei capelli erano diventati folti e lucidi come quando ero bambina. Mi ero un po' arrotondata, ma si capiva che era frutto degli ormoni. Mi vedevo florida come solo una madre può essere, le forme erano dolci e armoniose. Pancia e seno erano fuori controllo, ma per quanto riguarda viso, gambe e braccia non mi ero gonfiata per niente.

Vivevo la trasformazione del mio corpo con grande serenità. Non sono mai stata fissata con il peso e la forma, questo è risaputo. Ho un ottimo rapporto con le mie forme morbide e non ho paura a mostrarmi con qualche chilo in più. Amo mangiare, è un piacere della vita di cui non potrei privarmi. Nel mondo dello spettacolo mi è capitato di incontrare donne che al contrario sono ipercontrollate a tavola, sempre a dieta per mantenere la loro taglia 40, ossessionate da un grammo di troppo. Glielo si indovina in viso: dietro agli zigomi scavati si legge uno sguardo nervoso e assente, preoccupato.

Il mio caso è stato diverso. Non dovendo fare la ballerina non erano richieste forme fisiche asciutte, nessuno mi ha mai esortato a perdere qualche chiletto, e io stessa ho mostrato con serenità di amare il mio corpo e di non essere disposta a scendere a compromessi per uniformarmi al gruppo. È stata una scelta indubbiamente vincente, e sono fiera di aver contribuito a portare in tv un modello diverso, di donna vera, con un corpo vero.

Più di una volta ho ricevuto lettere da ragazze con problemi alimentari, che si complimentavano con me e mi chiedevano consigli per trovare il modo di piacersi anche senza la taglia di una modella. La mia risposta istintiva chiamava in causa la prima dote che ognuno di noi possiede: l'unicità.

I media continuano a propinare ragazze magrissime ma che, alla fine, risultano tutte uguali. Interscambiabili. Sostituibili. Non è l'essere quasi perfetti che ci rende unici, è invece proprio il difetto a fare la differenza, è l'imperfezione che ci rende unici, umani, e perché no, sensuali. Generalmente non ricordiamo una persona per la taglia, ma per il modo in cui sorride, per quel suo accento divertente, per i denti non proprio dritti, per la forma degli occhi o il tono della voce. Io ero Antonella, tra le mie caratteristiche c'erano i ricci biondi, la risata contagiosa e le forme generose. Per rimanere me stessa non avrei potuto cambiare una virgola. In fondo, se ci si pensa bene, nessuna delle presentatrici italiane o internazionali ha l'aspetto di una supermodella. Sono donne fiere dei loro difetti, che spesso diventano anche il loro punto di forza.

In quel momento il mio orgoglio era quella pancina accennata e, invece di angustiarmi perché non riuscivo più ad allacciare l'ultimo bottone dei bermuda, sorridevo attendendo il giorno in cui sarebbe cresciuta ancora e ancora. Fino a diventare uno di quei bei pancioni tondi che ti precede di mezzo metro, con l'ombelico che sporge come un bottoncino.

Ogni sera mi guardavo allo specchio per osservarmi. Passavo le mani sulla pelle chiedendomi se, pur ancora così microscopico, il gamberetto potesse sentire il mio tocco.

Trascorrevo i giorni in stato di grazia, convinta che nulla potesse andare storto.

Cos'è l'istinto materno? Me lo sono chiesta in più occasioni durante quegli interminabili giorni di solitudine, ogni volta che i miei pensieri sfioravano il futuro con il gamberetto. Sarà questo senso di protezione? Sarà la voglia di comunicare con lui, o la consapevolezza che da subito farei qualsiasi cosa per farlo star bene?

La gioia era stata immediata, essere madre invece era ancora un mondo da esplorare, un mare in cui mi ero soltanto bagnata i piedi mentre avrei voluto da subito immergermi, lasciarmi andare al ruolo che per due anni avevo così strenuamente cercato per me. Non ci riuscivo. Non è una lampadina che si accende l'istinto materno. È qualcosa che cresce dentro di te assieme al tuo bambino, che presenta i suoi alti e i suoi bassi, un senso di amore totale e innato da covare dentro, in silenzio, senza fretta.

È stato quando siamo rimaste sole che ho iniziato a comunicare con il mio gamberetto. Anche se con gli altri ne parlavo genericamente al maschile, nei miei pensieri non avevo dubbi: sarebbe stata una femmina. Avremmo creato una coalizione, io e lei, legate da quel filo invisibile che unisce ogni madre alla propria figlia.

Ed è stato a questo pensiero che mi sono aggrappata quando le cose tra me e Eddy sono inaspettatamente precipitate.

Tutto si è verificato in modo rapido ma prevedibile. Erano giorni che lo vedevo con la testa da un'altra parte, sempre pronto alla discussione, annoiato, frustrato. Gli avevo anticipato che per quell'estate non avrei potuto fare molti spostamenti, volevo riguardarmi e stare tranquilla. Sembrava aver accettato la notizia, ma poi il suo morale era precipitato a terra. Gli unici momenti in cui riusciva a sorridere era quando riceveva le telefonate dei suoi amici.

«Che ne dici se vado una settimana a Bruxelles?» mi aveva chiesto.

Lì per lì avevo accettato senza problemi, in fondo non vedeva i suoi amici da parecchio tempo e probabilmente desiderava raccontare loro dal vivo la sua nuova avventura di futuro papà. Ma, una volta partito, tutto è cambiato. Sebbene fosse nella sua natura non farsi sentire di continuo, ora che ero incinta e sola soffrivo nel ricevere le sue telefonate solo una o due volte al giorno. Si trattava poi di chiamate fugaci, senza il minimo trasporto: come stai, cos'hai fatto, io ho fatto questo, buonanotte. E di sottofondo le voci e le risate dei suoi amici. Al termine di ogni nostra conversazione, sprofondavo di nuovo nel silenzio che mi circondava. Mi sarebbe bastato giusto un messaggio ogni tanto. Vedere il display illuminarsi e sapere che stava pensando a me e al gamberetto. O anche semplicemente il racconto di una serata o dell'atmosfera di Bruxelles. Invece, nulla.

Capivo il suo carattere schivo e poco comunicativo, ma in quel momento lo trovavo inopportuno. Quando è tornato sono iniziate le discussioni. Sentivo l'esigenza di qualcosa in più. Più affetto, più attenzioni, più presenza. Non coltivavo la mia felicità distante da lui, chiudendomi in un nuovo universo che orbitava soltanto intorno alla gravidanza. Il centro eravamo ancora noi, avevo bisogno di condividere tutto quello che avevo in testa, tutto quello che sognavo. Lui invece piano piano si era allontanato. Prima con la testa, poi, una mattina, aveva varcato la porta della casa al mare e non era più tornato. Aveva accampato qualche scusa, aveva tentato di spiegare.

Se n'era andato. Almeno per un po'.

Quando il rumore della porta chiusa è risuonato tra le mura della casa, l'ho sentito nel petto. Forse ha sostituito per un istante il battito del cuore.

Sono rimasta lì, seduta su quel divano, di nuovo affondando le unghie in un cuscino. Ferma per un tempo che mi è sembrato eterno. La luce del giorno è scesa lentamente, il tramonto arancione si è riversato sul pavimento bagnandolo di colore, e io ero ancora lì. Ferma per non urlare. Per guardare il momento da fuori, come se non fossi nella mia pelle, e comprendere.

In realtà non dovevo faticare molto per capire le motivazioni di Eddy: lo spavento gli si leggeva negli occhi, si nascondeva a malapena nelle sue parole. La notizia della bambina, dopo un immediato senso di euforia e sollievo, si era trasformata in una gabbia. Ogni giorno la sua mente pareva fare il funerale alla sua vita così com'era stata fino a quel momento. Per lui, un ragazzo di ormai trent'anni con uno stile di vita improntato alla totale libertà e indipendenza, la responsabilità di un figlio appariva una catena improvvisa. Rappresentava quello che non avrebbe più potuto fare, ciò che amava e sarebbe cambiato, una nuova definizione di se stesso: padre. Non sapeva come gestire il momento, non si era preoccupato di preparare il terreno nella sua mente. Le uniche persone con cui si confrontava sull'argomento, i suoi amici belgi, che non mi conoscevano ancora bene, non facevano molto per migliorare la situazione. Erano dell'idea che fossi diventata possessiva e asfissiante, che lo volessi tenere vicino a me per pura gelosia, che la nostra coppia si avviasse a diventare una prigione.

Il panico ha avuto la meglio, scappare è stato dettato dall'istinto. Mi sono accorta che aveva un disperato bisogno di una boccata d'aria, di una certa distanza necessaria a guardare il quadro della situazione per riuscire ad affrontarla.

Nonostante avesse desiderato quella bambina quanto me, ora – con la pancia che cresceva, una donna a cui stare accanto e cambiamenti radicali da digerire – scopriva di avere dei limiti.

Forse in altre circostanze avrei potuto giustificarlo, ma non in quella. Mi aveva lasciata da sola, in una piccola casa al mare, incinta di pochi mesi e con un cane da accudire.

Se non avessi affrontato i mesi precedenti, se non avessi avuto la certezza di avere qualcosa di così prezioso dentro di me, mi sarei lasciata andare al dolore. Invece ho pensato che, se avevo superato quegli anni di durissime prove e di sfide con me stessa, avrei potuto farcela anche quella volta.

«Fatti forza» mi sono detta allo specchio.

Non ero sola. Con me c'erano mia figlia e il mio cane, sempre pronto a dimostrarmi un amore silenzioso. Ce l'avrei fatta a dispetto di tutto. Tentavo di convincermi pensando che, se anche il mio compagno non fosse tornato, me la sarei cavata ugualmente. Avrei cercato di riempire quel vuoto enorme per non farci mai cadere mia figlia, avrei contato sull'affetto di chi mi voleva bene, avrei continuato a lavorare. Mi sentivo una Rossella O'Hara con un pugno di terra in mano. Le lacrime erano pronte a riaffacciarsi in qualsiasi momento, ma io sarei rimasta in piedi ferma, decisa. Sarei andata avanti sino alla fine.

Non avevo raccontato a nessuno di quanto era accaduto. Volevo metabolizzarlo e dare anche a Eddy il tempo per fare chiarezza. Se le persone che mi volevano bene l'avessero saputo avrebbero finito per odiarlo, fosse anche tornato dopo mezza giornata. Mia sorella gli avrebbe tolto il saluto per l'eternità. Le mie amiche l'avrebbero bollato per sempre come «il bastardo senza cuore». Mio padre sarebbe andato a prenderlo per le orecchie.

In quel momento la mia vita e il mio rapporto di coppia, così come la mia gravidanza, erano nelle mie sole mani. Dovevo farcela.

Ho cominciato a rivolgermi al mio gamberetto perché è stato in quel momento che ho capito quanto facesse la differenza essere in due, e non pensavo alla coppia, ma a mia figlia. Una femmina, riuscivo a immaginarla soltanto così.

«Come stai, piccolina?» ho chiesto guardandomi l'ombelico.

Era la prima volta che la mia voce suonava per lei. Non le avevo mai rivolto la parola prima, né sussurrato né cantato, perché pensavo fosse troppo piccola, o forse perché la sua presenza si perdeva tra le cose da fare, i problemi, gli amici. Ma ora nessuna distrazione ci impediva di percepire la reciproca esistenza. C'eravamo solamente lei e io.

Da quel giorno non ho mai smesso di parlarle: lunghi dialoghi in cui le raccontavo la mia vita per dipingerla meglio anche ai miei occhi.

«Il mio lavoro. Cosa potrei dirti? È meraviglioso, lo amo, mi permette di tenere compagnia alla gente, di farla sorridere e divertire, regalo attimi di svago. Quando le luci delle telecamere si accendono, la mia testa diventa leggera e frizzante come bollicine di champagne.»

Le ho descritto i miei programmi passati e futuri, includendo sempre anche lei, piccola appendice che mi avrebbe seguita ovunque. «Ti porterò alla *Prova del Cuoco* e ti farò assaggiare tantissimi piatti diversi, sarai una di quelle bimbe che mangiano di tutto. E poi starai con tutti. No, non sarai una di quelle con la lacrima facile attaccata alle gonne della mamma. Sarai una bambina forte. E anche sorridente, simpatica, generosa, alla mano. Capito piccolina? Vedrai, ti aspetta una vita bellissima, ricca di avvenimenti.»

Le descrivevo cose e persone, luoghi e ricordi.

«La mia mamma Franca ti avrebbe adorata. Lei era bellissima e amava i bambini. Diceva sempre a me e a Cristina che ne avrebbe voluti tanti, che non vedeva l'ora di fare la nonna.» Mi sono resa conto allora che la mamma mi mancava terribilmente. Che essere incinta era in assoluto uno dei momenti che avrei desiderato condividere con lei. A volte avevo l'istinto di chiamarla e, senza rendermene conto, afferravo il telefono e iniziavo a digitare il suo numero. Mi interrompevo dopo un paio di cifre. Realizzavo. Ricordavo. Il dolore era tanto più forte quanto lo era il ricordo della sua gioia mentre parlava dei bambini che io e mia sorella avremmo avuto. Sarebbe stata una di quelle nonne perfette, che cucinano torte profumate e portano i nipoti al parco, che sa fare le treccine e inventare giochi dal niente. Sarebbe stata una nonna meravigliosa perché era stata una madre meravigliosa. Se fosse stata ancora con noi, non sarei rimasta sola. A lei avrei potut chiedere consiglio, mi avrebbe abbracciata e detto che tutto sarebbe andato bene e io le avrei creduto ciecamente: lei era la *mamma*. La persona che più di tutte c'è sempre, che ti ama comunque, che non smette mai di stare dalla tua parte. In quel momento ho compreso appieno il significato di quello che stavo per diventare. La *mamma* di mia figlia. Il suo punto di riferimento. Il suo abbraccio caldo. La sua guida.

È stato un pensiero talmente forte che per un attimo ho pensato che ci saremmo bastate, noi due, che quell'enorme amore ci avrebbe tenute al caldo.

Non era esattamente così.

Dopo una settimana di solitudine, rinchiusa nella mia gabbia dorata senza poter fare un passo per uscirne, stavo già per dare i numeri. Non potevo portare fuori Oliver da sola per paura delle cadute, e avevo chiesto al giardiniere che ogni tanto si occupava delle piante di portarlo a passeggio al posto mio. Risultato: anche Oliver si era depresso. Mi guardava con quegli occhi languidi tipici dei labrador retriever come a dire: «Perché non vuoi più portarmi fuori?», e la cosa mi straziava. Ogni tanto, per sentirlo vicino, andavo a dormire nella stanza al primo piano dove lui aveva facilmente accesso. Si accucciava in fondo al letto scaldandomi i piedi come una stufetta, ma nonostante il caldo non sentivo mai il bisogno di scansarmi. Dormivamo vicini fino al mattino quando, puntualmente, lo riconsegnavo al giardiniere per il giro-pipì.

Oliver a parte, non avrei potuto mettere il naso fuori casa nemmeno da sola.

All'esterno del cancello si radunavano ogni giorno due o tre paparazzi pronti a fotografare «la Clerici incinta». Un grande scoop. Non avevo voglia di farmi rubare altre immagini. Poi avrebbero iniziato a fare mille domande: «Come mai tutta sola?», «Eddy dov'è?», «E il papà che fine ha fatto?» e via dicendo. Le voci sulla nostra crisi sarebbero apparse sui giornali in men che non si dica, e io non potevo permetterlo. La fama è così, benevola finché hai buone notizie da dare, ingorda e impietosa quando nella tua vita le cose non funzionano come dovrebbero. Gioie e dolori vengono sbattuti in prima pagina con la stessa noncuranza, e io non desideravo ritrovarmi ancora in copertina.

Me ne stavo chiusa in casa, come agli arresti domiciliari, facendomi spedire la spesa dal piccolo market del paese. Il ragazzo in Vespa carico di sacchetti era l'unica visita che ricevevo. Non potevo resistere così a lungo.

«Come cresce il nostro gamberetto?» ha chiesto Miriam durante una telefonata.

«Bene. Adesso si comincia a capire che sono incinta.»

«Eddy cosa dice?»

Non volevo dirglielo, ma non sono riuscita a mentirle.

«Eddy è via per un po'.»

«Come via? Via dove?»

«A Bruxelles, a trovare i suoi amici.»

«E tu sei lì da sola?»

«Sì, ma sto bene, non preoccuparti. C'è Oliver.»

«Capirai. Non puoi neppure portarlo fuori!»

«Il giardiniere mi dà una mano.»

«Il giardiniere? Ma avrà settant'anni! Ci penso io a te...»

«No, Miriam, davvero. Non devi preoccuparti.»

«Come no? Guarda che avanzerò dei diritti sul gamberetto in qualità di zia!»

Qualche giorno più tardi era lì, davanti al cancello, con un inequivocabile sorriso di sfida stampato in volto.

«Pensavi forse che ti avrei lasciata da sola?» ha sentenziato quando le ho aperto la porta.

Aveva lasciato la famiglia in Puglia e, da sola, aveva affrontato diverse ore di viaggio soltanto per stare con me qualche giorno e assicurarsi che io e il gamberetto stessimo bene. Non l'avrei mai dimenticato.

Mi ha consolata silenziosamente, Miriam. Noleggiava film di quelli che, come diceva lei, «ci fanno fare quattro risate e due lacrimucce». Pretendeva che cucinassimo insieme e poi apparecchiassimo la tavola fuori in terrazzo, quando il tramonto stava per lasciare il posto alla notte e le stelle iniziavano a vedersi nitide sopra le nostre teste. Mi accompagnava a portare finalmente Oliver a passeggio. Lei lo teneva e io li seguivo. Non ho mai visto un cane più felice. E poi chiacchieravamo tantissimo. Non faceva domande, non voleva sviscerare il mio dolore. Desiderava soltanto che parlassi con qualcuno, e riempissi la solitudine dove avevo galleggiato per così tanto tempo.

Pochi giorni dopo fu la volta di Tiziana che, probabilmente informata da Miriam, si era subito preoccupata allo stesso modo.

«Sono in barca in Corsica, in un posto talmente sperduto che non ha nemmeno un nome, credo» aveva esordito. «Quindi purtroppo è escluso che io possa venire a trovarti adesso, ma...»

«Ma?»

«Sette in punto ogni giorno. Voglio sapere come stai. E se manchi l'appuntamento telefonico sappi che ti mando un'ambulanza. Anzi, le teste di cuoio.»

Ci sentivamo di continuo, io, Miriam e Tiziana, legate dal filo invisibile dei cellulari e da quello molto più palpabile dell'affetto.

Piccolina, ho pensato rivolgendomi al gamberetto, se c'è una cosa che non ti mancherà quella sarà l'amore delle persone che hai accanto. Sei molto fortunata.

Neppure Eddy era sparito del tutto. Continuava a chiamare, ad assicurarsi che stessimo bene, ma ancora non riusciva a prendere la decisione di tornare. Avevo saputo che era stato un po' a Roma, poi di nuovo a Bruxelles, poi ancora nella Capitale insieme con i suoi amici. La vita di prima, insomma. Sapevo che pensava a noi, così come in un angolo del mio cuore ero convinta che avesse soltanto bisogno di tempo, ma in quel momento non riuscivo a perdonarlo. Intanto andavo avanti. Costruivo una forza tutta mia, conoscevo mia figlia, imparavo ad ascoltare il mio corpo. Cercavo a tutti i costi un'indipendenza emotiva che mi affrancasse da lui. Non ero più disposta a compromessi. Se fosse tornato con un'ottima ragione per farsi perdonare, l'avrei ascoltato, altrimenti avrei dovuto trovare un altro modo per essere felice e rendere completa la vita della mia bambina.

Sono tornata a Roma alla fine di agosto, con una pancina già visibile. A casa mi attendeva la mia amica Tiziana, a cui ho fatto mettere a posto alcune t-shirt di Eddy che avevo riportato dalla casa al mare; non avevo proprio voglia di guardarle.

Avevo bisogno di ricominciare la stagione in modo stabile e consapevole, ma non sapevo esattamente come. Poi, un giorno, l'illuminazione. Conoscevo una brava psicologa, a cui mi ero rivolta durante un periodo particolarmente stressante della mia carriera. Forse quello di cui necessitavo era soltanto fare ordine, rimettere a posto la mia testa. Ho composto il numero che conservavo in una vecchia agenda sperando fosse ancora lo stesso, e ho riconosciuto la voce roca della sua segretaria.

Ci sono momenti in cui si è completamente soli e altri in cui, pur senza nessuno accanto, si è in compagnia di se stessi. Era stata lei a mettermi in testa che avrei dovuto *sapere chi ero* per superare le difficoltà. Conoscere gli strumenti che avevo a disposizione, le doti, le capacità, le intuizioni, e usarle come armi contro le difficoltà.

Non volevo analizzare la situazione con Eddy, che mi era fin troppo chiara. Andavo lì per confrontarmi con me stessa, per capire se – con o senza compagno – io, Antonella, avrei potuto essere una buona mamma per la mia bambina.

Lo studio era rimasto esattamente come lo ricordavo, le finestre sempre socchiuse sulla strada da cui entrava il rumore di automobili e clacson. Le sedie bordeaux e la grande scrivania in vetro e legno chiaro. Quel quadro alle pareti realizzato da un paziente poi diventato un famoso pittore. La libreria affollata di volumi dalle copertine di colore diverso. L'atmosfera era limpida e serena, sembrava fatta apposta per lasciare i pensieri liberi di volare, perdersi sul soffitto, per poterli poi esaminare da fuori.

La psicologa mi ha abbracciata affettuosamente, accarezzando la pancia appena visibile con gli occhi dolci di una mamma.

«Sono felice che tu sia venuta, accomodati» ha detto spostando una delle sedie.

Dopo essermi messa a mio agio, mi sono accorta di non sapere esattamente da dove cominciare, poi ho capito che tutti i miei dubbi e le mie paure si riassumevano in poche parole.

«Io sono qui perché vorrei essere una buona madre» ho esordito, e l'ho vista sorridere.

«È un buon inizio» ha commentato.

«Come posso fare?»

«Solo il fatto di essere venuta qui a chiederlo fa già di te una persona adatta a diventarlo. È bello che tu abbia dei dubbi. Le persone che si mettono in discussione sono quelle che sanno trovare le soluzioni. Farsi delle domande è segno di grande intelligenza e sensibilità.»

«Ti ringrazio, ma a volte le emozioni che provo pensando a questa bambina sono così intense che ho paura di perdere lucidità e di comportarmi in modo diverso da come vorrei.»

«Pensa al tuo percorso, Antonella. So che non è stato facile. Le basi su cui questa gravidanza poggia sono mesi di tentativi e continui sbalzi di umore per le speranze e i fallimenti, emozioni violentissime e delusioni cocenti. È normale che in questo momento tu ti senta più fragile, hai raggiunto il tuo obiettivo dopo un percorso difficilissimo.»

«Credi che, dopo aver desiderato e atteso la bimba per tutto questo tempo, potrei portarmi dietro parte delle angosce che ho provato nei mesi scorsi?»

«Di sicuro in questo lungo periodo della tua vita sei stata tesa, nervosa, ma riuscire ad avere una figlia è una gioia talmente grande che è perfettamente in grado di cancellare ciò che si è verificato prima. Anche a livello fisico: quando si accumula troppo stress la fertilità è la prima a risentirne, se sei riuscita a rimanere incinta è stato anche perché dentro di te sei stata in grado di mantenere la calma necessaria. La tua gravidanza è segno che il tuo percorso di ripresa è già da qualche tempo iniziato. Non preoccuparti del passato: te lo sei lasciata alle spalle nel momento in cui sei riuscita a realizzare il tuo sogno. Non tornerà a rovinarti la festa.»

Ho annuito. In effetti, tutti i dubbi che mi giravano in testa derivavano da pensieri che non avevano più senso di esistere. Non ero più la donna tormentata di qualche mese prima, mi sentivo sempre meglio, però il nodo della questione era un altro. Ora il problema non era più concepire un bambino, ma comprendere a fondo le conseguenze a cui sarei andata incontro affrontando questa gravidanza quasi al limite massimo di età. Che differenze avrebbe portato nel mio modo di essere madre rispetto alle altre donne?

«Forse le mie perplessità derivano anche dal momento in cui sono rimasta incinta» le ho spiegato.

«A volte ho paura che possa condizionare la mia vita di mamma, e quella di mia figlia. Ti è mai successo di notare delle differenze nel modo di essere madre a seconda dell'età?»

«Mi aspettavo questa domanda da te, è sano che tu ti ponga un quesito del genere. In base alla mia esperienza posso dirti che le differenze ci sono, ma non sempre sono negative. Si tratta di maniere diverse di affrontare il ruolo di madre a seconda della fase della vita in cui ci si trova, tutto qui. Conosco coppie di ventenni che hanno fatto un figlio con allegria e spensieratezza, e vivono questo ruolo di genitori in modo inconsapevole e quasi spericolato. Li vedi, e sembrano bambini anche loro. I trentenni fanno figli con grande consapevolezza, quasi pianificando, perché solitamente sono in carriera e devono scegliere il momento giusto. Poi si accorgono sempre che gestire il loro tempo tra lavoro e figli è complicato, e finisce che quando sono al lavoro vorrebbero essere a casa, e quando sono a casa sentono comunque la mancanza della loro indipendenza.»

Conoscevo parecchie coppie afflitte da questo problema, che si affidavano completamente ad asili e babysitter, senza però risolvere davvero il conflitto tra figli e lavoro che li tormentava. Al lavoro parlavano in continuazione dei bambini, e quando prendevano qualche ora di permesso per una visita dal pediatra o una recita scolastica, avevano paura di perdere il momento chiave della loro carriera. Sembrava un conflitto insanabile.

«Alla tua età siamo in un momento ancora diverso» ha continuato la dottoressa. «Di solito si è abbastanza mature per far convivere al meglio la propria dimensione personale con quella di mamma. Il lavoro è avviato e le motivazioni per avere un bambino sono molto forti...»

«Certo. Io non avrei grossi problemi a gestire i miei impegni trovando anche del tempo per mio figlio. Ovviamente mi farei aiutare, ma per fortuna ho passato la fase dello stacanovismo forzato. Ho raggiunto un livello per cui riesco a concedermi quel minimo di flessibilità necessaria, cosa che se fossi rimasta incinta quando ero più giovane non sarebbe stata possibile. Il lavoro non mi preoccupa. A volte però mi chiedo se avrò le stesse capacità di una venticinquenne nello star dietro a un bambino... Sai, energie fisiche ma anche predisposizione mentale.»

«Che tu sia più grande è un dato di fatto, ma non è detto che questo pregiudichi la tua energia. Ho visto giovani mamme annoiate dopo cinque minuti di giochi, e nonne iperattive inseguire i primi passi dei nipoti. Le mamme quarantenni che conosco mostrano in genere una grande disponibilità e pazienza verso i loro bimbi, proprio perché li hanno desiderati molto e rappresentano realmente il coronamento di un sogno. Se il lavoro lo consente, come nel tuo caso, sono mamme che riescono a passare parecchio tempo con i figli e a godersi appieno la loro crescita. Per esempio, cascasse il mondo non mancano mai un bagnetto! Il grande vantaggio è che sono molto più consapevoli del momento che stanno vivendo...»

«Questo è vero. Già da ora cerco di vivere intensamente ogni istante, di percepire ogni minimo cambiamento del corpo... Non vedo l'ora di sentire i calcetti nella pancia! Però non è possibile che sia tutto rose e fiori.»

«Infatti non lo è. Il rovescio della medaglia è qualche piccolo rischio comportamentale. È possibile che una mamma che ha investito tutte le sue energie nella ricerca di un figlio lo consideri quasi un risultato, un trofeo, e allora lo carichi di responsabilità. Perché, sai, probabilmente sarà il suo unico figlio, quindi investe ogni aspettativa e fantasia su di lui. Dev'essere perfetto, deve saper fare tutto, andare bene a scuola, realizzare i sogni della madre... Una mania di perfezionismo pericolosa.»

La dottoressa aveva ragione. Una volta in sala d'aspetto avevo conosciuto una donna della mia stessa età, come me in dolce attesa. Aveva sempre desiderato un maschietto, e il suo sogno era che diventasse un bravo medico. Era uscita da un'ecografia raggiante. «Abbiamo il nostro piccolo dottore!» aveva annunciato al marito. Nel sentire quella frase mi ero immaginata quel povero bambino costretto a indossare a Carnevale un camice bianco da dottorino e a giocare interminabili partite all'*Allegro Chirurgo*. In quel momento ripensarci è stato istintivo e illuminante.

Nel frattempo la psicologa ha continuato a spiegare: «Un altro rischio piuttosto frequente è che la mamma si chiuda completamente intorno al bambino, escludendo il padre o comunque mettendo da parte il suo rapporto di coppia. Sai quante ne conosco di donne così? È importante invece ritagliarsi degli spazi a due e parlare, comunicare molto sia prima che dopo la nascita del figlio. Vivere in coppia non dev'essere soltanto un'attesa della maternità, bisogna lavorare molto per l'armonia, per trovare interessi comuni, per avere una piattaforma solida a prescindere da come poi vanno le cose».

«A volte questi papà sembrano proprio non comprendere la gravidanza così come la vive una donna...» ho riflettuto a voce alta, pensando a Eddy.

«Non possiamo chiederglielo! La donna prova tutte queste sensazioni perché il figlio lo cresce dentro di sé, il papà invece osserva e immagina in astratto questo bambino, non può ovviamente vivere il momento allo stesso modo. E poi non scambiare la tua felicità con il fantomatico istinto materno: quello per i piccoli si manifesta immediatamente attraverso suzione e prensione, mentre per le mamme non arriva prima del quarto mese dalla nascita. Tante donne guardano il bambino appena nato e stentano a riconoscerlo, perché per nove mesi si sono fatte un'immagine totalmente diversa di lui. Durante la gravidanza, e soprattutto nei primi mesi dopo la nascita, l'attaccamento è un fattore cerebrale: vedo un piccolo, ha bisogno di me, è nato da me, lo curo e lo proteggo. Solo dal quarto mese in poi arriva davvero l'amore. Quando il bambino inizia a riconoscerti, a cercarti, a guardarti negli occhi vedendoti davvero. È lo scambio che dà inizio all'amore.»

«E il papà? A lui quando arriva l'istinto paterno?»

«La paternità negli uomini chiaramente non nasce attraverso il corpo come in noi donne. Prima devono trovare un posto nella testa a questo figlio che deve nascere, immaginarlo e proiettarsi in avanti. Lavorare un po' di fantasia e un po' di intuizione emotiva, diciamo. L'unico modo possibile per iniziare a entrare nella parte è essere un compagno amorevole per la madre. Se il legame papà-mamma è forte, il figlio avrà sicuramente tutto l'amore e la cura di cui necessita. È un triangolo vincente.»

«Ok, ma allora quando arriva l'amore per il figlio?»

«Oh, i papà non sono come le mamme, che guardano il bimbo e anche se è un rospetto rugoso dicono che è il più bello del mondo. Serve tempo. Il vero sentimento arriva verso i nove mesi del bambino, quando inizia a interagire con lui, a giocarci insieme. In un certo senso ha bisogno di essere sedotto da suo figlio, deve ricevere un minimo in cambio.»

Nonostante la semplicità, quelle parole erano di una verità assoluta. Non avevo mai riflettuto davvero su quanto le sensazioni femminili fossero più immediate e fisiche rispetto a quelle degli uomini, era un concetto che davo per scontato senza valutarne gli effetti. Tutto ciò che una donna prova, l'uomo lo riceve come in un'eco. Chiaro, ma distante. Non era possibile pretendere la medesima partecipazione.

Quello che io sentivo nasceva da dentro. Forse nemmeno dal cuore, ma dall'utero, dalle viscere, dallo stomaco, dal battito del mio cuore e dall'altro che contenevo, quello del bambino. Tutto il mio corpo era denso di sentimenti sconvolgenti, di tempeste ormonali, di trasformazioni continue.

«E come ti senti riguardo a questa creaturina? Che sentimenti provi?» ha anticipato la dottoressa.

«Sensazioni fortissime, che non posso paragonare a nessun altro sentimento già vissuto. È tutto nuovo, tutto così intenso. E anche molto fisico. Vorrei affrontarlo nel migliore dei modi.»

«Devi soltanto mantenere l'equilibrio e la positività che ti hanno sempre caratterizzata. Ora come non mai, cerca di fare affidamento sulle tue basi sicure.»

«Le mie cosa?»

«Basi sicure. Tutto ciò che ti dà sicurezza. Persone su cui contare, per esempio. Il tuo compagno ma anche il tuo medico, un'amica o il percorso che stiamo affrontando qui insieme.»

Ho annuito in silenzio, pensando anche a Oliver.

«E non dimenticare la natura, Antonella. Dietro un progetto di maternità non ci siamo solo noi: a prescindere dai nostri pensieri e dalle nostre emozioni la natura lavora per noi. Immaginati inserita in quest'armonia spontanea, necessaria. Il tuo corpo sta impegnando ogni cellula per crescere e nutrire questo bambino. Non ti sembra già un grande aiuto?»

«Anch'io comunque mi impegno abbastanza a

nutrirlo, eh. Sto mangiando che è una meraviglia!» Se mi avesse sentito il ginecologo... Ho riso tra me e me, e mi sono sentita più leggera.

«E non aver paura. Ogni età della mamma sa dare al bambino qualcosa di particolare, e il denominatore comune a tutte, di solito, è il grande amore verso il proprio figlio. Sai qual è il fatto, Antonella? Sei venuta qui a pormi una domanda bellissima, ma io non ho una risposta. La madre migliore che tu possa essere è già dentro di te. Quello che posso fare è aiutarti a scoprire qual è questo modello di mamma, poi seguirlo non sarà difficile.»

Avrei avuto tante altre domande da fare alla dottoressa, ma quella breve panoramica mi aveva già rimesso in pace con parte delle mie paure. Mi era venuta voglia di scoprire, di trovare gli strumenti per vivere al meglio la mia avventura.

Sono uscita dallo studio e la luce del pomeriggio era un manto dorato sulla città. Mi sentivo meglio, più sicura. Sono una donna abituata a fare le cose da sola, a non condividere le difficoltà, a trovare soluzioni senza chiedere aiuto. Questa volta invece scoprivo di aver bisogno dell'affetto delle persone intorno a me. Erano loro la chiave, gli specchi dove ritrovarmi. Le mie basi sicure.

Ne mancava soltanto una all'appello. La più importante.

6

La mia bambina

Ho aperto gli occhi appena, dentro di me qualcosa si era smosso, ridestandomi da un sonno profondo.

Il buio avvolgeva ancora la stanza come una coperta, non uno spiraglio di luce faceva presagire che fuori fosse giorno. Ho gettato un'occhiata all'orologio sul comodino: indicava le 4,18.

Mi sono girata sull'altro fianco e ho tirato il lenzuolo fino al collo, sperando di ripiombare in fretta tra le braccia di Morfeo.

Quando ho di nuovo sbirciato l'ora erano passati soltanto venti minuti, e nulla era cambiato. Il sonno si era dissolto ed ero insindacabilmente sveglia.

Sapevo cosa sarebbe successo: mi sarei persa in pensieri che non avevo voglia di considerare, e che mi avrebbero fatta star male. Pensieri su di me, sul futuro, su Eddy.

Con gli occhi chiusi ho tentato di svuotare la mente, ma le immagini tornavano a galla come boe, non riuscivo a mandarle a fondo.

Avrei dovuto capire che, prima o poi, i continui confronti ci avrebbero portati a un passo dal limite.

Non era mai stato un rapporto sereno e tranquillo, il nostro: avevamo due caratteri troppo diversi per non scontrarsi e le nostre personalità erano troppo forti per sottomettersi una all'altra.

Avevamo istinti differenti, le nostre strade apparivano opposte, i nostri modi di intendere la vita quasi agli antipodi. Rappresentavamo universi che, non fosse per l'amore, non sarebbero mai entrati in collisione.

Forse, quando Eddy mi ha conosciuta pensava fossi una persona diversa. Più simile a lui, in qualche modo, al suo stile di vita zingaro e ribelle, alla sua indipendenza. Appartenere al mondo dello spettacolo mi regalava un'aura che in realtà non possedevo, un colore diverso dai toni della mia vita reale. Probabilmente mi aveva immaginata come una donna impegnata, sempre in giro per l'Italia, con una festa ogni sera e un *red carpet* alla settimana. Poi era venuto a stare da me e aveva scoperto una persona che, lontano dalle luci della ribalta, viveva un'esistenza ordinaria, dai ritmi pigri, trascorrendo gran parte del tempo libero nella sua casa con amici lontani dallo *showbiz*, facendo lunghe passeggiate nel parco il sabato pomeriggio e passando le serate al cinema. La mia vita non era tutta glamour e strass, feste e anteprime, ma era densa di realtà. I miei piedi erano ben piantati a terra, i miei abiti comodi, le mie passioni ordinarie.

«Sono una persona normale che fa un lavoro straordinario» gli avevo confidato una delle prime sere. Forse allora l'aveva ritenuta una frase di circostanza, ma vivendo con me si era accorto che si trattava della realtà. Ero una donna indipendente, questo sì, ma la mia libertà doveva poggiare su certezze e affetti. Lui non doveva diventare il mio compagno di scorribande, ma uno dei miei punti fermi. Non un istigatore della reciproca indipendenza, ma il motivo per tornare a casa.

Negli ultimi mesi avevo avuto delle colpe, non potevo negarlo. La tensione e lo stress delle cure mi avevano resa più sospettosa e vigile che mai, e questo lo aveva fatto sentire probabilmente in gabbia. Più tentavo di tenerlo accanto, più si sentiva preso al guinzaglio. Più gli chiedevo, meno mi concedeva. Cercava una naturalezza nel nostro rapporto che io non riuscivo a dargli, una spontaneità che sembravo non considerare indispensabile. La mia paura, quella di perderlo in un momento così delicato, alla fine si era realizzata.

Le persone non cambiano, di questo sono sicura. Possono smussare gli angoli vivi del loro carattere, ma l'animo rimane identico. E noi eravamo animali di razza diversa. C'era questo punto, a metà strada tra noi, che avrebbe rappresentato il vero equilibrio; peccato che il nostro senso del venirci incontro si fermasse molto prima.

Le mie regole su cui non transigere erano l'altro bandolo della sua matassa, e al nodo non si arrivava mai. Troppo lontano da me e anche da lui.

Eravamo lì, uniti da un amore apparentemente

inspiegabile e divisi dalle reciproche, inespugnabili fortezze. A quel punto non era difficile capire che uno dei capisaldi che proteggeva con più strenua difesa era un presunto diritto all'eterna giovinezza.

In fondo aveva trent'anni, potevo capirlo, ma non mi capacitavo delle energie e dell'affetto con cui aveva sostenuto la mia ricerca di un figlio per poi mollare il colpo così, all'improvviso. Aveva affrontato quel durissimo percorso sognando, emozionandosi, piangendo quanto me. E poi si era allontanato proprio nel momento in cui il nostro desiderio si stava trasformando in realtà.

Io ero certa di amarlo, altrimenti non avrei potuto gettarmi in un progetto tanto importante e definitivo come quello di avere un figlio insieme. Iniziavo a chiedermi se per lui fosse lo stesso.

«Ma no, è una reazione molto comune tra gli uomini» aveva sostenuto Tiziana. «Sai quante storie del genere ho sentito? La coppia cerca un figlio e quando finalmente arriva il padre se la fa sotto e scappa. È normale, devono assorbire il colpo. Per loro si tratta di un grande cambiamento, rappresenta l'addio a quel loro beato trastullarsi da eterni bambini.»

«Hai presente Carlo, il marito di Francesca?» aveva raccontato Miriam. «Ti dico solo una cosa: un mese in Brasile!»

«Quando?»

«Quando al posto del suo tapis roulant ha trovato una culla con i pizzi. Dicono che per poco non ci restava secco, pover uomo.»

Insomma, a quanto pare era una storia già sentita, ma non per questo riuscivo a prenderla con uno spirito migliore. Incinta, avevo passato lì un'estate da sola, in compagnia del mio cane; avrebbe potuto succedermi qualsiasi cosa.

Tornare a Roma era stato difficile. Sapevo che prima o poi l'avrei incontrato. Era via per lavoro, ma presto sarebbe tornato. Le sue telefonate, alle quali avevo smesso di rispondere da un po', e il suo rimanere a suo modo presente rafforzavano delle speranze che non avevo voglia di coltivare. C'era un problema, e se non si fosse risolto sarei andata avanti da sola.

Avremmo avuto un figlio, ma non eravamo più due ragazzini e questo non ci obbligava a restare insieme. Né per convenienza né per immagine né per sacrificio o per un senso formale di famiglia. A me interessava la sostanza.

Durante quei giorni ancora bollenti avevo ricominciato a lavorare all'organizzazione del nuovo programma, vedevo le mie amiche, tornavo a casa in serata per cucinare qualcosa e riposarmi davanti a un film. Tutto procedeva come sempre. Lo smog, il caldo, il sugo della vicina, il rumore del traffico, il rimbombo dei sandali sul pianerottolo.

Ogni cosa pareva esattamente al suo posto, come se nulla avesse turbato la routine.

Quel giorno Oliver si è lanciato per il corridoio, dirigendosi verso la cesta dei giochi e tornando fiero con il suo pollo di plastica in bocca. Io ho lasciato due buste della spesa all'ingresso e ho percorso i pochi passi che mi separavano dal salotto.

Prima di tutto ho visto le scarpe da ginnastica blu. Poi i jeans, una t-shirt bianca, le braccia conserte. Alla fine mi sono soffermata sul viso. La sua espressione era indecifrabile, un misto di attesa e resa, un foglio bianco dove scrivere le mie parole di rabbia.

Spesso sono un tipo accomodante. Perdono, cancello, vado avanti. Quando metto un punto, però, è per sempre. Quello era uno di quei momenti. Dopo tutto ciò che avevo passato, ero pronta a un discorso definitivo. O dentro o fuori. Niente più vie di mezzo, non potevo permettermelo.

«Mi hai lasciata sola...» ho detto.

«Lo so.»

«... nel momento in cui dovevi restare. Nel momento in cui c'era da crescere.»

«Già.»

«Devi fare una scelta, Eddy. Se il tuo obiettivo è continuare a rincorrere la tua libertà, sentirti svincolato da qualsiasi legame, se io sono diventata l'ostacolo al tuo stile di vita, quella è la porta. Potrai vedere il bambino ogni volta che vorrai, potrai andare e venire da questa casa. Ma non possiamo più stare insieme. Se dopo tutto quello che è successo, alla vita con la tua donna e con tuo figlio, alla famiglia, preferisci ancora la vita da single, non sei l'uomo per me.»

Ha emesso soltanto un profondo sospiro. Non ha risposto né ribattuto, probabilmente colpito dalla mia sicurezza. Era evidente che non stavo scherzando, che avrei rinunciato a lui pur di non avere accanto un uomo da rincorrere e pregare.

La consapevolezza di avere un figlio dentro di me e di doverlo proteggere mi aveva resa una donna più forte. Sapevo di poter andare avanti in qualsiasi caso. Se ero sopravvissuta senza di lui nei primi tre mesi, i più delicati, avrei potuto continuare a farlo. Avevo bisogno di lui nel momento in cui mi amava; se questo veniva meno, avrei proseguito da sola. Dovevo metterlo in chiaro una volta per tutte: non avrei accettato altri tentennamenti.

«Se invece decidi di restare, Eddy, le cose devono cambiare. Sei padre adesso. Se stai con me, non devi scalpitare per andare altrove. Se vuoi far parte di questa famiglia, non devi cercare la tua realizzazione lontano da qui. Se stai con noi, dobbiamo bastare a renderti una persona felice.»

Mentre di solito le nostre discussioni erano condite da urla, lacrime, impeti rabbiosi e passionali, in questa occasione ero fredda. Le mie parole, di chirurgica precisione, erano definitive. La mia voce era ferma e decisa. Non avrei più potuto versare una lacrima.

Credo che quel discorso abbia avuto su di lui un enorme impatto. Per la prima volta da quando stavamo insieme l'ho visto preoccupato per la posta in gioco, arreso all'evidenza.

Quella notte e le seguenti, ha dormito sul divano.

Forse anche lui, come me, alle quattro di mattina fissava con occhi sbarrati il soffitto incapace di smettere di pensare, di immaginare un futuro con o senza noi. Chissà quale delle due possibilità era più attraente ai suoi occhi.

«Dagli tempo, io credo che saprà sorprenderti» aveva detto Miriam, e io una volta tanto non le avevo creduto.

«Ma ho letto le carte e...»

«No. Non voglio saperlo.»

Era una questione tra me e Eddy. Nessun altro avrebbe potuto darci consigli o parlare al nostro posto. Avevo addirittura tenuto la faccenda più segreta possibile. Non volevo voci di sottofondo né tantomeno strilli in copertina. Come al solito, però, aveva ragione lei.

Il cambiamento di Eddy è cominciato con il mio discorso ed è proseguito giorno dopo giorno. Quel divano spiegazzato sembrava nascondere ovunque sensi di colpa. Il modo in cui lo sistemava al mattino, senza lasciare tracce, o i cuscini che teneva vicino, come a sostituire un abbraccio.

Non c'è mai stato un gesto eclatante, piuttosto una lenta e costante trasformazione. Dall'uomo che aveva dimostrato di essere all'uomo che desideravo avere al mio fianco. Presente, attento, premuroso.

Le sue scuse non erano fatte di parole, ma avevano consistenza: quella del caffè al mattino, con la tavola apparecchiata e un fiore in un bicchiere; quella di una carezza sui capelli mentre gli passavo vicino; quella di uno sguardo particolare; quella delle continue domande sul mio stato d'animo.

Un giorno mi trovavo in studio a registrare una clip per *Tutti pazzi per la Tele*. Non era mai venuto a vedere le mie registrazioni, lui si occupava del suo lavoro in redazione e spesso non usciva di lì. Ero davanti alle telecamere e stavo parlando, quando l'ho scorto in penombra, dietro un operatore. Indossava uno dei suoi mille jeans e un sorriso che gli avevo visto soltanto la sera che ci eravamo conosciuti, a Marrakech. Il sorriso della conquista, della speranza, dell'innamoramento.

È rimasto lì in piedi fino a quando non ho finito di parlare e le telecamere si sono spente. I tecnici si sono allontanati e lui restava lì fermo, come se lo spettacolo non fosse concluso. È stato allora che ho compreso che, in quel momento, per lui lo spettacolo ero io. Mi sono accorta che le mie guance prendevano fuoco quando, scendendo gli scalini che ci separavano, con la voce più suadente del mondo, ha detto: «Posso portarti a cena fuori stasera?».

Ho ricambiato il sorriso e ho capito che tra noi nulla era finito.

Era tempo di ricominciare.

Quando sono tornata da Elena per un'ecografia di controllo, Eddy teneva stretta la mia mano. La crisi era lontana, e lui non aveva più paura di starci accanto, di iniziare con noi questa splendida avventura.

In sala d'aspetto c'erano altre due donne con enormi pancioni, nascoste dietro a giornali con neonati in copertina. Non appena hanno levato lo sguardo dalle riviste e notato la nostra presenza, hanno preso a fissarci curiose. Ormai eravamo usciti allo scoperto definitivamente, e tanto io quanto lui rilasciavamo interviste senza problemi, rispondevamo a chi ci domandava della gravidanza, lasciavamo che ci fotografassero all'uscita del ristorante o di una clinica. Avevamo in un certo senso fatto pace con il mondo, oltre che con noi stessi.

«Deve fare un'ecografia?» ha chiesto una delle due donne, una ragazza castana con una t-shirt verde prato.

«Già. La translucenza nucale... è così che si chiama?»

«Esatto. Io l'ho fatta un paio di mesi fa, ma ricordo ancora che è stato quello il giorno in cui ho scoperto il sesso del mio Andrea.»

«Davvero?» abbiamo esclamato in coro io e Eddy.

Non vedevamo l'ora di sapere se avremmo avuto un maschio o una femmina. Io non avevo preferenze, anche se ormai in cuor mio ero convinta che avrei avuto una bimba, Eddy invece per la sua cultura africana, che valorizza gli eredi, la continuazione della stirpe e del cognome e roba simile, tifava chiaramente per il maschio.

«Non spaventarti, non dipingerò la casa di rosa...

ma io mi sento proprio che è femmina» gli ho ripetuto all'orecchio in quella sala d'aspetto.

«Allora, ci siamo?» ha chiesto Elena affacciandosi dalla porta e guardando proprio nella nostra direzione.

Quel lettino ormai non mi faceva più paura. Mi sono sdraiata serena, pronta per lasciare a lei le redini della situazione.

Mi aveva già spiegato in cosa consistesse l'ecografia. Faceva parte di un iter di diagnosi prenatale e permetteva di valutare l'eventualità di un'anomalia cromosomica del feto o genericamente di altre anomalie congenite attraverso l'osservazione e la misurazione di alcuni parametri, primo fra tutti la quantità di liquido nucale.

Il risultato dell'ecografia, abbinato a una specifica analisi del sangue, costituiva il cosiddetto Bi-test, e consentiva di avere risultati probabilistici sulla possibilità o meno di procreare un figlio con problemi.

Nel mio caso, vista l'età, si trattava solo di un test preliminare. Avrei comunque dovuto fare l'amniocentesi, date le altissime percentuali di rischio.

Stavo per affrontare una nuova serie di esami durante i quali l'unica domanda veramente importante sarebbe stata: sarà sano?

Mentre per l'ennesima volta il gel sulla pelle mi faceva rabbrividire ho pensato che il sesso del nascituro era davvero l'ultimo dei problemi.

Di nuovo la sonda si è messa alla ricerca del bambino sulla mia pancia, spingendo, strisciando, premendo. E dopo pochi istanti, eccolo.

Lo stupore mi ha tolto il respiro: non era più un gamberetto, adesso assomigliava in tutto e per tutto a un bambino. Una testa ben formata, gambette e braccine che si muovevano, un piccolo sederino appuntito alla fine della schiena.

«È perfetto» ho sentito sussurrare a Eddy. Lo immaginavo incantato davanti a quello schermo.

«Puoi avvicinarti se vuoi» gli ha proposto Elena.

Allora si è posizionato al mio fianco e mi ha posato una mano sulla spalla. Lo spettacolo di nostro figlio era qualcosa da vivere insieme, il più vicino possibile.

La dottoressa ha preso diverse misurazioni: testa, pancia, lunghezza delle ossa.

«Attraverso questi numeri possiamo definire con discreta precisione quanto è lungo e quanto pesa il feto. Lo compariamo con la media e risaliamo al suo stadio di sviluppo» ci ha spiegato.

«Sono sicura che sarà alto... già si vede, guarda com'è slanciato» ha detto Eddy indicando l'immagine sullo schermo. Il bambino si stava come stiracchiando, per poi cambiare posizione.

«Tutto procede per il meglio» ha affermato Elena dopo aver fatto un rapido confronto con la sua tabella. «Le misure corrispondono alla dodicesima settimana di gestazione. Cresce bene!»

«Elena, per caso sapresti dirci...?»

«Il sesso, vero?»

«Quando ho iniziato era di schiena, si vedeva poco. Poi si è girato, ma aveva le gambe davanti. Adesso invece, guardate, si vede chiaramente!» ha detto sorridente.

Si vedeva chiaramente? Cosa?

«Elena, scusami ma io non capisco...»

«Guarda qui, tra le gambine.»

«Io non vedo nulla!»

«Appunto» ha detto lei ridendo.

«Elena, dai!» ha implorato Eddy impaziente.

«Non vedete nulla perché non c'è nulla: è una femminuccia!»

Il mio cuore si è fermato per un istante. Perché un conto è saperle dentro di te, le cose. Tenerle al caldo avvolte nei pensieri, immaginarle per guardarle sospese, come in una teca di cristallo perfetta e inaccessibile. Tutt'altra cosa è riscontrarle davvero, nel mondo reale. Avere davanti qualcuno che ti dice: «Ehi, sai quel sogno che custodisci? Eccolo qui, è tuo. Puoi toccarlo, accarezzarlo, viverlo. È reale, adesso».

Era lei. Era la mia bambina.

Eddy sorrideva, come ipnotizzato. Forse avrebbe preferito un maschio, l'erede della famiglia, l'ometto di casa, un piccolo se stesso con cui giocare a pallone, andare a vedere le partite e leggere storie di eroi e combattenti. Ma poi qualcosa in lui si era acceso. Ha capito che, invece di un piccolo se stesso, avrebbe avuto una piccola me. E i suoi occhi hanno preso a brillare.

Con la testa, invece, si è proiettato nel futuro più lontano.

«Una figlia...» ha detto all'uscita della clinica, come per ripeterselo di nuovo.

«La nostra bambina. Sarà bellissima.»

«È vero. E io sarò terribilmente geloso.»

«Già inizi così?» ho domandato stupita.

«Certo! Adesso che lo so, posso sguazzare nel panico da papà. Immaginala, con la mia pelle ambrata, i capelli neri e i tuoi occhi chiari. Le staranno tutti dietro, oddio. Pensa quando porterà a casa i fidanzatini.»

«Ma Eddy...»

«Pensa a quando vorrà uscire la sera e fare le tre di notte.»

«Oh be', andrai a prenderla tu!»

«A quando dirà frasi tipo: "Papà, non rompere".»

«Eddy!»

«Che c'è?»

«Rallenta! È lunga solo dieci centimetri, aspetta almeno che arrivi al metro per iniziare a preoccuparti.»

Una volta tornati a casa abbiamo iniziato a pensare a che nome le avremmo dato. L'argomento era delicato, oserei dire decisivo, ma non l'avevamo ancora esaminato così a fondo come la situazione avrebbe richiesto. Forse avevamo avuto paura a sperare, ad affezionarci troppo a una gravidanza che fino a non molto prima poteva dirsi ancora a rischio. Io ne avevo preso in considerazione qualcuno così, quasi per gioco, segnandoli con un puntino a matita sui tanti libri dei nomi che avevo ricevuto in regalo.

Poi, fino a quel giorno non ci avevo più pensato. Era stata semplicemente il *gamberetto*, un nome per ridere, un termine pronunciato con quell'affetto divertito che sa prendere qualche distanza.

«Come la chiamiamo?»

«Sai che non ci ho ancora pensato?» ha risposto Eddy.

«A me piace Emma.»

«Sì, carino, però non so se mi convince. Em-ma-Mar-tens: troppe emme!»

«Be', almeno è un nome internazionale. Con un cognome come il tuo possiamo permetterci di osare...»

«Secondo me troviamo di meglio.»

«Margherita? Che ne pensi?»

«Antico...»

Abbiamo passato la serata a sfogliare i libri. Ci siamo persi tra Giulia e Carolina, Ginevra e Alessia, Sara e Martina.

«Hanno tutti un bel significato oltre che un bel suono, ma non so. Non era questo quello che avevo in mente» ha detto lui dopo qualche ricerca.

«Potremmo provare con i nomi belgi, che ne dici?»

«Ok, vediamo su Internet.»

La ricerca ha dato subito centinaia di risultati. Abbiamo cliccato sul primo sito.

«Michelle?»

«Michelle. Michelle Martens. Mi piace che il nome abbia la stessa iniziale del cognome, lo trovo musicale e carismatico. Pensa a Marilyn Monroe, a Brigitte Bardot, a Coco Chanel.»

«Sì, ho capito. Però ripensandoci conosco un sacco di Michelle. Vorrei che il nome di mia figlia fosse più originale...»

«E questo: Margot?»

In risposta ho ottenuto una faccia che non lasciava spazio a repliche.

«Ok, ok. Morgane? Melissa? Martine?»

Gliene ho elencati almeno una ventina. Rispondevano a «troppo»: troppo snob, troppo corto, troppo lungo, troppo banale, troppo strano, conosco una che si chiama così e la odio.

«Posso tentare un'altra via?» ha chiesto.

«Certo.»

Ha digitato sul motore di ricerca: nomi+celtici.

Ma certo, come non pensarci prima? Eddy era da sempre appassionato di cultura celtica. Adorava le musiche tradizionali, quel sapore bretone delle loro tradizioni, la simbologia e le arti di quell'antica civiltà medievale che si perdeva tra le rocciose scogliere della Gran Bretagna.

L'ho visto scorrere la lista in silenzio, con sguardo attento. A volte apriva la bocca come per dire qualcosa, poi invece tornava a immergersi nella lettura del lunghissimo elenco di nomi.

Alla fine i suoi occhi si sono fermati, e si è messo a sorridere davanti allo schermo.

Quando ha alzato lo sguardo e ha pronunciato quel nome, sembrava quasi la stesse chiamando: «Maelle».

L'ha detto dolcemente, come accarezzandone le

sillabe. La voce aveva il tocco delle sue mani quando si posavano sulla mia pancia.

«Maelle» ho ripetuto io.

«Significa principessa.»

«Ha un suono molto dolce.»

«Maelle Martens. Suona bene, no?»

Aveva tutte le caratteristiche che cercavamo in un nome. Era dolce, musicale, iniziava per emme, aveva uno splendido significato. E ci ha fatto istantaneamente pensare a lei.

«Maelle» ho ripetuto ancora, accarezzandomi la pancia. «Tu sei Maelle.»

Tutto, all'improvviso, era più reale.

La nostra bambina aveva finalmente un nome.

Quando la notizia del fiocco rosa ha cominciato a trapelare anche presso giornali e media, si è verificato qualcosa di totalmente inaspettato, che mi ha travolta.

Una mattina, come ogni giorno, sono andata con la mia pancina di ormai cinque mesi agli studi della *Prova del Cuoco*. Con calma ho salutato i colleghi, sono entrata nel mio camerino e ho guardato un po' storto Diletta, un'assistente che lavorava con noi da poco. A dir poco affannata, aveva gli occhi sgranati e si sbracciava indicando il corridoio.

«Antonella, tu non hai idea!» ha quasi gridato.

«Di cosa?»

«Si sono scatenati!»

«Ma chi?»

«Vieni a vedere.»

Mi ha presa per mano e condotta di corsa verso un camerino fino a quel momento inutilizzato che si trovava un paio di porte oltre il mio.

«Abbiamo dovuto usare questo, nel tuo non sarebbero entrati.»

Non dimenticherò mai quello che mi sono trovata davanti aprendo quella porta. La stanza era piena fino al soffitto di pacchi e pacchetti; enormi scatole colorate ma anche bustine bianche, e contenitori di ogni forma e colore.

«Guarda che hanno combinato i tuoi fan!»

«Sono tutti per me?»

«Eh già.»

Sapevo che tanta gente mi seguiva con costanza e affetto, e che per molti di loro ero diventata una compagna quotidiana, una specie di amica lontana che rallegrava le mattinate e portava loro un sorriso. La simpatia che suscitavo era evidente da lettere ed e-mail di complimenti e incoraggiamento che quotidianamente arrivavano in redazione. Nonostante questo, sono rimasta a bocca aperta davanti a quella manifestazione di affetto tanto plateale.

«Perché non li apri?» ha domandato Monica, che si era fermata alla vista di quel mare di regali.

«Ha ragione: inizia a scartarli, non riuscirai mai a portare a casa tutte quelle scatole.»

Così ho condotto la puntata del giorno, poi mi sono fermata assieme a loro nella stanza dei pacchetti.

Il primo che ho aperto era piccolissimo, con un fiocco bianco intorno. Ne ho tirato fuori delle scarpine fatte a mano, tutte rosa, con un nastro di raso di tonalità più chiara.

«Sono bellissime» ho sussurrato.

Dentro c'era anche un bigliettino. Una nonna, che mi seguiva sempre, aveva sferruzzato quelle scarpine per la mia bambina. Mi sono sentita sciogliere, ero commossa. Una persona che non conoscevo e che probabilmente non avrei mai incontrato di persona in tutta la mia vita aveva fatto tanto per me.

Me la immaginavo, questa signora anziana, leggere su un giornale della mia bimba e poi uscire, andare a comprare la lana, lavorarla magari la sera davanti alla tv, chiedere al marito: «Ti piacciono?», poi aggiungere il fiocco, fare il pacchetto, recarsi alla posta per spedirlo. Tutto per me, tutto senza avere niente in cambio. Per puro e semplice affetto.

Le persone sanno essere meravigliose.

Avrei avuto voglia di averla lì davanti, questa nonnina. Abbracciarla forte e dirle grazie.

A lei, come alle altre centinaia di persone che mi avevano mandato quei regali.

C'erano bavaglini ricamati a mano, che portavano scritte del tipo: «Oggi cucino io!», «Com'è buona la pappa della mamma!», «Come cucina la mia mamma non cucina nessuno!». Altri con auguri speciali o animaletti dai colori pastello. Oggetti splendidi, realizzati con cura e impegno. Mi sentivo improvvisamente circondata da un amore e un sostegno che mi imbarazzavano, che forse non meritavo.

Chi ero in fondo, io? Che cosa facevo per loro? Se fino ad allora avevo pensato di essere stata capace di strappare giusto un sorriso, in quel momento mi sono resa conto che per tanti rappresentavo un'amica, ero compagnia, calore umano. Lo stesso che mi tornava, centuplicato, tramite quei regali.

«Guarda qui!» ha detto Monica sollevando davanti ai miei occhi un minuscolo golfino di lana. Ho toccato quei bottoncini, l'ho immaginato addosso a mia figlia, ho letto il biglietto della signora che lo aveva realizzato per me. Come gli altri, erano parole di enorme affetto, gentilezza, umanità. La mia bambina era amata prima ancora di nascere.

Fra tutti quei regali bellissimi c'erano abitini, giocattoli, peluche, sonaglietti, portaciucci, copertine, camicine della fortuna.

Quella sera, quando sono tornata a casa, ho portato con me i primi doni. Ci ho messo una settimana a portarli via tutti, e ogni giorno ne arrivavano di nuovi.

Oltre a regali per la mia bambina, c'erano anche prodotti locali da assaggiare per me. «Adesso che sei incinta devi mangiare solo cose buone!» recitavano alcuni biglietti.

Ero lusingata per ogni dono, lettera, messaggio che ricevevo. Mi svegliavo con il sorriso provando a indovinare che cosa sarebbe arrivato quel giorno, e accompagnato da quali frasi: i biglietti costituivano per me sempre la parte migliore del regalo. Le parole dei miei fan mi incoraggiavano, mi spronavano ad andare avanti, mi chiedevano di non smettere mai di lottare per i miei desideri.

Le loro parole erano la mia energia. Mi sentivo come se quella figlia fosse un po' anche di tutti loro, attesa a Nord e a Sud con lo stesso incondizionato amore.

Sono tornata dal ginecologo con un'espressione beata e un nome sulla punta della lingua: «Maelle! È una femmina, e si chiamerà Maelle!».

«Avete scelto un bellissimo nome» ha esclamato Antonio.

«Vero? Adesso dobbiamo appurare che sia tutto ok, giusto?»

La visita è stata più lunga della volta precedente, il dottore ha controllato lo stato del mio utero e le misure del feto rilevate dall'ecografia.

«Tutto procede bene. La bambina cresce e l'esito delle tue analisi è positivo» ha abbozzato il ginecologo. «Ma adesso è il momento di parlare di indagini prenatali più serie. Hai già fatto il Bi-test con Elena e il risultato è buono, ma come ben sai si tratta di percentuali, di probabilità che, per quanto buone, alla tua età non ci tolgono ogni dubbio. Per essere sicuri al cento per cento che non ci siano anomalie cromosomiche l'unica soluzione è fare un'amniocentesi.»

«Ne ho sempre sentito parlare ma non ho realmente idea di cosa sia.»

«Attraverso un ago molto sottile aspiriamo una piccola quantità di liquido amniotico che contiene le cellule di tua figlia e pertanto i suoi cromosomi, il suo dna, insomma. Analizzandolo possiamo evidenziare eventuali patologie cromosomiche e genetiche, parlo della sindrome di Down ma anche di tante altre malattie.»

«La fanno molte donne?»

«Non tutte, dipende dall'età ovviamente. Dopo i trentacinque anni di età è fortemente consigliata, tanto che è a carico del Servizio sanitario nazionale.»

«Non lo sapevo. Che percentuali ho di avere un bambino con problemi?»

«Prendiamo come esempio la sindrome di Down. Una donna di venticinque anni ha una possibilità su mille e trecento di avere un figlio con problemi del genere. Una donna della tua età ne ha una su cinquanta. E chiaramente esistono altre patologie. Pensiamo alle altre trisomie e a patologie genetiche indipendentemente dall'età materna, come la sordità congenita, la fibrosi cistica, la distrofia muscolare o la sindrome dell'X fragile.»

La notizia mi ha turbato. Ero a conoscenza dei rischi ma non immaginavo fossero tanto elevati. Per un attimo non ho saputo cosa dire. Mi ero sempre immaginata una bimba sana, uguale a tutti gli altri, e ora ero colta dal dubbio che potesse non essere così. Quelle non erano le percentuali lette su Internet che qualche amica si affrettava a sdrammatizzare. Lì davanti c'era il mio medico, era lui a elencarle.

«So che è un esame un po' pericoloso...» ho detto alla fine.

«Non è esente da rischi, l'ago può portare germi dall'esterno fino al sacco amniotico, provocando un'infezione. Oppure lo stesso sacco può lacerarsi a seguito del prelievo. Però, Antonella, si tratta di casi molto rari. Siamo sotto all'un per cento di probabilità.»

Ok, eravamo sotto all'un per cento. Anzi, tra lo 0,5 e lo 0,7 per cento, avrebbe detto poi. Io me la stavo facendo sotto ugualmente. Tutta quella fatica per rimanere incinta, tutto quel su e giù di delusioni ed emozioni, per poi essere costretta a scegliere tra il rischio di portare in grembo una bambina con gravi problemi e l'esporla al pericolo dell'amniocentesi. In realtà non avevo molta scelta. Uno per cento era di sicuro un rischio minore di uno su cinquanta, questa era matematica.

«Tu cosa mi consigli?» ho chiesto al ginecologo.

«Di farla» ha detto sereno.

Ho annuito: «Mi fido di te».

Non avrei dovuto parlarne in giro. C'erano le fan dell'amniocentesi, è vero, ma venivano fuori anche tutte quelle storie dell'amica di un'amica che aveva perso il bambino proprio a seguito di quell'esame. Io andavo avanti cercando di non ascoltarle, seguendo i consigli del mio medico e il mio buonsenso. Uno su cinquanta, mi ripetevo. Non era proprio possibile che il destino mi avesse fatto un regalo tanto grande e insperato per poi riprenderselo. Ero e avrei continuato a essere positiva, colma di fiducia, ma sentivo ugualmente l'urgenza di fare quell'analisi.

Eddy era d'accordo con me.

«Guardala diversamente: hai oltre il novantanove per cento di possibilità che vada tutto benissimo» mi diceva quando notava che ammutolivo perdendomi in dubbi e pensieri.

Il giorno dell'amniocentesi tremavo. Il mio ottimismo latente mi impediva di andare nel panico, ma era impossibile non provare un minimo di tensione nel vedere gli attrezzi del mestiere pronti su un carrello accanto al lettino bianco. Una grande bottiglia di disinfettante, l'ago, garze, guanti e altri oggetti non meglio identificati, materiali sterili imbustati, e il grande ecografo che mandava un sibilo continuo...

Antonio mi ha fatto sdraiare e la sua assistente si è messa alla ricerca della bambina con la sonda.

«Eccoci qui.»

Era ancora più grande dell'ultima volta che l'avevo vista. Quello che più di tutto mi ha colpito è stata la scioltezza dei movimenti. Nella scorsa ecografia quasi inesistenti e adesso netti, evidenti, come una piccola persona. Ho notato le manine avvicinarsi al viso, come ad accarezzarsi, poi i suoi fianchi ruotare velocemente per cambiare posizione. I sentimenti che provavo per quella bambina dentro di me erano ancora nebulosi, ma fortissimi.

«Andrà tutto bene» mi sono ripetuta.

«Sentirai un pizzico, durerà qualche istante» mi ha avvertito il ginecologo dopo avermi disinfettato la pancia con del liquido rosso.

L'ago era sottile ma lunghissimo, e quel bruciore mi è sembrato parecchio diverso dagli altri mille prelievi fatti in vita mia. Si sentiva che stavano andando molto a fondo, si capiva che quella punta metallica toccava parti di me mai state raggiunte prima di allora. Un'invasione in piena regola. "Maelle, piccola, non ti farà del male," pensavo. Ci sono qui io, non succederà niente. Intanto tenevo gli occhi chiusi e il respiro sospeso. Forse la mia mente ha lambito qualche preghiera, o forse ho soltanto fatto appello alle forze che mi avevano condotto fin lì. Destino. Caso. Determinazione. Amore. Non può andar male proprio adesso, continuavo a ripetermi.

L'assistente controllava che la bambina stesse dal lato giusto mentre, sul fronte opposto, l'ago penetrava di qualche centimetro nel mio liquido amniotico, giusto il tempo di prelevarne un po'. Si riusciva perfino a vedere in ecografia. Una linea bianca, dritta e ferma, che procedeva inesorabile in direzione della bambina, fermandosi a qualche centimetro da lei.

«Non si preoccupi. La teniamo sotto controllo questa piccolina» ha tentato di tranquillizzarmi l'assistente passando con lo sguardo dal mio volto alla sonda, quindi allo schermo.

«Abbiamo quasi finito, Antonella» mi ha avvisato il ginecologo poco prima di estrarre l'ago e tamponare il buchino con dell'altro disinfettante.

In mano aveva una provetta stretta e lunga con del liquido giallo chiaro.

«È quello il mio liquido amniotico?» ho chiesto.

«Sì. Ha un ottimo colore» ha risposto lui, sorridendo.

«Come sta la bambina?» ho domandato all'assistente, che stava ancora controllando Maelle con la sonda.

«Tutto a posto. La ricontrolliamo tra mezz'ora per sicurezza.»

Sono uscita dallo studio un'ora più tardi, rassicurata e con indicazioni molto dettagliate da seguire. Avrei dovuto passare due o tre giorni tra letto e divano, senza compiere il minimo sforzo. Al quarto giorno potevo alzarmi ma fare il minimo indispensabile. Uscire di casa era consentito solo dopo il quinto o sesto giorno, quando ormai i rischi derivanti da eventuali contrazioni dell'utero potevano considerarsi scongiurati.

I risultati sarebbero stati pronti dopo circa quindici giorni. Le due settimane più lunghe della mia gravidanza.

Stare a letto a poltrire il primo giorno è stato quasi piacevole. Eddy mi aveva portato un paio di dvd e una scorta di giornali, e poi avevo un libro da terminare e qualche e-mail a cui rispondere. Il secondo giorno ero già in preda alla smania di alzarmi in piedi, ma non potevo correre rischi inutili. Il terzo mi sono tuffata nel romanzo che avevo sul comodino da sei mesi e che ho divorato in un pomeriggio. Ne sono uscita stordita come dopo un film di tre ore e mezza al cinema. Non ero abituata a tutto quel riposo, alla noia imposta. Mi sentivo in una gabbia ovattata. Comoda e sicura per la mia piccola, un po' stretta per me. Per fortuna dovevo resistere solo qualche giorno ancora.

Mi ero organizzata per registrare le puntate della *Prova del Cuoco* in anticipo di qualche giorno, perciò potevo permettermi di mancare dagli studi per l'intera settimana.

Il quinto giorno, finalmente, ho iniziato a ricevere visite.

Tiziana si è presentata con una decina di riviste diverse sulla maternità. Alcune parlavano della gravidanza, altre del bambino, altre ancora erano dedicate alla mamma. Erano accomunate dalla parola «genitore» e da una quantità imbarazzante di pubblicità.

«Ora ti interrogo» ha detto lei.

«Scusa?»

«Devo sapere quanto sei preparata sul tema.»

«Ti deluderò, ne so molto poco.»

«Adesso vedremo. Se ti dico trio a cosa pensi?»

«Boh. Una band?»

«Risposta sbagliata! È una combinazione di passeggino, carrozzina e ovetto.»

«Aaah» le ho risposto, poi dopo averci pensato un attimo le ho domandato: «Scusa, e che cos'è l'ovetto?».

«Ma sei un caso disperato!» si è lamentata indicandomi una specie di seggiolino dalle forme aerodinamiche. Accidenti, mentre io ero impegnata in altre faccende, le aziende per bambini dovevano aver assunto qualcuno della Nasa.

«Passiamo alla domanda successiva: cosa ti serve per cambiare un neonato?»

«Questo lo sanno tutti: il fasciatoio.»

«E poi?»

«Fammi pensare... le salviettine e la crema. Ecco, è tutto. Hai visto, non sono poi così impreparata.»

«Ti voglio proprio vedere mentre cambi tua figlia sul fasciatoio con salviette e cremina, *senza* pannolini!»

«Ah già, i pannolini.»

Nella consapevolezza di non aver la minima preparazione pratica in materia, ho cominciato a fare sondaggi tra amiche, conoscenti e mamme di passaggio. Ognuna pareva avere qualche ottimo consiglio da dispensarmi. Avere avuto figli le rendeva in qualche modo sagge ed esperte, o almeno così volevano farmi credere.

«L'olio alla vitamina E per il massaggino è essenziale!» aveva dichiarato qualcuna.

«Prendi la crema alla calendula, è ottima per gli arrossamenti da pannolino» mi aveva suggerito un'altra.

«Mi raccomando, comprale la sdraietta così non sta sempre in carrozzina.»

Sdraietta. Vitamina E. Crema alla calendula. E

poi mille altri aggeggi piuttosto strani. Non avrei mai sospettato che ponendo una sola domanda potessi scoperchiare il vaso di Pandora dello shopping prenatale.

Era sufficiente esprimere un unico, semplice dubbio per venire sommersi dai consigli più disparati e discordanti. Dai sostenitori di questa o quell'altra marca alla lotta tra pannolini usa e getta e lavabili, alla dura scelta di culla, lettino e vari mezzi di trasporto.

Le già-madri sembravano parlare una lingua tutta loro fatta di termini a me sconosciuti. Ossido di zinco, sudamina, ragadi, sacco-nanna, crosta lattea, amido di riso. Le seguivo con qualche perplessità e ogni tanto mi perdevo, dovevo chiedere spiegazioni.

«Scusa, ma la navicella cos'è?»

«È quella che nel trio va insieme con l'ovetto e il passeggino, dai. Come la chiami tu, *carrozzina*?»

«Be', sì.»

«Carrozzina è quando si muove, navicella è quando la stacchi dalle ruote.»

Ehi, fermi tutti: dov'era il manuale per neofite? La guida agli acquisti consapevoli, un po' meno contraddittori? Ognuna aveva da dire la sua, e ascoltando tutte quelle campane orientarsi diventava impossibile.

È stato un bel passatempo con cui riempire il tempo in attesa della telefonata che avrebbe confermato quello che in cuore mio già sapevo: Maelle stava bene, l'amniocentesi non aveva rilevato anomalie.

Il cuore, all'improvviso, era un palloncino che volava in alto.

Durante i mesi dei tentativi mi ero chiesta tante e tante volte come sarebbe stato essere incinta. Psicologicamente, ma anche fisicamente. Nei primi mesi l'addome era ancora piatto e ogni dettaglio rimaneva una fantasia proiettata nel futuro. Sentivo Maelle nei miei pensieri, ero consapevole della sua esistenza, ma le uniche prove certe rimanevano delle immagini in bianco e nero, con quell'adorato gamberetto in primo piano. Adesso invece la pancia aveva iniziato a prendere una forma evidente.

I cambiamenti sul mio corpo erano chiari a tutti, mentre quelli sulla mia personalità venivano notati soltanto da chi mi stava accanto. Alcune cose hanno cominciato improvvisamente a piacermi, come i sottaceti, mai mangiati prima, o il colore giallo, mai considerato. Altre cose invece hanno preso a infastidirmi. È stato il caso dei film che raccontavano storie esageratamen e tragiche – magari con bambini protagonisti. Inoltre ho iniziato ad avere un'avversione per il sangue: non riuscivo più a fare le analisi senza serrare ermeticamente gli occhi dall'inizio alla fine; non potevo soffrire pellicole con sparatorie, pestaggi o immagini di sale operatorie; mi dava fastidio vedere nei piatti altrui le bistecche al sangue. Chissà poi perché. Era come se cercassi delicatezza, in tutto e per tutto. Il sangue rappresentava una crudezza che in quel momento non mi apparteneva.

Una sera ci siamo ritrovati in cinque, io, Eddy e tre amici, in un grande multisala del centro.

«Vogliamo assolutamente andare a vedere questo!» hanno esclamato Eddy e gli altri due uomini della compagnia. Nemmeno a dirlo, si trattava di un film di guerra. Ferite, pallottole e morti ammazzati ovunque.

«No, vi prego» li ho supplicati con il terrore negli occhi.

«Antonella, neppure a me piace. Noi andiamo a vedere quest'altro, dai. Inizia e finisce alla stessa ora» ha proposto Monica, che quella sera si era unita a noi.

Ho dato un'occhiata al cartellone che indicava e ho subito accettato. Ancora non potevo saperlo, ma stavamo andando a vedere quella che sarebbe diventata una delle pietre miliari della mia gravidanza: *Mamma Mia!*, il musical con Meryl Streep.

Ora, a parte il fatto che ho sempre adorato gli Abba, ragion per cui ritrovare le loro musiche in un film mi metteva già di buonumore, ma è stata anche e soprattutto la storia ad avermi appassionato. Una favola moderna che parla di maternità, allegria, imprevisti della vita e amore.

Sulle note di *Dancing Queen*, mentre la protagonista ballava e saltava sul letto assieme alle sue amiche del cuore, ho rivisto me adolescente, ma ho anche immaginato mia figlia a diciassette anni. I suoi primi amori, le prime nottate sotto le stelle, la musica che ricorderà per tutta la vita, quel senso di onnipotenza e libertà che si prova quando si è molto giovani. Seguendo le vicende di questa madre e questa figlia, legate da un sentimento tanto assoluto, non ho potuto non rendermi conto che presto sarebbe successo anche a me. La mia strada era tracciata, la vita stava per trasformarsi in un meraviglioso viaggio tra ricordi e sentimenti, crescita e legami, abbracci e addii. Mia figlia sarebbe cresciuta dentro di me, poi con me, e prima o poi avrei dovuto lasciarla andare proprio come fa la protagonista del film.

Guardandolo mi è tornato in mente un verso di una splendida poesia di Gibran, che parla di come i figli in realtà non ci appartengano, nonostante li chiamiamo «nostri».

Saranno stati quei pensieri o la colonna sonora, la suggestiva ambientazione nelle isole greche o forse la leggerezza con la quale quei sentimenti così profondi venivano raccontati. Probabilmente saranno stati gli ormoni, ma ho avuto le lacrime agli occhi dall'inizio alla fine della pellicola.

Il giorno dopo Monica si è presentata con un pacchetto dall'inequivocabile forma quadrata.

«Vedrai che alla piccola piacerà» ha detto.

Mi ha regalato il cd con le musiche del film, che da quel momento ha accompagnato la mia gravidanza fino al termine. Schiacciavo il tasto play e come per magia l'euforia e la dolcezza di quelle canzoni mi mettevano di buonumore.

«Senti, piccolina. Questi sono gli Abba, alla

mamma piacciono molto. Adesso li balli nella pancia, ma presto uscirai fuori e ci divertiremo insieme.»

Quando non erano le note di *Mamma Mia* o di *Super Trouper* a farmi cantare, ci pensavano le canzoncine della *Prova del Cuoco*. Non davo retta a quelli che mi consigliavano Mozart e Beethoven: non li avevo mai ascoltati, perché avrei dovuto iniziare proprio ora?

Le tagliatelle di nonna Pina e *Il coccodrillo come fa* erano ormai un must e mi sembravano molto più adatte a comunicare con la mia bambina. Ascoltandole avevo l'impressione di anticipare a Maelle i suoi primi anni tra giochi, colori e allegria, ma anche la mia personalità solare e piena di vitalità.

Collezionavo oggetti, suoni, luoghi, per farli vivere nel nostro futuro insieme. In questo modo la sentivo più vicina.

«Ok, bella questa storia del sentirla vicina e tutto il resto, ma parliamoci chiaro: i calcetti, quelli li senti?»

Miriam come al solito era stata molto diretta. No, io i calcetti ancora non li sentivo ed ero alla fine del quinto mese!

Avevo contattato allarmata il dottore che mi aveva fatto un'ecografia di controllo, ma tutto risultava nella norma. La bambina stava bene e vista nella pancia si muoveva eccome. A me però, di tutto il suo cancan, non arrivava proprio nulla.

«Ma dico io, questa povera bambina sta facendo

il Circo Togni là dentro, e tu non ti accorgi di niente? Ma la stai a sentire?»

«Ogni tanto mi fermo e aspetto, quello sì. Magari do qualche colpetto alla pancia, cambio posizione, ma non succede mai niente...»

«Sei sensibile come un elefante, eh?»

«Piano con le parole.»

«Già, povero elefante.»

Nonostante l'ironia di parenti e amici, iniziavo a farmi delle domande. Possibile che fossi così poco sensibile ai movimenti di mia figlia dentro di me? Avevo forse qualche problema? Ho cominciato a porre la stessa domanda a tutte le donne incinte che incontravo. Le osservavo, indovinavo dalle dimensioni della pancia il mese in cui si trovavano e poi senza troppi preamboli chiedevo: «Ma tu senti già i calcetti?».

Le risposte erano molto diverse tra loro, ma anche lontane da quello che accadeva a me o, meglio, che *non* accadeva.

«Io la mia l'ho sentita prestissimo. All'inizio non avevo capito che fosse lei, era come un battito d'ali, un fruscio leggero...» diceva una.

«I calcetti del mio piccolo sembravano bolle. Bollicine frizzanti, sai, come quando stappi l'acqua minerale.»

Nel mio caso non si verificava nulla del genere. Com'era possibile?

«Eddy, non sento niente» gli ho confidato una sera.

«Rilassati» mi ha consigliato, senza concedermi troppa attenzione.

«Come rilassati? Sono quasi al sesto mese e non ho ancora sentito nemmeno un calcetto!»

«Rilassati» ha ripetuto con un sorriso tranquillizzante dipinto in volto.

«Ok, allora ordina due pizze mentre io mi rilasso invece di cucinare.»

E l'ho fatto davvero.

Mi sono tolta le scarpe e sdraiata sul divano a guardare il tg della sera. È stato verso la fine che mi sono sentita strana: la pancia, che in piedi era un bel meloncino teso, da sdraiata appariva morbida e piatta. E c'era inequivocabilmente qualcosa di strano.

È stato un attimo. Ho sentito come se un gruppo di farfalle impazzite stesse turbinando dentro di me, proprio sotto l'ombelico.

Possibile che? No, forse era semplicemente lo stomaco che gorgogliava per la fame.

«Eddy, hai ordinato le pizze?» ho domandato.

«Due margherite tra un quarto d'ora» ha risposto dalla cucina.

Rieccolo. Un respiro, e poi le farfalle. Ho portato le mani alla pancia, istintivamente, e l'ho sentita. Non erano farfalle, era la mia bambina che riusciva a increspare anche la mia pelle, a far vibrare le mie dita.

«Quando suonano puoi apri... che hai Antonella? Sembra che tu abbia visto la Madonna.»

«Si muove! Eddy, l'ho sentita! Maelle si muove! Vieni qui a sentire.»

Ha messo subito una mano al posto della mia.

«Aspetta eh, un attimo e si muoverà di nuovo.»

Eddy si è seduto per terra accanto a me e ha appoggiato tutte e cinque le dita sotto il mio ombelico. Silenzio tombale. Dopo qualche minuto ha rinunciato togliendo la mano. Come la pressione sulla mia pancia si è allentata, la bambina ha ricominciato a muoversi.

«Aaaaah! Torna qui, torna qui, si muove!» ho gridato.

Ma non appena la sua mano ha ripreso posizione, di nuovo Maelle si è bloccata come una statua di sale.

«Chi è che mi prende in giro, tu o lei?» ha chiesto Eddy.

«Ma si muoveva!»

«Ci credo, ci credo!»

«Hai visto, alla fine...»

«Alla fine, come al solito, avevo ragione io. Te l'avevo detto che dovevi rilassarti.»

Non gli pareva vero di aver azzeccato il consiglio. Se ne andava in giro per casa tronfio e orgoglioso, l'avrebbe raccontato a tutti.

Abbiamo ripetuto questo teatrino per un numero interminabile di volte, quella sera e nei giorni seguenti. Maelle sembrava davvero prendere in giro il papà, giocare a «un, due, tre stella» ogni volta che sentiva il tocco della sua mano.

Io, invece, da quella sera ho continuato a sentirla sempre più chiaramente.

Il suo momento di maggior attività era durante

la notte. Ogni tanto era talmente agitata da svegliarmi. Io imparavo ad ascoltarla e immaginavo cosa stesse facendo: una serie di calcetti, una capriola, il battito delle manine nella sua bolla d'acqua, girare su se stessa nel tentativo di trovare una posizione più comoda.

In quei momenti ero tentata di svegliare Eddy, poi percepivo il suo respiro profondo e cambiavo idea.

Stava quasi per rinunciare a sentire i calcetti quando, un giorno, ha avuto inizio un repertorio movimentatissimo.

«Corri, vieni qui!»

Eddy è arrivato con lo sguardo di chi ormai non ci crede più, e ha posato la mano sulla pancia.

L'ho sentito dentro, ma l'ho letto ancor prima nel suo sguardo, incredulo e un po' impressionato.

«Eh sì, è lei» ho detto.

Maelle si era finalmente fatta sentire anche dal suo papà.

I cambiamenti erano fisici, mentali e pratici. Con la pancia che cresceva, i vestiti cominciavano a starmi stretti e le perplessità a farsi strada. Mi chiedevo se, con un corpo che tende alle curve, mi sarei trasformata in una di quelle balenottere che in gravidanza prendono trenta chili e si spiaggiano definitivamente sul divano. Non volevo arrendermi a un'attesa fatta di mal di reni e piedi gonfi. Cercavo di vestirmi bene e di essere sempre presentabile. La moda del periodo, a strati e con maglioni lunghi fino al ginocchio, mi aiutava parecchio. Adoravo indossare i leggings neri dentro agli stivali bassi, un maglione caldo, un bel poncho sopra e via, incinta ma sempre carina. Nonostante le mie paure rimanevo piuttosto proporzionata. Certo, sembravo una di quelle bamboline della fertilità con un seno enorme e la pancia tonda, ma tutto sommato l'immagine che lo specchio mi rimandava era ancora quella di una donna piacevolmente radiosa, a proprio agio nella sua pelle.

Mi sono curata molto in quel periodo. Non so se lo facessi per rispetto a mia figlia, per essere «un bell'involucro» e farle indirettamente sapere che la mamma si prendeva cura di entrambe, ma avevo un istinto di gratitudine verso il mio corpo. Se aveva collaborato tanto, permettendomi infine di realizzare il mio sogno, trattarlo bene era il minimo ringraziamento che potessi rendergli.

Mattina e sera non mancavo mai di ungermi completamente di olio alle mandorle, quello che mi avevano consigliato per elasticizzare la pelle e scongiurare le odiate smagliature.

«Il grasso se ne va, quelle restano» diceva sempre Tiziana, che mi aveva regalato il primo flacone.

Con i capelli non dovevo impegnarmi molto, continuavano a crescere lucidi e forti e, al contrario di tanti periodi in cui i miei ricci erano crespi e ingestibili, questa volta erano definiti e morbidi, quando mi pettinavo mi sentivo come nelle pubblicità dello shampoo.

«Stai benissimo» mi dicevano, e non mi affannavo a schernirmi perché mi sentivo davvero bella nonostante i chili di troppo e la pancia prominente. Affascinante come in vita mia non ero mai stata, neppure da giovane. Ero sicura di me e risplendevo di quella luce che solo la felicità interiore sa darti. Ero al massimo delle mie possibilità.

Inutile dire che amici e colleghi non erano gli unici ad avere notato il cambiamento. A Eddy brillavano gli occhi nel vedermi così serena. Io, dal canto mio, sperimentavo una sensazione a dir poco curiosa.

«Miriam, parliamone un attimo. Tu per caso ti ricordi come ti sentivi in gravidanza?»

«Gonfia, stanca. Con un po' di sciatica.»

«Del sesso ti ricordi niente?»

«Un maschio e una femmina.»

«Intendo, il sesso tra te e tuo marito.»

«Ah, quello. Mmm, fammici pensare bene, è passato tanto di quel tempo...»

Si è fermata un attimo, come per acchiappare un ricordo per la coda, poi ha strabuzzato gli occhi e ha esclamato: «Adesso ricordo! Ninfomania allo stato puro!».

Mi sono sentita piuttosto sollevata. Allora non ero l'unica con una carica ormonale da far invidia a un'adolescente! Il sesso era diventato una specie di chiodo fisso. Non dico che aspettassi Eddy al varco ogni sera, ma quasi.

La notte poi, un vero tormento.

«Chi era stanotte?» chiedeva Monica ogni mattina.

«Di nuovo Banderas» rispondevo con un sospiro.

I sogni erano così intensi che a volte svegliavo Eddy.

«Non so come dirtelo, ma qui o tu o Banderas...» gli dicevo.

Lui se la rideva e, nemmeno a dirlo, era ben felice di assecondarmi.

Credo di non aver mai vissuto un periodo felice come quello del mio secondo trimestre di gravidanza. Ero raggiante, serena e vivevo una sorta di luna di miele con il mio compagno. Non potevo davvero chiedere di più.

Iniziavo a sbirciare nelle vetrine culle e mobili, a studiare spazi in casa dove avrei potuto ricavare una zona nanna, o un angolo fasciatoio. Non volevo una stanza color confetto, ma un pochino di quel colore mi metteva allegria, mi ricordava di quando ero piccola io e condividevo la stanza con mia sorella. La carta da parati della nostra cameretta era di un bel rosa pallido, rendeva l'atmosfera delicata e giocosa.

Mi rendevo conto che il pensiero di una bambina richiamava immediatamente l'immagine della mia famiglia. Io e mia sorella: due figlie. Tre donne in tutto con mia madre. Una sorta di clan femminile che trovava nel papà solo un affettuoso testimone.

Chissà come sarebbe stata Maelle. Non pensavo alle sembianze, piuttosto al carattere.

Avrebbe avuto la mia indole solare o gli sbalzi di

umore di Eddy? La sua totale indipendenza o la mia stessa ricerca di punti fermi, del calore di casa? Avrei saputo essere un buon esempio per lei?

«Una cosa è certa, se vuole fare le quattro in discoteca il padre non può dire proprio niente!»

«Ma no dai, prenderà da me. Pizza e cinema!»

«Ti piacerebbe...»

«Miriam, è tutto il giorno che stiamo in casa. Non ti va di fare due passi?»

«Due passi? Nelle tue condizioni? Non fa un po' freschino?»

«E allora?»

«Devi riposarti!»

Ecco: *riposati* era diventato una specie di motto per le mie amiche. Qualsiasi cosa io decidessi di fare, il commento era sempre lo stesso. Volevo fare un giro di shopping? Ma dai, *non devi stressarti!* Avevo voglia di un weekend fuori? Ma sei matta, *resta a casa*! Vi invito a cena? Ma *non puoi* metterti a cucinare!

Sentirsi protetta era lusinghiero, ogni tanto anche divertente, ma il più delle volte un po' ridicolo. In fondo il mondo era pieno di donne in dolce attesa, e tutte o quasi conducevano la stessa vita di prima. Anzi, all'improvviso mi sembrava di vedere molti più pancioni, o forse era solo un'impressione. Durante i mesi delle cure probabilmente avevo sviluppato un'inconscia refrattarietà al notare donne in gravidanza e passeggini, adesso invece sembravano sbucare ovunque come funghi.

Ad altre due colleghe che si erano scoperte incinte più o meno nel mio stesso periodo, se n'era aggiunta una terza. Non facevamo altro che parlare di ecografie, analisi, uteri e bambini. Confrontarsi era istintivo: l'arrivo o meno delle nausee, le dimensioni della pancia, il peso stimato del bambino, il sesso. Tutto era motivo di un instancabile dialogo che iniziava al mattino, proseguiva durante le pause del lavoro e si concludeva solo quando ci dividevamo per tornare a casa.

Non che poi smettessimo di parlarne. Ho velocemente scoperto che l'argomento di una donna incinta è unico e insindacabile: si parla della sua pancia e del suo bambino. Non c'è altro tema che tenga.

Il secondo incontro con la psicologa era previsto a giorni. Questa volta non avevo una domanda ben precisa, desideravo soltanto parlare e lasciare che, visti da fuori, i miei pensieri raccontassero qualcosa del mio confuso stato d'animo.

Ho preso posto sulla poltrona nera con attenzione; la mia pancina già prominente andava accomodata con cura. La dottoressa l'ha guardata con occhi dolci.

«È una bambina. Si chiamerà Maelle» l'ho subito informata come avevo fatto in precedenza con il ginecologo.

«Come ti fa sentire questa cosa?»

«Immensamente felice, senza ombra di dubbio. Mi fa pensare a quando ero piccola io, a come giocavo, alle cose che facevo, alla mia famiglia e al modo in cui sono cresciuta.»

«Cosa ricordi di quel periodo?» mi ha domandato, invitandomi a guardarmi indietro, a ricordare. Diceva che avere una femmina è come mettersi davanti a uno specchio che rifletteva la bambina che ero stata, l'infanzia che avevo vissuto, il mio rapporto con la mamma.

All'improvviso sono stata sommersa dai ricordi. Il sapore della mia infanzia è tornato alla mia mente con un gusto dolceamaro, quello della nostalgia.

Mia madre ci aveva fatto vivere i nostri primi anni in modo bellissimo, creando un'atmosfera ricca di amore e allegria, ma anche di ordine e di quell'equilibrio mentale che mi sarei portata dietro negli anni a venire, che avrebbe dato un'impronta al mio carattere. Ho descritto alla dottoressa immagini di una serenità e spensieratezza incredibili. Istantanee di un paese di provincia dove tutti si conoscono, dove incontravi a piedi le amiche, dove tornando da scuola fiutavi il profumo del sugo della mamma, dove rubarle un filo di rossetto rosa aveva l'inebriante gusto del proibito. Le ho raccontato di come fosse bella lei, delle sue camicette, delle estati a Rapallo, di come io e Cristina la ammiravamo. Della nostra vita da bambine, semplicemente.

Il momento della giornata che amavo di più era quando tornavo da scuola. Lasciavo cartella e giacca in camera da letto e poi correvo nella mia stanza preferita: la cucina. Era lì che trovavo la mamma, intenta a preparare il pranzo, i capelli cotonati e addosso quel profumo delizioso di ingredienti sani, di pane fresco, di pasta al pomodoro. Mi sedevo al mio posto, sul lato lungo del tavolo: ero sempre la più affamata della famiglia. Pranzavamo tutti insieme tenendo spenta la tv, lei lo faceva per insegnarci che la tavola è fatta anche per conversare, non solo per mangiare. Anche i miei pomeriggi orbitavano intorno a quella stanza. Mi sedevo sempre al tavolo della cucina per fare i compiti, con la mamma che si metteva a spadellare per la cena mentre mi aiutava a ripetere la lezione. Posso ancora sentire la sua voce: «Sei per cinque? Dai Antonella, che lo sai! Le tabelline le abbiamo ripetute ieri».

Il cibo, forse, è stato il filo conduttore della mia infanzia e anche del mio rapporto con lei che, in linea con il suo carattere, è sempre stata una cuoca pragmatica, un po' monotona ma solida. Cucinava sempre gli stessi piatti – arrosti, risotti, pasta al pomodoro – ma con esperta precisione. Le valdostane ripiene che preparava per le nostre gite al Lago Maggiore erano famose tra parenti e amici. Partivamo a metà mattina, e una volta arrivati facevamo il picnic sull'erba sotto ai salici. Sebbene non sia mai stata una fan del lago e del suo fondale melmoso e torbido, era un paesaggio poetico e rasserenante. Le valdostane le mangiavamo così, fredde, come fossero deliziosi panini farciti. Per me, la mamma ha un profumo, un tono di voce, e soprattutto un gusto, che è il sapore buono di quando ero bambina.

È curioso come nella vita tutto torni, e io abbia

raggiunto il successo proprio con un programma di cucina.

A quel punto la dottoressa mi aveva domandato se avrei voluto assomigliarle.

Certo, magari in una versione riveduta e corretta. Se potevo trovarle un minimo difetto forse era proprio l'eccesso di presenza. Lei c'era sempre, nel bene e nel male, quando avevamo bisogno di lei ma anche quando non avremmo voluto. Ha avuto bisogno di diversi anni per riuscire a metabolizzare la nostra indipendenza di figlie, fosse stato per lei avrebbe continuato a starci dietro ben oltre l'adolescenza. Lo faceva semplicemente perché desiderava il meglio per noi, e voleva assicurarsi di persona che anche il resto del mondo nutrisse per le sue due bambine lo stesso amore e rispetto che aveva lei, ma talora esagerava. Con le sue continue intromissioni aveva rovinato la mia prima vera storia d'amore, con un ragazzo di sedici anni che aveva l'unica colpa di non piacerle.

«Non va bene per te» mi aveva detto come unica spiegazione, e io avevo perso la ragione nel tentativo di capire perché questo ragazzo non andasse bene, o addirittura se potesse essere il contrario: se fossi io a non andare bene a lui. Invece di rendermi più forte, in quel momento aveva aperto le porte a un'insicurezza con cui avrei convissuto a lungo. Allora pensavo che non l'avrei mai perdonata, ma mi sbagliavo.

Nonostante i suoi difetti, era l'esempio migliore che conoscessi. Le volte in cui mi aveva fatta arrabbiare follemente erano niente se paragonate a tutti i momenti in cui con un solo abbraccio riusciva a cancellare le piccole delusioni, le giornate nere. Forse è stato grazie a lei e alla sua presenza un po' severa che ho mantenuto giudizio e testa sulle spalle sempre, da ragazza – quando molti amici iniziavano a sperimentare le prime droghe e l'eroina era la nuova moda – ma anche da adulta, per lavorare in un mondo così effimero come quello dello spettacolo con razionalità e piedi per terra.

«Ricordare com'era bello stare con lei ti aiuterà a dare a tua figlia la stessa stabilità. Ma anche metterla in discussione ti sarà d'aiuto per evitare i suoi stessi errori» ha precisato la dottoressa.

«Già. Non so se riuscirò a evitare i suoi difetti, in fondo sono radicati dentro di me talmente in profondità...»

«Riconoscerli è già un primo passo. E poi mi sembra che di lei tu abbia comunque uno splendido ricordo.»

«È vero. Era il nostro primo e unico esempio... e, ecco, mi chiedo se io saprò fare altrettanto con mia figlia. A volte sono sicura di sì, ma non conosco la linea sottile che divide una madre che propone un modello da una che invece lo impone.»

«Ecco un'altra domanda interessante» ha commentato la psicologa. «Sai, che tu lo voglia o no, il primo esempio per tua figlia sei proprio tu. Questo non significa che lei sarà il tuo specchio, ma che non appena scoprirà la differenza di genere e di appartenere a quello femminile, ti imiterà istintivamente in tutto e per tutto. Vedrai, verso i cinque o sei anni sarà la tua ombra. Vorrà mettere le tue scarpe e i tuoi vestiti, truccarsi come te. Proprio come succedeva a te e a tua sorella. Ma non preoccuparti, stai crescendo una persona, non un clone, e come tale, grazie alle scoperte e alla sua capacità di giudizio in via di sviluppo, te la ritroverai a dodici anni in piena fase di contestazione. Lo metterà in discussione da sola, il tuo modello. Tu devi solo lasciarle la libertà di farlo, perché è in quei primi spazi di ribellione che costruisce parti di sé.»

«Non l'avevo mai pensata in questi termini.»

«In fondo devi soltanto seguirla e sostenerla. Aiutala quando vuole imitarti, rispettala quando vuole ribellarsi. Entro limiti ragionevoli, ovviamente...» ha concluso con un sorriso eloquente.

«E il fatto che sarò meno giovane delle mamme delle sue amichette. Questo sarà un ottimo motivo di contestazione, o sbaglio?» ho ironizzato.

«Oh, certamente non all'inizio. I bambini ragionano in termini che a noi appaiono ormai incomprensibili. Pensa, una volta mia figlia a sette anni tornò a casa estasiata. Le chiesi cosa fosse accaduto e lei mi rispose: "Mamma, è arrivata la nuova maestra: è bellissima!". Incuriosita, il giorno dopo ero andata a conoscere questa maestra: una cozza. Alta un metro e venti, con i baffi e i capelli crespi. Ma sai, agli occhi di una bambina di quell'età la bellezza non sta nell'altezza, nella taglia o nel colore dei capelli. È quello che una persona riesce a trasmettere, e la dolcezza di quella maestra la rendeva splendida ai suoi occhi. Questo succederà a Maelle per i suoi primi anni di vita. Sarai sempre bellissima e giovane semplicemente perché sei sua madre e la ami.»

«E quando arriveranno i confronti con le altre?»

«Come al solito, verso l'adolescenza.»

«E a quel punto quale sarà la cosa più giusta da fare?»

«Semplicemente ammettere la realtà. I bambini e ancor più i ragazzini non vogliono essere presi in giro. Negare l'evidenza non serve a nulla. Le dirai che ha ragione, che sua mamma è un po' più grande delle altre. È la vostra unicità, la particolarità che rende il vostro legame così forte. Inutile nascondere rughe e piccoli difetti, abituala da subito alla bellezza dell'imperfezione.»

«Questo approccio assomiglia tanto al mio modo di vivere la vita...»

«Lo so, è per questo che te ne parlo. Non mi sembri il tipo che si strizza in una minigonna o si riempie di botulino per mettersi in gara con le altre donne e ingannare il tempo che passa. So che sarai capace di gestire la vostra famiglia nel migliore dei modi. Non devi cominciare a preoccuparti da ora, è inutile. Cerca piuttosto di arrivare preparata a quel momento, con dei presupposti di affetto, serenità e stima reciproca che le facciano intuire che l'età è davvero un dettaglio.»

La psicologa non mi dava mai soluzioni immediate, ma aveva il potere di trovare le parole giuste per farmi riflettere.

«Grazie ancora» le ho detto. «A volte vengo sommersa da questi pensieri e non so trovare la chiave giusta per interpretarli. Poi vengo qui, e in qualche modo riesco a leggerli in modo diverso, a sfruttarli come momenti di crescita.»

«Devi solo ringraziare te stessa per le domande che ti poni. Se vuoi un consiglio, comunque, non preoccupartene ora. Non anticipare quello che sarà, perché nessuno può prevederlo in anticipo. La vita ci sorprende sempre. Goditi questo momento e pensa a domani. Hai almeno altri dodici anni per preoccuparti dell'adolescenza di tua figlia, e sta tranquilla che lei smentirà ogni tua previsione.»

L'ultima volta che la mia ansia si era spinta in un futuro lontano e incerto era stato all'inizio della mia storia con Eddy e riguardava l'età, le differenze, le paure e i timori lanciati in avanti contro un domani che nessuno poteva ancora scrivere, nemmeno le previsioni della mia mente. Allora erano state le mie amiche a consigliarmi di non pensarci e di andare avanti, oggi era la psicologa, con la sua esperienza ma soprattutto con la sua umanità.

Andavo avanti, semplicemente. Come avevo fatto finora, come avrei sempre fatto. I problemi li avrei affrontati nel momento in cui si fossero presentati, ed ero sicura che li avremmo superati insieme, io, Eddy e Maelle.

Noi tre, comunque fosse andata, avevamo già scritto la nostra piccola storia personale.

7

Quello che si vince, quello che si perde

Il destino fa giri enormi prima di tornare a trovarti. Smuove le acque, poi si va a nascondere, e passano mesi o anni prima che decida di uscire di nuovo allo scoperto. Nel mio caso, invece, sembrava non volermi abbandonare.

Da quando avevo iniziato a cercare un figlio segnali e coincidenze erano sempre stati all'ordine del giorno, come dettagli di un quadro più grande già scritto per la mia vita, che io potevo condizionare ma non cambiare fino in fondo.

Dicembre era arrivato con il primo freddo e il mio pancione era lievitato. Ormai era così tondo e teso che pareva mi fossi infilata un pallone sotto la maglietta. Eddy mi prendeva in giro e io in risposta indossavo t-shirt aderenti che esaltavano le mie forme.

Era bellissimo portare Maelle dentro di me, ora percepivo i suoi movimenti molto meglio, a qualsiasi ora del giorno. Si trattava di veri e propri calci e capriole che mi facevano sobbalzare. Portando una mano alla pancia rintracciavo distintamente il piccolo bozzo lasciato da un piedino, o da un ginocchio, o dai suoi minuscoli pugni.

«Non è tanto piccola» aveva detto Elena durante l'ultima e tanto attesa ecografia morfologica. Avevo scoperto che si trattava di un esame particolarmente amato dalle mamme perché, dovendo misurare e controllare tutto il corpo e gli organi del bambino, durava a lungo e consentiva di vederlo benissimo. La ventesima settimana, periodo in cui viene eseguita, è un traguardo atteso con ansia.

Rispetto alle precedenti ecografie, questa volta si era scelto di fare anche un esame in 3D, ovvero con una visualizzazione tridimensionale della bambina. L'effetto è stato sorprendente. Non appena apparse le immagini sul video ci siamo accorti che la differenza rispetto alle immagini in bianco e nero dell'ecografia bidimensionale era abissale: si distinguevano bene i suoi lineamenti, i movimenti decisi, il modo di sonnecchiare nella mia pancia, con gli occhi chiusi e le manine portate all'altezza della bocca, come per succhiare il pollice.

«Sono cinque? Le conti!» avevo chiesto.

«Parli delle dita delle mani? Oh sì, tutto a posto» ha sorriso lei.

«E i piedi?»

«Contati anche quelli.»

«Cuore, polmoni, organi interni... tutta quella roba lì è a posto, no?»

«Certo. C'è una cosa che ho notato...»

Un brivido freddo mi ha attraversato.

«Cosa?» ho domandato terrorizzata.

«Ha il naso a patatina!»

«Non lo fare mai più Elena, ho perso dieci anni di vita!» ho riso insieme con lei.

«Assomiglia proprio a Eddy. Guardale la bocca!» ha esclamato Elena.

In effetti già dalle prime immagini la somiglianza con il papà era a dir poco impressionante. Non erano solo le labbra, ma la forma del viso, il nasino, persino le mani affusolate.

Lui spesso non commentava le immagini né rispondeva alle nostre provocazioni. Da qualche tempo non si sistemava più dietro il paravento ma se ne stava al mio fianco, e guardavamo insieme sullo stesso schermo le immagini di Maelle.

Il suo silenzio era il modo più intenso che aveva per comunicare la propria emozione. Le parole non gli uscivano dalla bocca ma si fermavano nei suoi occhi rendendoli lucidi. E io non avevo bisogno di sentirle, potevo vederle.

Con i primi giorni d'inverno percepivo l'avvicinarsi della data del mio compleanno, che continuavo a considerare il mio personalissimo capodanno, un punto di svolta decisa, l'addio al passato e l'incognita del futuro. Ogni anno carico il 6 dicembre di molte aspettative simboliche: quello che è successo si può lasciare indietro, quello che ancora non è arrivato è alle porte e va accolto a occhi chiusi. Quella data mi appare come una sorta di confine, oltrepassato il quale anche se nulla apparentemente cambia, dentro di me qualcosa scatta e non è semplicemente una questione d'età. Forse, la sensazione di una pagina voltata.

È un periodo di bilanci e presa di coscienza, di propositi e speranze. In quel caso, di confronto felice con gli anni passati. Per la prima volta a festeggiare con me il mio compleanno c'era mia figlia. Il solo pensiero mi inondava di gioia.

Avevo organizzato come sempre una cena con gli amici più cari, in un ristorante che amo molto. Ho passato giorni a controllare la lista degli ospiti e a scegliere il menu giusto per l'occasione. Rispetto al solito avevo allargato un po' l'invito: ero incinta e volevo condividere la mia felicità con più persone possibile. Parenti, amici miei e di Eddy, qualche collega e collaboratore stretto, alcune delle mie autrici. In tutto una quarantina di graditissimi ospiti che non vedevo l'ora di avere accanto a me.

Adoravo compiere gli anni poco prima di Natale: ricevevo gli auguri per il mio compleanno e al contempo potevo iniziare a contraccambiarli agli invitati, per l'imminente periodo di festa. La tavola aveva sempre qualche dettaglio rosso e oro, le candele non mancavano mai e quelle luci decorative del ristorante rendevano l'atmosfera magica. Sarebbe stato così anche quell'anno, ero pronta a passare una serata indimenticabile.

Avevo già scelto l'abito per l'occasione, chiaramente rosso, e pensato a qualche piccolo dono per gli amici che non avrei più rivisto fino alla Befana. Finalmente il periodo natalizio non mi si ribellava contro com'era accaduto nei due anni precedenti.

«Quest'anno ho vinto io» ho pensato guardando il mio bel pancione.

Niente dolore, niente fallimenti, nessuna brutta sensazione addosso. Eravamo noi, era il mio compleanno, sarebbe arrivato Natale e ci avrebbe sorpresi in tre. Tutto era perfetto.

«Adesso espirate lentamente cercando di allungare il braccio» diceva la voce quieta dell'insegnante di pilates, appena smorzata dalla musica new age in sottofondo.

Il corso mi era stato consigliato da un'amica che lo aveva seguito durante la sua gravidanza e ne era rimasta entusiasta: «Vedrai: un paio di lezioni e ti sentirai agile come prima. Altro che pancia! E poi fa miracoli per il mal di schiena».

«Ma sicura che sia adatto in gravidanza?»

«Certo, c'era un sacco di donne incinte! E poi l'insegnante è una fisioterapista. Meglio di così non potresti chiedere.»

Conoscevo il pilates e i suoi benefici, una disciplina a metà tra lo yoga e lo stretching che avevo già avuto modo di provare, ma non ero convinta che iniziare un corso al settimo mese di gravidanza fosse un'ottima idea.

Non sono una maniaca dello sport, anche se da piccola ne ho praticato moltissimo. Mia madre era dell'opinione che una ragazza dovesse saper fare tutto.

«Se il tuo futuro marito vuole portarti sulla neve tu che fai, rotoli a valle?» diceva scherzando, ma non troppo. E quindi via alle lezioni di sci, ma anche di golf, equitazione, tennis: non mi ha fatto mancare nulla, mettendomi nella condizione di sapermi adattare a qualsiasi tipo di compagnia. Non sono mai stata una campionessa, anzi spesso ho imparato giusto i rudimenti delle varie discipline, ma con suo grande orgoglio ero a mio agio in tuta imbottita su piste nevose come in tweed su un green, o con gonnellino bianco e racchetta sulla terra rossa.

Da quando ho cominciato a lavorare ho continuato a fare un po' di movimento ma senza mai ammazzarmi di palestra; durante la gravidanza invece mi sono concessa giusto qualche passeggiata, ma non ho mai messo piede su un tapis roulant o nella sala di un centro fitness. In fondo, la mia teoria è che lo sport vada praticato con moderazione.

Non so il motivo per cui proprio quel giorno avessi deciso di fare una lezione-prova di pilates, fatto sta che mi sono ritrovata lì, con un paio d'altre future mamme, a muovermi lentamente seguendo le istruzioni dell'insegnante.

Mentre inspiravo ed espiravo al ritmo di quella musica vagamente soporifera, percepivo i miei muscoli allungarsi piano piano, divenendo sempre più elastici.

Sono uscita dalla lezione sentendomi in forma e

piena di energia, tanto che ho ringraziato l'insegnante e ho fissato un appuntamento per la settimana successiva. La serata è trascorsa benissimo, senza nemmeno un doloretto, e me ne sono andata a letto tranquilla e in pace con me stessa, anzi direi quasi fiera: "Come sono atletica anche in gravidanza," pensavo tra me e me.

Ecco: mai indugiare in questi pensieri, avrei scoperto la mattina, dopo al mio risveglio. È bastato posare i piedi sul pavimento per sentire un inquietante *crack!*

«Cos'è stato?» ha domandato Eddy, che seppur in dormiveglia aveva sentito l'allarmante rumore.

«Il mio polpaccio, credo» ho risposto. E quando ho tentato di alzarmi dal letto ne sono stata sicura: un acuto e intenso dolore pungeva la mia gamba come un morso.

«Eddy, credo di essermi fatta male.»

«Chiamo un medico? Andiamo in pronto soccorso?»

«Non mi sembra così grave, fa male però. Magari è solo una distorsione, oppure è un problema di vene, sai che ultimamente ne soffro. Vediamo come va durante la giornata e se stasera il dolore non accenna a passare domani andiamo dal medico.»

Ha annuito poco convinto, ma si è fidato della mia razionalità.

Sono andata al lavoro dopo aver steso sulla zona dolorante una crema specifica per distorsioni e infiammazioni, che tuttavia non ha avuto un gran risultato. I miei collaboratori si sono accorti subito che qualcosa non andava: «Sicura che vuoi andare in onda? Non affaticarti inutilmente!» mi hanno consigliato.

«Ce la faccio, tranquilli» ho risposto senza esserne troppo sicura.

Ho condotto la puntata camminando il meno possibile, appoggiandomi a tavoli e sedie per ogni piccolo spostamento, stringendo i denti e cercando di non pesare troppo su quella gamba, tenendola sollevata non appena mi era possibile. Sembravo un fenicottero.

Con il passare della giornata però il dolore si è affievolito e in serata riuscivo addirittura a poggiare il piede ogni tanto.

«Devi comunque farti vedere» mi ha ammonito Eddy.

«Mah, vedremo. Magari domani mattina mi sveglio ed è tutto passato.»

Ero brava a raccontarmele. Alle otto del giorno dopo, quando ho provato ad alzarmi in piedi non ho gridato. No. Credo di aver ululato di dolore.

«Andiamo, ti porto all'ospedale» ha detto lui, senza ammettere repliche.

All'accettazione abbiamo dichiarato il nostro problema e atteso il turno nel reparto ortopedico.

Non appena ha notato il mio modo goffo e dolorante di incedere, il dottore ha sentenziato: «Per me si è strappata il gemello. Facciamo subito una lastra».

Aveva ragione: mi ero procurata proprio uno strappo al gemello, e la cosa metteva i medici in allarme.

«Scusate, se ho capito bene non dovrebbe essere qualcosa di così grave, come mai vi vedo nervosi?» ho chiesto.

«Non è grave in condizioni normali,» ha risposto il medico «ma lei è in gravidanza! Lo sa che lo strappo potrebbe causare un embolo? E lo sa che un embolo potrebbe compromettere seriamente la gravidanza?»

«Oh mio Dio» ho detto con un filo di voce.

«Ci ha camminato sopra a questa gamba?»

«Sì, un po'» ho ammesso.

«A quando risale il trauma?»

«L'altro ieri.»

«L'altro ieri? Signora, lei è a dir poco incosciente! Sta mettendo seriamente a repentaglio la vita di suo figlio.»

Per un attimo ho temuto di scoppiare a piangere o gridare o pregare i medici di fare qualcosa. Ero riuscita a rovinare la serenità che mi ero costruita con le unghie e con i denti, con i mesi e la rabbia, con la determinazione e una dose di speranza che non credevo di possedere. E in un attimo tutto poteva concludersi nel peggiore dei modi. Ho visto il volto di Eddy oscurarsi, le sue mani stringere il mio braccio mentre ancora mi sosteneva.

«Cosa devo fare?» ho domandato.

«Tenga la gamba a riposo, è l'unico modo per guarire. Si prenda delle stampelle. E chiami immediatamente il ginecologo che l'ha in cura, probabilmente vorrà controllare lo stato del bambino e le prescriverà qualche terapia per scongiurare i rischi.»

Stare male ti leva la terra da sotto i piedi. Rischiare che qualcuno soffra per colpa tua sostituisce il pavimento con sensi di colpa dalla consistenza delle sabbie mobili. Un solo pensiero e il rischio è quello di affondare.

Sono tornata dal mio ginecologo con il morale sotto i tacchi e le stampelle sotto le braccia. Un'immagine che, riflessa nello specchio, mi deprimeva ancora di più.

«Ecco qui la lesione» ha detto lui guardando la mia lastra. Con una veloce ecografia avevamo constatato che la bimba era ancora in gran forma, ma non per questo potevo considerarmi fuori pericolo.

«Mi spiace Antonella, ma dovrai fare delle punture di eparina per scongiurare che si formino coaguli di sangue.»

«Ancora punture? Accidenti, avevo appena smesso...»

«La buona notizia è che eviteranno qualsiasi problema derivante da questo strappo.»

«E la cattiva?»

«Dovrai farle fino al termine della gravidanza. Non puoi iniziare e poi interromperle, altrimenti rischi il doppio.»

«Fantastico» ho esclamato con tono carico di sarcasmo.

Le punture, ovviamente, dovevo farle sulla pancia. Nel giro di qualche giorno ecco tornate le solite macchioline viola sparse sulla pelle. Che dire, almeno questa volta ero già incinta.

Viste le mie condizioni ho dovuto chiamare tutti gli amici per rimandare la cena di compleanno di un paio di settimane, ma le stampelle non mi avrebbero costretta a stare lontana soltanto dalle candeline.

Durante i primi giorni avevo partecipato comunque alla *Prova del Cuoco* da casa, in diretta video con lo studio dove i colleghi Anna Moroni e Beppe Bigazzi conducevano al mio posto, ma era chiaro che non potevamo andare avanti così. Ero tornata in studio allegra e sorridente, ma avevo pur sempre una grande pancia e due stampelle. Sono stata chiamata dal direttore, e le sue parole non sono giunte inaspettate: «Antonella, so che eravamo rimasti d'accordo che avresti lasciato la trasmissione subito dopo Natale, ma non credo sia il caso di farti continuare in questo stato».

Ho provato a controbattere sostenendo che non doveva preoccuparsi, che in pochi giorni sarei riuscita di nuovo a camminare e tutto sarebbe tornato come al solito, ma è stato irremovibile. In fondo aveva le sue ragioni: mandare in onda una donna incinta al settimo mese con le stampelle non era proprio una bella immagine, anzi sarebbe apparsa una crudeltà.

Dopo quello scambio mi ha invaso la sensazione

della fine, quell'amarezza che prende alla gola quando si perde qualcosa.

Il mio ultimo giorno alla *Prova del Cuoco* è stato a dir poco straziante, tanto per me quanto per i miei colleghi e il pubblico in studio. Ho voluto avere al mio fianco gli stessi cuochi che avevo chiamato per la prima puntata, ben nove anni prima. Un simbolo per la mia personale ricorrenza.

Nove anni, quanto tempo.

Era un programma che mi aveva dato molto e che costituiva parte della mia storia. Ricordavo gli esordi, così entusiasmanti e incerti, poi i primi risultati, l'affetto del pubblico e gli ascolti che crescevano di anno in anno fino a decretarne il successo. Per nove anni ogni giorno mi ero recata in quegli studi. Prima giovane ed entusiasta, in seguito affermata conduttrice, poi donna dalla vita personale e sentimentale altalenante, quindi paziente di innumerevoli medici e ginecologi per un figlio che non arrivava e, ora, quasi madre.

«Vi lascio per un motivo bellissimo, per la mia bambina» ho ripetuto mentre notavo la delusione, la tristezza negli occhi degli spettatori in studio.

«Non preoccupatevi se per un po' non sentirete parlare di me» ho continuato «voglio godermi questo momento con la mia famiglia, lontano dai riflettori, ma vi penserò sempre e tornerò presto!»

Ho abbracciato Anna e Beppe e già le prime lacrime iniziavano a uscire senza che lo volessi. Ho salutato i due cuochi e a uno di loro ho dovuto rubare il grembiule per asciugarmi le guance. Ho guardato il pubblico in sala e molti avevano già tirato fuori i fazzoletti.

“Adesso scoppio in singhiozzi e mi tagliano” ho pensato. Invece sono riuscita a resistere fino alla fine. Ho salutato di nuovo il pubblico, esternando il mio affetto, ringraziandolo per i bellissimi anni trascorsi insieme. E dicendo in fondo sempre le stesse parole, ma pronunciandole tra le lacrime perché c’era qualcosa quel giorno, un’atmosfera che mi suggeriva che il mio ritorno non sarebbe stato così scontato.

«Vi lascio nelle mani di una giovane conduttrice piena di energia, ma tornerò,» dicevo «non preoccupatevi, ci vediamo prestissimo!»

Quando le luci si sono spente e le telecamere hanno smesso di registrare si è levato un coro di applausi che sembrava non dovesse terminare mai e che non ha fatto bene alla mia intenzione di non scoppiare a piangere.

Alla fine ho salutato praticamente uno per uno i presenti. Tutti sembravano emozionati quanto me, toccati nel profondo da quel momento. Ho ricevuto decine di baci, abbracci, parole di conforto e incoraggiamento. E una lunga serie di «a presto», di cui improvvisamente non ero più tanto sicura.

In una decina di minuti lo studio si è svuotato e siamo rimasti soltanto io e qualche tecnico che sistemava le quinte. Mi sono soffermata ancora un attimo in quella scenografia che ormai conoscevo a memoria. Le tovaglie a quadretti, il pomodoro rosso e il peperone verde, i tavolini e i fornelli dei cuochi, l'enorme uovo alle loro spalle. Ho osservato a lungo ogni cosa, come per lasciare la mia impronta. I piani dove tante e tante volte avevo cucinato insieme con Anna Moroni. Le panche dove sedevano gli spettatori. I due microonde. Tutto all'improvviso sembrava importante, e soprattutto mio. E io non volevo lasciarlo.

Qualcosa, dentro di me, aveva demolito pezzo dopo pezzo la convinzione che la mia sarebbe stata una breve assenza. Non mi era arrivata alcuna voce in proposito, i miei timori non erano dovuti a un pettegolezzo né a un'indiscrezione di corridoio. Era la mia pelle a dirlo. Il mio sesto senso.

Il direttore mi aveva fatto capire che avrebbe preferito la mia presenza nelle conduzioni in prima serata, ma *La Prova del Cuoco* era un programma a cui ero troppo affezionata. Non l'avrei mai lasciato per scelta, questo era chiaro a tutti. Era nato con me, confezionato quasi intorno alla mia personalità. Sentivo quell'allontanamento forzato come il primo passo verso la rinuncia a esso, e il dispiacere pungeva in gola assieme alle lacrime.

Razionalmente non c'era nulla di sbagliato: stavo lasciando le scene al settimo mese, mi dedicavo a me stessa, sarei tornata dopo il parto con *Ti lascio una Canzone* e poi... ma sì, di certo sarei tornata anche alle mie adorate cucine televisive. Non subito però. Non presto come mi dicevano, di questo ne ero sicura.

Prima che le telecamere si spegnessero avevo dato appuntamento ai telespettatori per continuare comunque a seguire le successive puntate anche senza di me.

Dal giorno dopo, invece, al programma sembravano essersi dimenticati tutti della mia esistenza. Come se non fossi mai nemmeno passata di lì, come se i nove anni precedenti fossero stati cancellati con un colpo di spugna.

Il mio rapporto con il pubblico, sempre così leale e diretto, sembrava essersi inaspettatamente interrotto. Avevano assistito alla mia ascesa, avevano intuito le mie delusioni, avevano letto la gioia nei miei occhi quando ero rimasta incinta di Maelle e poi avevano visto la pancia crescere. Non avevo fatto mistero di voler stare un po' per conto mio, ma ero convinta che, sentendo spesso i miei collaboratori del programma, avrebbero fatto accenno a me, al fatto che stessi bene. Mi avrebbero fatto un saluto in diretta, forse. Perché quel programma era orfano di me, in fondo, e insieme con lui il mio pubblico.

Sono tornata in studio qualche giorno dopo per riprendere qualcosa e salutare chi non avevo incontrato durante l'ultima puntata, e già il clima era diverso.

Alcuni miei collaboratori mi hanno accolta con freddezza, come se non fossi stata la loro compagna di avventura per tutti quegli anni.

«Ciao Guido, come stai? E come va con la casa?»

ho domandato a un assistente che conoscevo da tempo, e che aveva appena comprato casa.

«Bene, bene, grazie» mi ha risposto frettolosamente dileguandosi subito.

Una volta era un gran chiacchierone, non appena gli chiedevo della casa mi raccontava per filo e per segno i lavori di ristrutturazione e le discussioni con la compagna per il colore delle pareti. Non in questa occasione. All'improvviso tutti sembravano aver paura di fermarsi a parlare con me, quasi fosse imbarazzante se non addirittura sconveniente.

Percepivo che non era più la mia epoca ma quella della nuova, giovane conduttrice. Non avevo nulla contro di lei, era soltanto doloroso vedere un'altra persona in quello che per tanto tempo era stato il mio ruolo. Notavo come chiunque si prodigasse per entrare nelle sue grazie, mentre in molti mi ignoravano completamente. Mai come allora ho assistito alla messa in scena della falsità e dell'opportunismo che regnano sovrani nel mondo della televisione. Si va dove tira il vento. Morto un papa se ne fa un altro. La moda e la convenienza sono le uniche regole da seguire. Se stai con il perdente perdi anche tu, e in quel momento ero marchiata. Ero quella che se n'era andata, quella che stava a casa. Nonostante con la direzione fossimo rimasti in accordi ben precisi riguardo al mio ritorno al programma, l'atmosfera era da addio.

Erano passati solamente tre giorni, e mi sentivo già rimpiazzata.

Sono uscita di lì con un gran peso sul cuore. È vero, il lavoro è lavoro, ma non mi aspettavo un tale voltafaccia da quelli che non solo consideravo collaboratori, ma che credevo anche amici. Ho passeggiato per qualche minuto sotto casa, per placare il malumore e perdere lo sguardo nelle vetrine addobbate per Natale.

Poi ho sentito qualcuno chiamarmi.

«Ehi, sei proprio tu?» ha domandato una giovane donna che teneva per mano due bimbi.

Ho sorriso, annuendo.

«Lasciatelo dire: sei fantastica! Ti ho seguita per tutti questi mesi e sono talmente felice per te della gravidanza! Sai, anch'io per avere lui» ha detto indicando il figlio più piccolo, un biondino di un paio d'anni, «ho penato tanto. Siamo con te, Antonella! Vai avanti così!»

«È vero!» ha aggiunto una voce alle mie spalle. Era una donna, più anziana della prima, che avvicinandosi a noi ha proseguito: «Io continuerò a guardare *La Prova del Cuoco* ma solo per aspettare che torni, eh! Perché tornerai giusto?».

«Devi tornare!» ha esclamato festosa la giovane mamma.

Non sapevo cosa rispondere. In un attimo altre persone si sono avvicinate per farmi gli auguri, per dirmi che mi sostenevano con affetto, per farmi un in bocca al lupo.

Sarebbe stato così ogni giorno. La gente mi fermava per strada e mi chiedeva della bambina, domandava quando sarei tornata sulle scene, ma soprattutto mi incoraggiava: «Siamo tutti con te. Hai fatto la cosa giusta».

Più mancavo dal piccolo schermo e non si sapeva nulla di me, più il contatto diretto con la gente vera si faceva intenso e frequente. Non avrei mai dimenticato l'affetto delle persone, la loro stima nei miei confronti e il modo in cui sono riuscite a non farmi mai dimenticare chi ero.

È un mondo crudele quello dello spettacolo. Quando sei in vetta hai mille amici e sostenitori che credono in te e amplificano la tua ambizione, nutrono il tuo ego. Non appena scivoli un po' più in basso, per una pausa, per un motivo personale o per un banale insuccesso, tutti si dileguano. Ti ritrovi solo, ignorato da datori di lavoro, giornali, paparazzi, finti amici che condivano di rumore la tua esistenza. Il silenzio, a quel punto, sa essere devastante.

Io ero fortunata. Avevo Eddy e avevo Maelle, il più bello dei miei progetti. E avevo quel calore. Pur lontana dalla tv lo sentivo ugualmente. Nel sorriso dei passanti, in un complimento, in una stretta di mano. La gente non immagina quanto ha fatto per me.

Ho avvolto quel Natale nell'intimità della mia famiglia, come in una coperta calda. Eravamo io, Eddy, mia sorella e qualche amico. Volevo proteggere quei giorni da tutto e tutti. Era un momento mio e della mia bambina. Quegli attimi non sarebbero più tornati e desideravo godermeli a dispetto di qualsiasi cosa.

Per anni avevo messo il lavoro al centro della mia esistenza, avevo sacrificato la vita privata e il tempo libero all'altare dello spettacolo; era giunto il momento di dire basta. Il mio baricentro si spostava ogni giorno di più verso Maelle. Non c'era niente di più importante, nessuna prima serata che tenesse, alcun programma che potesse offrirmi le stesse emozioni. Questa bambina l'avevo voluta con tutta me stessa, nessuno avrebbe potuto rovinare quel momento.

Ho letteralmente chiuso fuori dalla mia vita il mondo della televisione. Non ho più sentito quasi nessuno, ho rifiutato ogni proposta di servizio fotografico, non concedevo notizie ai giornalisti. Sono uscite un paio di foto rubate all'uscita di uno studio medico, un'altra in cui mi hanno sorpreso a guardare le vetrine di un negozio per bambini. I paparazzi facevano solo il loro lavoro, e hanno dimostrato molto rispetto per la mia condizione. Non mi avrebbero mai inseguita o molestata con richieste inopportune. C'era questo tacito accordo tra noi. Io conoscevo i rischi della mia popolarità e non mi lamentavo troppo se mi scattavano una foto, a patto che lo facessero con correttezza e senza morbosità. Loro, di contro, sapevano che l'unico modo per avvicinarmi era essere educati e discreti.

Ne trovavo ogni tanto uno che gironzolava sotto la mia abitazione, ma non uscivo molto in quel periodo. Ero ancora a riposo per via del gemello strappato e la persona che vedevo più di frequente era il fisioterapista, che veniva a casa a massacrare con i suoi massaggi ed esercizi il mio povero polpaccio dolorante.

Trascorrevo il resto del tempo con Eddy, mia sorella, Allegra e le mie amiche. Volevo circondarmi di affetto, di amore, che consideravo un'ottima terapia per trascorrere al meglio quegli ultimi due mesi di gravidanza. Mi stavo costruendo una bolla in cui proteggere me e soprattutto la mia bambina dall'esterno finché non fosse nata.

Le persone che avevo accanto non si stancavano di darmi consigli. Chi mi suggeriva di mettere dei cuscini sotto ai piedi quando andavo a dormire, chi cosa e quanto mangiare; chi mi aveva regalato una di quelle sfere d'argento tintinnanti che andrebbero indossate all'altezza della pancia per calmare il bambino.

Abbiamo passato una vigilia semplice, scartando i regali attorno a una tovaglia rossa, mangiando dolci e frutta secca, ridendo e sorridendo molto. Con Maelle che stava per arrivare, tutto sembrava più magico, intenso.

L'intesa con Eddy aveva raggiunto una completezza insperata. Passata la crisi era incredibilmente cambiato: serio, consapevole, vicino. Passavamo spesso e volentieri le serate abbracciati davanti a un dvd a noleggio, con Oliver che sonnecchiava accanto a noi.

Continuavo a pensare molto a me stessa. Desideravo che Maelle trovasse ad attenderla una bella mamma. Perciò ho accolto quei mesi di riposo anche come momenti dedicati alla bellezza e alle cure.

Gli oggetti e i mobili per Maelle, nel frattempo, iniziavano a invadere ogni angolo della nostra casa. Il trio, enorme, campeggiava vicino al tavolino posto all'ingresso. In salotto invece c'era la famosa sdraietta, la culla per il momento era parcheggiata nel piccolo corridoio antistante la camera da letto, mentre il fasciatoio si trovava incuneato tra due armadi.

«Quando arriverà il seggiolone mi sa che dovremo uscire noi» ho detto sconsolata a Eddy. Quella era la casa dove avevo sempre abitato in coppia, non era predisposta per accogliere una famiglia. Poche stanze, una scala proprio in mezzo al salotto, spazi su misura per due ma già angusti se si era in tre.

«Credo che dovremmo iniziare a guardarci un po' in giro per trovare una casa più grande» ha constatato Eddy.

Ho annuito mestamente. In fondo, tutti cambiavano casa con l'arrivo di un bambino.

Abbiamo cominciato a frequentare quotidianamente un sito che raccoglieva offerte immobiliari. Ogni sera, dopo cena, accendevamo il computer e ci gettavamo a capofitto su descrizioni e fotografie di abitazioni, tentando di capire se era proprio su quel parquet, tra quelle pareti e dietro a quelle finestre che la nostra nuova vita avrebbe potuto avere inizio.

Chiaramente, io e Eddy avevamo idee completamente opposte su come avrebbe dovuto essere la dimora di Maelle.

«Vorrei una villa fuori Roma, in campagna...»

«Parli così perché non hai mai fatto la tangenziale alle otto di mattina...»

«Oh, ma un sacco di gente abita fuori, che vuoi che sia. Vuoi paragonare un po' di traffico con l'aria pura, il verde intorno, un bel parco per Maelle e ampi spazi per Oliver?»

«Non si tratta di un po' di traffico, ma di ore in coda! Esci al mattino alle sette e rientri la sera alle nove, che giardino vuoi goderti?»

«Scusa ma tu che avevi in mente?»

«Una casa in centro. Con un bel terrazzo, magari.»

«Praticamente non vorresti muoverti di qui.»

«Uhm... quasi. Se avessimo una stanza in più e un terrazzo me ne rimarrei comodamente nella mia casetta, cosa credi?»

«Ma il verde, gli spazi...?»

«E la qualità della vita di essere a due passi dal lavoro, avere tutto sotto casa e dover passare al massimo dieci minuti nel traffico, dove la mettiamo?»

Già immaginavo la vita di campagna. Una villetta vuota e silenziosa durante la settimana, poi nel weekend sempre affollata di amici di Eddy che andavano e venivano, isolata dal mondo e dalla civiltà, con il primo supermercato a chilometri di distanza. E io che ero abituata ad avere da sempre la cena a dieci passi esatti dal portone di casa.

Abbiamo cominciato ad andare davvero «a caccia di case» poco dopo.

Visitare appartamenti in vendita credo sia un'esperienza di vita. Trovi di tutto, in quel microcosmo di venditori e proprietari. Gente per bene e bruttissimi ceffi, abitazioni dignitose e bettole travestite da appartamenti, ampie stanze vuote o ancora ricolme dei mobili e degli effetti personali del vecchio proprietario. Vedere una casa è come fare un viaggio nella vita dei suoi precedenti abitanti. È una polaroid in movimento, con odori ancora attaccati alle pareti e aloni sui muri, macchie che raccontano di cucine strabordanti di cibo e calore o asettici bagni degli ospiti dove nessuno ha mai messo piede, una carta da parati orribile o un gusto delicato nello scegliere un semplice armadio. È qualcosa che ti trascina per un attimo altrove: impressioni, vite precedenti, fantasie. Tutto si mescola e ti confonde, nelle case degli altri.

Non ricordo tutte quelle che abbiamo visionato, saranno state almeno quaranta. Spesso andavo io, talvolta mandavo Eddy accompagnato da un nostro amico architetto, altre rinunciavamo dopo aver visto le foto su altri siti Internet.

Prima di iniziare la mia ricerca credevo di conoscere Roma, ma ho scoperto in fretta di sbagliarmi. Siamo finiti in quartieri a me completamente sconosciuti, all'altro capo della città, ben nascosti in collina o proprio vicino al fiume, ricchi e curati o trendy ma ancora periferici.

«D'ora in poi non mi perderò più quando giro da solo... praticamente conosco tutta la città, potrei fare il tassista» aveva detto Eddy.

La prima abitazione dalle foto pareva enorme, luminosa e molto confortevole. Quando ci siamo presentati all'appuntamento per visitarla ci aspettavamo una sorta di reggia con vista sul Tevere.

Invece non appena l'agente immobiliare mi ha riconosciuta ha fatto la classica faccia da «oh, no!».

«Ehm, è da rimettere un po' a posto» ha subito specificato.

Ora, rimettere a posto era un eufemismo. La casa era una sorta di rudere, i cui pochi angoli ancora in piedi corrispondevano alle immagini pubblicate sul sito. Per il resto, sembrava fosse stata bombardata. Muri crivellati di chiodi, pareti buttate giù per metà, bagni con le tubature a vista e una carta da parati modello zia Abelarda che veniva giù dalle pareti come una ragnatela.

«Secondo te da quanti secoli è qui?» ho chiesto sottovoce a Eddy.

«Un paio, almeno,» ha risposto «ma il palazzo è molto bello, potremmo ristrutturarla.»

Se c'era una cosa che Eddy non aveva ben in mente erano i tempi delle ristrutturazioni in Italia. Gli ho spiegato che potevi diventare vecchio prima di vedere la tua casa terminata, mica come in Belgio.

Siamo usciti dopo una trentina di secondi, ringraziando tra i denti l'agente immobiliare e precipitandoci in ascensore.

Nel secondo appartamento, spacciato per un loft, le due finestre del salotto si affacciavano sul tetto della signora del piano di sotto, in quel momento intenta a stendere i panni. La finestra della cucina era talmente vicina alla casa di fianco che, se ti mancava il burro, potevi fartelo passare dalla vicina.

Durante quei primi giorni di ricerca, soltanto una casa mi era rimasta nel cuore. Era la villa di un'ex editrice, famosa per aver dato scandalo negli anni Settanta con una serie di riviste all'epoca considerate quasi pornografiche. E l'abitazione era esageratamente bella. Ricordava un *boudoir*, tutta sui toni del rosso, con grandi specchi e tende scure. La stanza da letto mi aveva lasciata senza fiato: tutta in marmo, con una vasca idromassaggio a due passi dal letto.

«Se la spassavano qui, eh» ha commentato Eddy.

Già. Chissà quante ne avevano viste quelle pareti.

Anche quella casa sarebbe stata da ristrutturare completamente ma non mi spaventava: era talmente bella che avrei corso il rischio di avere operai intorno per un anno.

C'erano due terrazzi: il primo girava attorno al perimetro dell'abitazione mentre dal secondo, sul tetto, si poteva ammirare tutta la città. L'abbiamo visitata al tramonto e la luce arancione del sole rendeva quel panorama a dir poco magico. Già mi immaginavo nelle giornate di sole a giocare con Maelle davanti a una piccolissima cupola di San Pietro che si scorgeva in lontananza, oltre la foresta di antenne e tetti che la casa dominava.

Sono uscita da lì con la testa affollata da fantasie, ma Eddy non mi sembrava particolarmente convinto. Aveva dubbi sulla posizione della casa, sulle scale che la dividevano, sul terrazzo – bello, ma pericoloso per una bimba piccola.

Dopo settimane di tour de force per appartamenti di ogni stile e misura, ancora non ne avevamo trovato uno che ci convincesse davvero. Troppo grandi o troppo piccoli, troppo centrali o troppo lontani, con i soffitti troppo alti o troppo bassi – i difetti non mancavano mai e le nostre perplessità non riuscivano a dissiparsi. La culla restava nell'anticamera e il fasciatoio incastrato tra gli armadi. Io invece non vedevo l'ora di poter preparare una bella stanzetta rosa per la piccola Maelle.

Era uscito su una rivista di gossip.

Chi l'aveva letto si poneva delle domande. A me era giunta voce attraverso le lettere e le e-mail dei fan, che contenevano una sola, grande domanda: «È vero, Antonella?».

Tra quelle pagine brulicanti di foto rubate o scandalistiche, di bugie e mezze verità, di congetture e ipotesi, c'era una notizia che mi toccava da vicino. Parlava della *Prova del Cuoco* e affermava che il contratto della conduttrice che mi aveva sostituito sarebbe stato rinnovato. In poche parole diceva che non sarei tornata.

Io, che perdo la testa di rado, ho chiuso il giornale urlando di rabbia.

Eddy è accorso, pensando che mi fossi fatta male, invece mi ha trovata seduta con il giornale ancora in mano e le lacrime agli occhi.

«Guarda!» ho gridato lanciando il giornale, che ha perso la copertina in volo prima di atterrare ai suoi piedi.

Eddy ha letto la notizia ed è rimasto in silenzio.

«Non è tanto che mi abbiano fatta fuori. Ma, Eddy, non me l'ha detto nessuno! Nessuno si è premurato di alzare il telefono e dirmi: "Guarda, Antonella, non ci servi più". Sarebbe stato sufficiente avvisarmi. Io fino a cinque minuti fa credevo ancora di tornare tra i miei fornelli a settembre, e invece no! E lo vengo a sapere da un giornale!»

L'indiscrezione si sarebbe rivelata vera. Ne avrei avuto la conferma nei mesi successivi.

Grazie e arrivederci, Antonella. Hai portato il programma al successo, lo hai seguito con amore e dedizione per nove anni ma, sai, un figlio comporta delle rinunce.

Ero davvero sconvolta. Se veniva inferto un colpo basso del genere a me, un personaggio pubblico sotto gli occhi di tutti, figuriamoci cosa poteva accadere alle normali lavoratrici, donne che magari avevano dedicato una vita alla propria professione e che improvvisamente dopo la maternità venivano messe da parte.

Era proprio vero: fare figli per le donne in carriera era ancora considerato un handicap, e purtroppo a ragione. Mi era tornata in mente un'amica giornalista. Lavorava per un prestigioso quotidiano e seguiva eventi di spettacolo di calibro internazionale. Era sempre in giro, un mese alla mostra del cinema di Venezia, il successivo al festival di Toronto, poi alla notte degli Oscar, ai Grammy, a Sanremo, a Taormina. L'avevo incontrata spesso per lavoro, e tra noi era nato un ottimo rapporto, amichevole e rilassato. Un giorno mi ha confessato al massimo della gioia di essere incinta.

«È un maschio, nascerà a maggio» mi aveva annunciato emozionata.

Da quel momento avevo smesso di avere sue notizie. Avevo rivisto il suo nome per caso, circa un anno dopo. L'articolo non parlava di star né di film o musica. Era un trafiletto di cronaca locale, roba da esordienti. L'avevo chiamata per avere spiegazioni.

«Quando sono tornata dalla maternità ho chiesto le mie regolari ore di allattamento,» mi ha rivelato «ma questo all'azienda non è piaciuto. Non mi hanno tolto il lavoro, ma mi hanno affidato... com'è che li hanno chiamati? "Impegni adatti alle mie nuove esigenze". La ragazza che mi aveva sostituito è diventata la nuova responsabile dello spettacolo, e io ora mi occupo di cronaca, spesso locale. Questo è stato il prezzo da pagare per avere Matteo. E non è un caso isolato Antonella, fidati.»

Sapevo che in Italia le madri erano formalmente tutelate ma fortemente penalizzate nella carriera, ma allora avevo pensato che il suo fosse un caso eccezionale. Invece, parlandone con altre mamme mi sono accorta che non era così.

«Tutto sembra inconciliabile agli occhi delle alte dirigenze, spesso completamente al maschile» aveva affermato una mia amica, ex manager in una multinazionale. «Prendi le ore di allattamento e lo vivono come un'offesa. Ma come? Sono stati così generosi da tenerti il posto in caldo e tu invece di essere obbediente al supremo dovere di lavoratrice e prendere una tata che sazi il pupo a colpi di biberon, osi dargli il tuo seno ogni quattro ore? Ancora peggio se chiedi il part time per non perderti almeno i primi passi di tuo figlio: lo prendono come un alto tradimento. La scusa è sempre la stessa: cercano persone più disponibili e con orari più flessibili, e tu vieni declassata. La qualità del tuo lavoro è uguale a prima, ma improvvisamente con un figlio ti viene a mancare la totale dedizione all'azienda, e sembrano non sopportarlo.»

Tutto tornava, il cerchio si chiudeva.

Le donne iniziano a lavorare tardi, dopo gli studi, intorno ai venticinque anni, considerati l'età fertile per antonomasia. Fare figli senza un lavoro con cui mantenerli è impossibile e quindi iniziano a rimandare, e rimandare ancora. Quando la loro situazione personale diventa più stabile, possono contare su uno stipendio e magari si sono anche sposate, cominciano ad avere paura: ho faticato tanto per arrivare fin qui, ora se faccio un figlio torno alla bassa manovalanza da cui sono partita. Troveranno una donna più giovane e senza figli e dalle poche pretese che prenda il mio posto. Nessun permesso, nessun part time, nessuna maternità. E allora, eccole di nuovo a rimandare *ad libitum* il loro desiderio di famiglia. Un bel giorno poi alzano lo sguardo dal pc realizzano di avere trentasei anni e corrono dal ginecologo a chiedere un rimedio miracoloso per restare incinte. A molte va bene, ma alle altre? Quante donne hanno faticato per avere un figlio soltanto perché farlo nel momento giusto non era stato possibile? E quante, dopo questa durissima battaglia e dopo aver raggiunto il più bel risultato della loro vita, hanno scoperto che era pressoché impossibile far convivere maternità e carriera senza sacrificare entrambe?

Io, in fondo, ero una privilegiata, eppure stavo sperimentando sulla mia pelle cosa significasse essere messe da parte dopo una maternità. Mi sentivo vicina a tutte le mamme con lo stesso problema. Ero rabbiosa, con me stessa per aver atteso troppo, con la società per avermi fatto credere che fosse giusto, con il mondo del lavoro per considerare un ostacolo ciò che invece riempiva di gioia la mia vita.

«È ora di parlare del parto» ha annunciato il ginecologo durante la visita.

«Eh già, guarda qui» ho detto accarezzando il pancione, ormai arrivato a dimensioni ragguardevoli, «siamo all'ottavo mese, avrà molta voglia di uscire!»

«Lo penso anch'io.»

«Diamo un'occhiata.»

Oltre alle ecografie di Elena, anche il dottore controllava spesso la bimba. Adoravo vedere Maelle su quegli schermi, non era un mistero. Ricordo un giorno in cui la mia pancia ha preso a fare degli strani sobbalzi. Era successo dopo aver visto un film terribile alla tv, in cui la protagonista perdeva il bambino. Ero rimasta basita davanti allo schermo, con il telecomando in mano senza riuscire a cambiare canale, e poi avevo sentito questi colpetti nella pancia che non accennavano a smettere.

Allarmata, avevo telefonato ad Antonio: «È un'emergenza, la pancia sobbalza!»

«Non c'è nulla di preoccupante, Antonella, non...»

«Ma guarda, sono giusto dalle tue parti» ho replicato prendendo al volo giacca e chiavi della macchina. «Passo cinque minuti e la controlliamo, che dici?»

«E va bene...»

Vedere di nuovo la mia bambina sgambettante era stato un sollievo tale che avevo tirato un lungo sospiro. Poi avevo domandato a cosa fossero dovuti quei colpetti ininterrotti che avevo sentito fino a poco prima.

«Potrebbe trattarsi di semplici movimenti in sequenza, a volte lo fanno. Ma io credo che sia più probabilmente un banale singhiozzo.»

«Singhiozzo?»

Ero talmente felice che sono scoppiata a ridere. Che stupida, ero corsa fino al suo studio per un singhiozzo! Tutto quel terrore per così poco, mi ero detta, ripromettendomi che non avrei mai più visto film che avevano per protagoniste donne in gravidanza. E non l'avevo fatto.

Eccomi lì di nuovo, seduta sulla poltrona dello studio, a parlare proprio della nascita di Maelle. Il dottore aveva subito specificato che la mia era una «gravidanza preziosa», raggiunta dopo molti sforzi e probabilmente non replicabile. *One shot*, insomma. Per questo motivo era necessario affrontare anche il parto senza lasciare nulla al caso, perché niente doveva andare storto. Un parto naturale, a causa della mia età, della poca elasticità dei tessuti e del carico di normali rischi che porta con sé, era sconsigliabile. Avremmo fatto un cesareo programmato.

«Non troppo presto, aspettiamo che la bimba sia completamente formata, che i suoi polmoni siano maturi e che sia pronta a nascere, ma nemmeno troppo tardi, altrimenti se vai in travaglio spontaneamente e siamo colti impreparati si trasforma in un cesareo d'urgenza.»

«E un cesareo programmato quanto è pericoloso?»

«Oh, ormai è routine, moltissime donne partoriscono in questo modo. Alcune, pur se giovani e in buona salute, lo preferiscono addirittura al parto naturale per timore del dolore. Certo, si tratta sempre di un intervento chirurgico e in quanto tale comporta dei minimi rischi, ma stai tranquilla. Andrà tutto bene.»

«Verrò anestetizzata, dormirò?»

«Faremo un'anestesia epidurale. Non sentirai nulla ma sarai sveglia e parteciperai alla nascita di tua figlia. Potrai vederla subito non appena la tiriamo fuori, proprio come in un parto naturale.»

«Sembra bello anche così.»

«Lo sarà, vedrai.»

«E l'allattamento? Potrò allattare senza problemi?»

«Sì, solitamente non ci sono correlazioni. Né il parto cesareo né la tua età impediscono la formazione del latte. È ovvio però che alcune donne incontrano delle difficoltà, per motivi medici ancora non chiari.»

«Be', allora incrocio le dita. E per il resto, cosa c'è da fare?»

«Da qui al parto dobbiamo intensificare i controlli. Verrai una volta alla settimana per fare un monitoraggio cardiotocografico. Questo ci permetterà di tenere sotto controllo il battito cardiaco di Maelle e le contrazioni del tuo utero.»

«Ok. E quando partorirò?»

«Adesso vediamo...»

Abbiamo deciso insieme la data di nascita di mia figlia, e farlo è stato strano. Non ero sorpresa dal fatto che sarei andata incontro a un parto cesareo, ma avevo sempre immaginato la nascita di un figlio con quelle classiche corse all'ospedale che vedi nei film, con lei che respira e il marito che le dice di stare tranquilla. Stare lì, in quel momento, con il calendario in mano, e decidere una data... ecco, mi sembrava quasi innaturale.

«Dunque... a febbraio sei nel nono mese» ha ripreso il ginecologo. «Il 15 è troppo presto. Mmm. Il 26 troppo tardi. Ecco: il 21. Che te ne pare?»

«Che giorno è?»

«Un sabato.»

«Sì, mi piace. E 21 sia.»

Speravo segretamente che la nascita di Maelle cadesse di giovedì, come il giorno della mia nascita, o in alternativa di sabato, uno dei miei giorni della settimana preferiti. Ero stata accontentata senza nemmeno chiederlo.

Uscendo dallo studio non ho potuto non recitarlo a voce alta, perché da quel momento l'avrei detto tante di quelle volte. Per documenti e compleanni, iscrizioni a scuola, corsi e brevetti.

21 febbraio 2009.

Sì, la nascita di mia figlia suonava bene.

Dopo aver parlato col dottore il pensiero dell'allattamento si è accomodato nella mia testa. Devo ammettere di non aver mai riflettuto abbastanza sull'argomento, riguardo a cui, peraltro, ero completamente digiuna. L'unico pensiero che, da profana, riuscivo a fare era: be', con questo seno non morirà certo di fame!

«C'è un corso in cui parlano di allattamento» mi aveva consigliato un giorno Allegra. «È domani alle tre, ci vogliamo andare? Se vuoi ti accompagno!»

Siamo entrate in una piccola clinica proprio a due passi da casa mia. Quante donne pensavo di trovare? Be', una decina. Forse venti. Sbagliato: eravamo cinquanta belle pancione. Cinquanta! E ognuna ovviamente era venuta accompagnata. Chi dalla mamma, chi dalla sorella o da un'amica. Altre ancora, incredibilmente, dal compagno.

Quale innato sadismo spinge una donna sana di mente a trascinare un pover uomo a un corso sull'allattamento? Che contributo potrà mai dare? Quali oscure dinamiche del seno materno potrà mai comprendere? Guardavo quei poveri mariti e fidanzati annoiati, con la faccia appesa e lo sguardo fisso sull'orologio, che mi ricordavano tanto quelli incontrati al centro durante le cure.

La sala era quasi piccola per contenerci tutte, e i posti a sedere erano già occupati dai primi arrivati. Il pediatra che teneva il corso ha fatto una faccia contrariata.

«Allora, bene,» ha esordito «non abbiamo molte sedie, quindi, le mamme sedute, tutti gli altri arriveder... ehm, potete stare in piedi.»

Non appena varcata la soglia avevo notato le altre donne nelle mie stesse condizioni darsi di gomito. Ok, ero Antonella Clerici ma ero pur sempre una donna in gravidanza che non sapeva niente di neonati e allattamento, proprio come tutte loro.

Il pediatra ha preso un bambolotto per i piedi: «Eccolo qui, il vostro pupo» e poi, con una mossa che a noi è parsa ridicola, se l'è portato al petto per mostrare la posizione da adottare durante l'allattamento.

«Adesso fatemi vedere se avete capito» ha detto

passandoci il bambolotto. Ognuna di noi, a turno, doveva provare la posizione. Era divertente e un po' imbarazzante, ma al tempo stesso provocava una sensazione intensa. Il senso di immedesimazione che sperimentavamo nel tenere quel pupazzo tra le braccia era assurdo e totale: tra poco sarebbe successo davvero.

«E potete tenerlo in questo modo, oppure sdraiato accanto a voi, altrimenti nella posizione del rugby» ha aggiunto imbracciando il bambolotto sotto il braccio proprio come fosse una palla, con il viso all'altezza del petto e i piedi verso la schiena.

In un attimo quel simpatico pediatra ha preso il mio posto come star della giornata, e io mi sono serenamente dissolta in un sottofondo di simpatia ma anche di indifferenza. Ero una di loro, una futura mamma come tante, ed ero felicissima di non essere al centro dell'attenzione.

«E questo» ha ripreso il pediatra tirando fuori uno strano aggeggio dalla forma di trombetta «è il tiralatte.»

«Oddio, io lo odio quel coso!» ha sussurrato una donna alle mie spalle.

«Non fate quelle facce avvilite del tipo: "Ah, figurati se mi servirà!". Tutte voi potete avere latte, l'importante è attaccare subito il bambino e farvi aiutare dalle ostetriche, sapranno darvi molte indicazioni utili sul momento. Lei» ha detto indicando una ragazza in prima fila «perché fa quell'espressione contrariata?»

«Perché ho una prima,» ha risposto la giovane donna portando lo sguardo al suo décolleté non proprio da maggiorata «al massimo posso offrirgli l'aperitivo.»

Un coro di risate si è levato dalla sala.

«Risposta sbagliata! Un seno piccolo spesso può produrre più latte di un seno grande! Non esiste correlazione tra dimensioni e produzione. Un seno grande può non riuscire a produrre una goccia e una donna quasi piatta può improvvisamente trasformarsi nella centrale del latte!»

Ecco, questa non è una buona notizia, ho pensato dando un'occhiata al mio décolleté sempre più florido. Da una quarta ero passata a una sesta da urlo, già mi immaginavo intenta a nutrire notte e giorno la mia piccolina. Possibile che tutto quel ben di Dio potesse risultare inutile?

«Non ho voglia di venire, oggi. Andate voi e poi mi raccontate» ho detto a Eddy. C'era questa casa, di cui ci aveva parlato un amico, dalle parti di Roma Nord. La zona residenziale era bella, verde e non troppo lontana dal centro, ma non avevo mai pensato di andarci a vivere. Troppo lontano per il mio desiderio di quartiere, negozi sotto casa, rumore e gente. Immaginavo che la quiete degli alberi intorno mi avrebbe fatta sentire troppo isolata.

«Antonella, l'architetto non viene, dovrei andare da solo. Dai, accompagnami. Ci mettiamo un'ora al massimo.»

Dopo qualche insistenza ho ceduto, mi sono infilata un paio di stivali, un cappotto largo sopra al mio pancione di nove mesi e siamo usciti di casa.

L'appuntamento con l'agente immobiliare era davanti al cancello del palazzo, un edificio rosso di tre piani alti posizionato su una curva che dominava la valle sottostante. La zona non era isolata come avevo pensato. C'erano una palestra, un bar e un supermercato a poche centinaia di metri dall'abitazione. Forse avrei potuto sopravvivere.

«Siete arrivati in perfetto orario» ha detto l'agente accogliendoci. «A quest'ora l'appartamento è pieno di luce.»

«E il resto del tempo?» ho domandato.

«Oh, lo vedrà da sola» ha risposto.

L'ascensore si è fermato all'ultimo piano, il mio respiro si è fermato appena oltrepassata la porta d'ingresso.

Era un sogno. Le pareti sembravano quasi non esistere, davanti a noi soltanto enormi vetrate che permettevano allo sguard di tuffarsi in un orizzonte di cielo, alberi e nuvole. Le case circostanti erano nascoste dal verde, offrendo così la sensazione di trovarsi in campagna. In una villa sospesa tra terra e cielo.

La luce che entrava da fuori rimbalzava contro i muri creando un'illuminazione naturale di rara bellezza. Alle mie spalle, ancora finestre. Eravamo circondati di vita, la casa era piena di aria, di respiro. Il parquet riluceva sotto i raggi caldi delle quattro del pomeriggio. Mi sono immaginata lì, con la mia bambina, a giocare su un tappeto proprio al centro di quel salone, i suoi capelli che riflettevano i bagliori del sole e gli occhi l'azzurro del cielo.

Tutto pareva possibile tra quelle mura.

Abbiamo fatto un giro e tutto il resto della casa presentava la medesima atmosfera della zona living. Ampie finestre, pareti di colore chiaro, pavimenti in caldo parquet. Ho immaginato il nostro grande letto bianco. Mi sarei svegliata, e avrei visto dalla finestra un ramo, un pezzo di prato, una casa in lontananza. Avrei sentito cinguettii striduli invece che i motori delle auto del centro.

L'ultima parte della casa che abbiamo visitato è stata il terrazzo. Correva tutto intorno alla casa, ed era grande abbastanza per metterci un tavolino e un ombrellone in modo da goderci le prime giornate di primavera con pranzi all'aperto e aperitivi al tramonto ammirando la vallata. Quel luogo, pur non trovandosi nel caos del centro a cui ero abituata, era vivo come non mai. Si prestava a feste, a momenti condivisi con gli amici, a godersi le giornate.

«Allora?» ha chiesto l'agente una volta concluso il giro.

Mi sono voltata verso Eddy un po' intimorita. Avrei tanto voluto leggere nel suo sguardo lo stesso incanto che provavo in quel momento, le stesse immagini felici che quella casa mi suggeriva.

L'ho visto sorridere cercando il mio sguardo. Abbiamo annuito insieme, con lo stesso sogno negli occhi.

«La prendiamo» ho detto sicura.

«È lei, è la nostra casa» ha ripetuto Eddy.

Chissà se quel giorno abbiamo fatto più felice il proprietario della casa, l'agente immobiliare o noi stessi. Fatto sta che siamo usciti tutti da quel portone con tre sorrisi splendenti.

«Ecco Maelle!» ha esclamato Elena mentre sul video le immagini dell'ecografia tridimensionale svelavano il volto della bimba a distanza di un mese.

Sembrava di averla lì con noi. Abbiamo visto i suoi occhietti chiusi, i pugni davanti al volto e la bocca a cuoricino, i piedini già perfetti.

«Eddy... è proprio te» ho detto. Lui ha ridacchiato, con addosso quell'emozione tipica dei papà, pudica e ironica.

«Stando alle stime siamo perfettamente nella media, anzi è addirittura un po' più grande» ci ha informato Elena sorridente. «Credo che nascerà con un peso intorno ai tre chili, forse anche qualche grammo in più.»

Non era più tempo per le domande, le paure, le fantasie. Era il tempo dell'attesa, quella vera, frenetica, emozionante e frustrante degli ultimi giorni. Tra non molto il volto di Maelle non sarebbe più comparso su uno schermo, ma tra le mie braccia. Era un pensiero talmente forte che non riuscivo a realizzarlo appieno.

«Non preoccuparti, Antonella, è tutto nella norma» mi aveva detto la psicologa durante il nostro ultimo incontro prima del parto. «Siamo arrivate al momento in cui le tue fantasie si scontreranno con la realtà. Il parto sarà uno spartiacque fortissimo. Da donna a mamma. Definitivamente, per sempre. Questo porta con sé necessariamente qualche incertezza, ma non si tratta di un sentimento negativo. È quello che io definisco ansia positiva: un'eccitazione, un'euforia che porterai con te fino al momento in cui guarderai tua figlia negli occhi per la prima volta e oltre.»

«A volte mi ritrovo a pensare come sarà quel momento. Ho paura che sia diverso da come l'ho sempre immaginato.»

«Lo sarà senza alcun dubbio. Ma hai fatto bene a lasciarti andare a quest'immaginazione. Ti ha permesso di costruire dentro di te la figura di una figlia; era l'unico modo in cui potevi realizzare la sua presenza: la mente può adattarsi a un cambiamento così drastico solamente costruendo delle ipotesi. So che la paura è quella di trovarti all'improvviso davanti una bambina del tutto diversa da come l'hai sempre pensata, ma ciò accadrà necessariamente. Non aver paura a lasciarti andare alle fantasie. Lasciale fluire, coccolale, abbine cura come fossero reali. L'impatto con la realtà sarà comunque così differente, emotivo, carico di forza, che ti farà istantaneamente superare questo primo incontro immaginario con Maelle. In un certo senso questa preoccupazione è parte di un primo rapporto che stai instaurando con lei. È l'inizio di un percorso.»

«E cosa accadrà se scoprirò di non essere adatta a intraprendere questo percorso? Spesso mi domando se sarò davvero capace di prendermi cura di lei...»

«Sarà tua figlia a insegnarti come fare. Sai, i piccoli dell'uomo in un certo senso nascono già programmati. Sanno aggrapparsi al tuo corpo, mandarti dei segnali chiari per indicarti che hanno fame o provano un qualche disagio. Farti capire quando stanno bene. Essere una buona mamma all'inizio significa semplicemente essere un'attenta osservatrice. Non servono grandi manuali» ha detto lei sorridendo, poi ha aggiunto: «Piuttosto, come vivi l'idea del parto? Hai paura oppure sei tranquilla?».

«Be', tranquilla mica tanto. Prego che tutto vada per il meglio, ho desiderato talmente tanto questa bambina, e averla è stato così faticoso, che se dovesse andare storto qualcosa proprio adesso...»

«Antonella, è normale che tu abbia più paura di altre donne. La tua è una gravidanza speciale da tanti punti di vista. Per la sua complessità, ma soprattutto per la tenacia e l'amore che ci hai riversato. È vero che si tratta della tua tanto desiderata Maelle, ma non investire il momento di tutte queste valenze emotive. Al tuo utero non interessa, per lui il parto è uno scopo ovvio, è stato creato per fare quello. Le cose procederanno naturalmente, tutto ciò che devi fare è collaborare e affidarti alle mani degli ottimi medici che ti stanno seguendo. Se ti senti molto nervosa rilassati con qualche esercizio di training autogeno, ma soprattutto con pensieri e immagini positive. Anche in questi giorni, tenta di distrarti. Guarda qualche film, ascolta della musica, prenditi completamente cura di te stessa.»

«E dopo cosa succederà? Mi chiedo spesso come sarà la mia vita con una figlia. So che ci saranno numerosi cambiamenti e che non saranno solo pratici ma che avverranno anche dentro di me.»

«È vero. Sperimenterai un senso di tenerezza mai provato e un istinto di protezione di una intensità immensa. Nessuno è in grado di descrivertelo a parole tanto sarà forte. Sentirai la gioia di aver finalmente concluso questa esperienza con una vittoria, e a volte ti sembrerà che per essere felice, al mondo, sia sufficiente solo lei, penserai che non stai perdendo tempo nemmeno quando ti lasci andare ai suoi lentissimi e ripetitivi ritmi. Ma c'è anche il rovescio della medaglia. Accuserai molto stress nel primo periodo, devi accettarlo da subito. Dormirai meno, a volte sarai in difficoltà, impreparata davanti ai piccoli e grandi incidenti di percorso, e spesso ti sentirai sola. Come ti ho già detto, il tuo compagno, per quanto presente, non potrà comprendere appieno quello che provi, e poi non avrà verso la bambina il tuo stesso attaccamento. Quello arriverà col tempo.»

«E come posso proteggermi da tutte queste difficoltà?»

«Semplicemente accettando il fatto che non è solo Maelle ad aver bisogno di essere accudita, ma anche tu. Lascia che le persone che ti vogliono bene si prendano cura di te, Antonella, e non rifiutare il loro aiuto. Chiedilo, se necessario.»

«E cosa potrò fare io per aiutare la mia bambina, per farle capire da subito che sono la sua mamma e che può contare su di me?»

«Sai, è stata fatta una ricerca scientifica che ha dimostrato un dato sorprendente. Ponendo davanti al loro volto delle persone estranee i neonati si mostrano indifferenti. Sono ancora miopi, disinteressati. Quando però il volto che appare loro davanti è quello della madre lo riconoscono immediatamente, e le loro pupille si dilatano. Accade solo davanti a lei. Tua figlia saprà subito, per il suo istinto e per il tuo odore, il tuo tocco, il tuo respiro, che sei sua madre. Puoi aiutarla semplicemente standole accanto, e comportandoti come fanno tutti i mammiferi: tenendola vicino al collo, dove batte il cuore, accarezzandola, toccandola, sussurrandole parole. Il contatto epidermico la aiuterà a capire che con te è al sicuro, che sei la sua mamma.»

Le sue parole anticipavano sensazioni che fino a quel momento avevo soltanto proiettato nella mia mente. Non vedevo l'ora di stringere Maelle tra le braccia, di farle sentire tutto il mio calore.

«Siamo arrivate alla fine di questo viaggio insieme, Antonella» ha concluso la dottoressa prima di salutarmi «e vorrei solamente incoraggiarti. Hai espresso dei dubbi che per la loro stessa natura indicano che sei una persona che sa mettersi in discussione, quindi evolvere, migliorare, risolvere i propri conflitti. Hai dimostrato grande forza e molto coraggio nel perseguire il tuo scopo anche dopo continui fallimenti. Dico sempre che il coraggio è la paura che resiste cinque minuti in più, nel tuo caso ha resistito ben oltre e per questo sono fiera di te. Come sai, rimango a tua disposizione, ma la verità è che da ora in poi puoi fare affidamento su te stessa. Non hai più bisogno di aiuto, adesso la tua base sicura sei tu.»

Ed era proprio così. Mi sentivo tesa, nervosa, emozionata, ansiosa, piena di dubbi, ma soprattutto, sopra ogni cosa, fiera di me stessa.

Era il 14 febbraio, San Valentino. Tra una settimana esatta avrei conosciuto mia figlia.

8

Maelle

Tu-tump. Tu-tump. Tu-tump.

Il suono era deciso e forte, e ascoltarlo provocava quello stupore incantato che si prova davanti ai piccoli miracoli. Il cuore di Maelle non batteva: correva. Spingeva. Cantava a voce alta come per annunciare: «Sto arrivando, aspettami».

L'ultimo monitoraggio mi cullava tra speranze e paure. Tra poco finalmente l'avrei conosciuta. Quello era il suono del suo petto e, insieme, gli ultimi passi della sua vita dentro di me. Fino a quell'istante io e mia figlia eravamo state unite, indivisibili, avvolte l'una nell'altra come parti dello stesso intero. La nostra vita insieme così come la conoscevo stava per finire, trasformandomi in una madre a tutti gli effetti.

Ero seduta su una poltroncina della clinica dove avrei partorito, la pancia avvolta da una fascia di sensori che, oltre a farmi sentire il suo battito, monitoravano le contrazioni del mio utero.

Il pensiero che nel giro di pochissimi giorni avrei dato alla luce mia figlia mi riempiva di incredula curiosità. Non vedevo l'ora di poterla guardare negli occhi, accarezzarle i capelli fini, tenerla tra le mie braccia, calda e morbida, profumata di latte come un cucciolo.

«Tutto perfetto» mi ha annunciato il ginecologo osservando il risultato del tracciato, stampato su una lunga striscia di carta. «Ehi, guarda quanto si è mossa...»

«Ehm, ho appena mangiato. Appena le arriva un po' di cibo si entusiasma... Ha preso proprio dalla mamma» ho detto.

«Tu come ti senti?»

«Impaziente!» ho esclamato.

«Lo credo. Dai, mancano solamente tre giorni, resisti.»

«Non faccio che pensarci. Mi pongo domande di continuo, provo a immaginare come sarà quel momento...»

«Se vuoi provo a chiarirti le idee. Vieni con me, ti porto a vedere la sala parto.»

Non me lo sono fatto ripetere due volte. Ho esibito il mio pancione in giro per la clinica con una certa fierezza. Ho gettato un'occhiata alle camere da letto, spartane ma accoglienti, e alla stanza delle infermiere, dove ho conosciuto la caposala. Infine siamo scesi al piano inferiore dove, al termine del corridoio color zafferano, si trovavano le due sale parto.

La prima, riservata agli ul ˙mi minuti di travaglio e al parto naturale, era una stanza molto semplice, con le attrezzature in bella vista e la classica poltrona per il parto, con le staffe, le manopole a cui aggrapparsi e quella seduta particolare, adatta a far nascere un bambino.

«Quante ne ha viste questa sala...» ha commentato Antonio.

Nei suoi occhi, fermi per un istante su quella poltroncina, scorrevano i fotogrammi di tutte quelle nascite di cui era stato testimone nel corso della sua lunga carriera.

«E quella invece?» ho chiesto guardando la porta che si apriva sul lato opposto del corridoio.

«È la sala operatoria vera e propria, quella per il cesareo. Quella dove nascerà tua figlia.»

Ho preso un lungo respiro prima di entrare, provocato non solo dalla consapevolezza che di lì a poco avrei varcato quella porta per dare alla luce la mia bambina, ma anche da un pensiero che avevo tentato di seppellire in fondo all'anima, lì dove con un po' di fortuna sarebbe rimasto in silenzio e avrebbe smesso di fare male. Fino a momenti come quello.

L'ultima volta in cui avevo calpestato il pavimento lucido di una sala operatoria era stato quel maledetto ottobre di due anni prima, non per dare alla luce un figlio, ma per accettare e dolorosamente attraversare la sua perdita. Curioso come quella sala mi fosse apparsa tanto fredda e crudele, asettica nella sua indifferenza alla mia perdita così sofferta mentre questa, pur assomigliandole, pur contenendo gli stessi oggetti, gli stessi colori, gli stessi odori, mi sembrava più calda, umana.

Ho osservato il lettino, pensando a quanto fosse stretto e lungo. Ho specchiato il mio viso incerto nella grande lampada sovrastante, e accarezzato con lo sguardo quelle pareti che, circondandomi, avrebbero assistito per prime alla nascita di Maelle.

«Posso vedere anche la nursery?» ho domandato.

C'era solo una bambina quel giorno a occupare una delle piccole culle candide del reparto. Sulla sua coperta si leggeva un nome ricamato a punto croce, Giulia, e dal bordo decorato spuntavano due minuscole manine, strette in pugni serrati. Era bellissima. Sarei rimasta a fissarla per ore mentre, con l'onda del suo respiro, muoveva in modo appena percettibile le lenzuola.

La valigia per il ricovero è lo spauracchio di ogni partoriente.

«Anche quando hai portato troppo, manca sempre qualcosa: io per esempio avevo dimenticato i bavaglini» mi aveva raccontato una mia ex collega che aveva partorito qualche settimana prima.

«Io ho usato la valigia grande, quella che utilizzo per le vacanze» aveva detto un'altra, lasciandomi esterrefatta. Era prevista una settimana di ricovero; dovevo contenermi ma portare tutto ciò di cui io e Maelle avremmo avuto bisogno.

In realtà la clinica mi aveva fornito una lista, ma scorrendola avevo avuto qualche perplessità.

«Dieci body» recitava alla prima voce. Bene: manica corta, lunga o a canottiera? Nel dubbio ne ho preso un paio per tipo, tutti bianchi.

Poi: calzine di cotone. Ok, ne possedevo diverse paia, tutte senza cuciture come richiesto. A seguire, completini invernali. Su questo punto avevo davvero l'imbarazzo della scelta: gli abitini ricevuti in regalo superavano qualsiasi necessità di Maelle. Ho deciso di portarne una decina tra i più eleganti in cachemire, lana, ciniglia. Tanto rosa, bianco e un tocco di giallo chiarissimo.

«Ma il primo completino che indossa deve essere un dono della mamma» aveva sentenziato Tiziana.

Ecco, a quello non avevo pensato. Avevo ricevuto così tanti regali che non pensavo fosse necessario comprare altra roba, ma in fondo Tiziana aveva ragione.

Due giorni prima del parto sono andata in cerca del completino. Ho girato un paio di negozi ma i vestitini che mi proponevano erano troppo semplici o troppo decorati, troppo rosa o troppo neutri. Al terzo negozio la commessa ne ha tirato fuori uno solo. Quando l'ho visto non ho avuto alcun dubbio: era lui. Mi hanno conquistato la sua morbidezza, il color confetto e la lavorazione della lana, quasi fosse all'uncinetto o fatta a mano. E quell'orsetto bianco sulla pancia, paffuto e dolce come immaginavo sarebbe stata la mia bambina. L'ho aggiunto a quello che già si trovava nella valigetta insieme a un cappellino e tre copertine. Tutto rigorosamente in lana pesante.

Allora non ne avevo idea, ma la temperatura della clinica si sarebbe rivelata al limite del tropicale e gli abitini che avevo portato per Maelle sarebbero stati delle piccole saune...

Ho fatto qualche spesa anche per me.

Prima voce: mutande in rete. L'ho riletta un paio di volte per esserne sicura. Mutande in rete? Sono andata in un negozio premaman e me le hanno mostrate. Erano grandi quanto un pugno.

«Mah, guardi, forse questa taglia è troppo piccola» ho suggerito alla commessa.

«Oh no, sono taglia unica» mi ha risposto allargando il campione con le mani fino a farlo diventare una extra large che sarebbe potuta andar bene addirittura a un ippopotamo.

Le ho osservate meglio. Perfino Kate Moss in quelle mutande sarebbe assomigliata a un insaccato. Ed era solo il primo degli articoli di abbigliamento antistupro che una puerpera è costretta a indossare. Vogliamo parlare della pancera? Oppure dei reggiseni da allattamento, con apertura facilitata e scollatura monacale?

Le camicie da notte con i bottoni erano considerate un must per ragioni di praticità, ma costituivano anche l'unico capo sul quale era concesso un minimo di fantasia. Ho controllato nell'armadio se per caso ne possedessi già qualcuna, ma senza grande successo.

«Guarda, sono introvabili! Ho girato almeno dieci negozi per averle» mi aveva informata una conoscente, quella della valigiona.

Fortunatamente si sbagliava: le più semplici e graziose che potessi desiderare le ho trovate proprio nel negozio sotto casa. Ne ho acquistate subito una rosa e una bianca, poi ripensandoci sono tornata a prenderne altre due di colori diversi. Il bisogno di sentirmi bella per il primo incontro con mia figlia iniziava a essere sempre più pressante nelle mie scelte, soprattutto ora che stavamo per trovarci finalmente faccia a faccia. Sapevo che non lo avrebbe capito né ricordato, ma volevo farle ugualmente trovare una bella mamma ad accoglierla. Non volevo trasformarmi in una matrona con i capelli sporchi e gli abiti sformati soltanto perché avevo appena partorito. Il rispetto per il mio corpo andava a braccetto con quello per Maelle. Sapevo che sentirmi carina mi avrebbe aiutata a essere e ad apparire più serena. Certo, non sarei stata in gran forma dopo un cesareo, ma volevo fare il possibile per sentirmi comunque bene nella mia pelle.

Ho piegato con cura le camicie da notte e le ho messe nella mia valigetta insieme con il paio di pantofole che mi aveva regalato la mamma quando ero andata a vivere da sola. Quanto avevo riso, scartando quel regalo. Sembravano appena uscite dal guardaroba di Barbie, o forse di Marilyn. Bianche, con il pon pon di piume in punta e un piccolo tacco, da vera sciantosa. Forse non erano il massimo della comodità né particolarmente adatte per una clinica, ma indossarle sarebbe stato un modo per portare con me anche lei. È stato allora che per un attimo la mia serenità ha vacillato. Mamma. In quel momento la sua mancanza si sentiva come non mai. Quanto avrei voluto che fosse lì accanto a me, ad aiutarmi a piegare i vestitini di Maelle, a dirmi che non vedeva l'ora di conoscerla, ad accarezzarmi i capelli per tranquillizzarmi. A dirmi: «Vedrai, andrà tutto bene».

Ho poi infilato nel mio bagaglio un peluche a forma di pesciolino, un regalo di Cristina per Maelle, e la camiciola della fortuna.

Ricordandomi di averne ricevute in dono dai miei telespettatori almeno cento, ho deciso che, ancora una volta, avrebbe deciso il destino per me: ho allungato la mano verso la pila di camicine, ancora nelle loro scatole, e ne ho presa una a caso. Era bianca, molto semplice, con i bordi rosa e un minuscolo ricamo al centro. Conteneva ancora il biglietto della signora che me l'aveva mandata.

«È stata benedetta dalla Madonna, ti porterà ancora più fortuna» recitava.

Ancora una volta la sorte pareva avermi messo sulla strada più giusta. Lassù qualcuno vegliava su di me, ed era sicuramente la mamma.

Ho preso la cornice d'argento con la sua foto, e istintivamente l'ho messa in valigia assieme alla camicina. L'avrei tenuta sul comodino per tutto il tempo.

La mia mente, in quel momento, era assediata dai ricordi. Quante volte avevo riempito una valigia e sentito il suono di quella zip, soprattutto agli inizi della mia carriera quando ero una giornalista sportiva sempre in giro per stadi e tornei. Ora mi ritrovavo a chiuderla per intraprendere un nuovo viaggio, pieno di incognite e paure, ma anche delle emozioni più forti della mia vita. Mi sentivo una privilegiata.

Come ultima cosa ho preparato la carrozzina per quando saremmo tornati a casa. L'avrebbe portata in clinica Eddy l'ultimo giorno, ma volevo essere io a mettere le piccole lenzuola bianche ricamate a mano, e una copertina in tinta unita – nemmeno a dirlo – rosa. Ho immaginato la mia bambina lì dentro. Il peso del suo corpo, le manine che sfiorano il lenzuolo, il visino sulla federa candida. Maelle era presente, eppure era incredibile da immaginare. Ho posato una mano su quella copertina, come ad accarezzare ciò che presto avrebbe coperto.

Papà e Cristina sono arrivati il giorno prima. Mia sorella era agitatissima, non faceva che chiedermi come stessi, portarmi bicchieri d'acqua riempiti fino all'orlo e controllare che avessi preparato tutto. Mio padre invece non sapeva bene cosa fare per essere d'aiuto. Si aggirava per casa silenzioso e un po' commosso, si capiva che la faccenda gli provocava emozioni molto più sconvolgenti di quanto avesse immaginato.

Andavano e venivano da casa mia anche Tiziana e Miriam, i miei punti di riferimento ogni volta che la paura dell'intervento faceva capolino tra i miei pensieri.

«Dai che il cesareo lo fanno un sacco di donne, è

una passeggiata ormai. La mia vicina di casa in tre giorni era in piedi» mi ha raccontato Miriam.

«Mi raccomando, taglio bikini» mi ha consigliato Tiziana.

Ero consapevolmente ignorante in materia. Non volevo saperne troppo. Punti, taglio bikini, giorni di ripresa... No, non ero interessata ai dettagli. In fondo la mia non era una scelta. Cesareo serve, e cesareo sia. L'unica cosa che mi importava era che Maelle stesse bene.

Dal momento che l'intervento era previsto per la mattina seguente alle otto in punto, dovevo recarmi in clinica la sera, passare lì la notte ed essere pronta di buon mattino per la preparazione al parto.

Mi sono chinata accanto a Oliver, che sonnecchiava sotto il tavolino nonostante il viavai di gente.

«Ehi, Oli» gli ho detto «la mamma tra poche ore andrà via per qualche giorno, tu mi raccomando, cerca di fare il bravo, obbedisci a Eddy e non sentire troppo la mia mancanza. Quando tornerò ti presenterò la tua sorellina Maelle.»

Ha mugolato poggiandomi il suo tartufo umido sul dorso della mano.

Quel venerdì mi sono fatta due docce, ho controllato la valigia, ho conversato a lungo con Cristina, e per il resto del tempo ho tentato di accumulare energie per il ricovero in vista. Poi, a un certo punto, passata davanti allo specchio, ho avuto un pensiero improvviso.

«Eddy. Una foto! Non abbiamo neppure una bella foto di questa gravidanza.»

«Antonella, ma ormai è tardi, fra cinque ore sei in clinica.»

«Lasciami fare solo un tentativo.»

Ho composto il numero di Marco, il mio fotografo di fiducia. Sapevo di chiedergli molto: uno scatto così, senza preavviso, senza appuntamento. Non sapevo neanche se fosse in Italia; magari era già impegnato su un altro set. Di nuovo la fortuna mi ha sorriso: aveva appena finito un *photoshooting* e stava tornando verso casa, proprio in direzione della mia. In mezz'ora era arrivato. Senza truccatrice, senza parrucchiera, senza abiti particolari, ho fatto una delle foto più belle della mia vita. Un ritratto in bianco e nero in cui Eddy abbraccia il mio pancione, e insieme sorridiamo all'obiettivo pieni di dolcezza.

«Sembriamo una coppia di reali» dice lui ogni volta che la riguarda. In effetti, oltre alla posa un po' plastica, si legge in noi quell'orgoglio, quella fierezza, che però non derivava da nessun titolo, da alcuna notorietà: era Maelle.

L'attenzione dei media, che nei mesi precedenti – complice la mia scomparsa dalle scene e la vita mondana praticamente nulla – si era placata, era tornata a sorpresa su di me proprio in quei giorni.

Avevo tentato di deviare l'attenzione sostenendo che il parto era previsto per la fine del mese, ma il fatto che mi recassi ai monitoraggi sempre più di frequente aveva già messo in allerta giornalisti e paparazzi.

Insieme con Eddy avevo deciso di arrivare in clinica in tarda serata, verso le dieci. Speravo che fotografi e curiosi, non vedendomi arrivare né nel pomeriggio né con il buio della sera, avrebbero desistito.

Alle nove mi sono fatta aiutare da Cristina a portare la valigia e la mia borsa a mano in macchina. Poco dopo Eddy ha messo in moto, attendendomi sotto al portone.

Mi ero preparata ed ero pronta ad andare. Avevo deciso di mettere una delle mie tute preferite, in ciniglia nera. Sopra, un piumino color oro. Nella mia testa dovevo indossare qualcosa di acceso, che facesse pensare a un momento di festa, di felicità. Quel colore sembrava rispecchiare il mio stato d'animo: luminoso, brillante.

Ho lanciato un ultimo sguardo alla mia casa. Al salotto gremito di libri e oggetti. All'anticamera dove la culla bianca in vimini aspettava candida e vaporosa l'arrivo di mia figlia. Al fasciatoio già organizzato con tutto il necessario (mi ero ricordata perfino i pannolini). A Oliver, accucciato di fianco al suo cesto dei giochi. L'appartamento era pervaso da quell'atmosfera elettrica che precede i momenti importanti. Ricordava il pomeriggio prima della vigilia di Natale, quando il silenzio e il buio sono fatti per accogliere, per essere riempiti. Mi sono ubriacata gli occhi e il cuore di quello spazio vuoto prima di allacciare il piumino e scendere in strada. Saremmo tornati in tre. Tutto sembrava ormai pronto.

Il tragitto mi è parso più lungo di quanto mi aspettassi. Alle dieci le strade erano già inondate di auto, pedoni, motorini. In fondo era pur sempre venerdì sera. Guardavo fuori dal finestrino e mi sentivo al centro del mondo. tutto il fermento, le luci, i clacson sembravano solo un rumoroso e festoso incoraggiamento per me e la mia bambina che stava per nascere. Avevo la sensazione che tutto il mondo fosse a conoscenza di quanto ci aspettava.

In effetti, in un certo senso era proprio così. Quando siamo arrivati al cancello della clinica ho notato subito decine e decine di paparazzi, giornalisti e curiosi che ci attendevano all'ingresso. Questa volta però non c'era più nulla da nascondere. Sono scesa dalla macchina con grande serenità. Non potevo correre via, e probabilmente nemmeno lo desideravo. Avevo un appuntamento con il giorno più bello della mia vita, con quella figlia desiderata e cercata per così tanto tempo. I presenti conoscevano la mia storia. Non si è verificato caos né invadenza o fastidio mentre, passando loro accanto, ho fatto il mio ingresso all'accettazione. C'è stato posto solo per sorrisi, saluti, parole di incoraggiamento e tanto affetto.

Mi sono voltata un attimo poco prima di varcare la porta e ho salutato tutti con la mano.

«Auguri Antonella, in bocca al lupo, salutaci Maelle» ho sentito dire alle mie spalle ormai dentro.

Ero felice.

Ci hanno fatto sistemare in una stanza al secondo piano, la 204. Un'infermiera mi ha spiegato che il mattino dopo alle sette in punto sarebbero venuti a prepararmi. Sarei stata il primo cesareo della giornata.

Non ha fatto in tempo a sistemarmi il letto in orizzontale che l'ho vista affacciarsi in corridoio: un gruppo di ostetriche stava correndo velocemente verso l'ascensore.

«Cosa succede?» ho chiesto.

«Oh, nulla» ha tentato di minimizzare, probabilmente per non spaventarmi.

«Me lo dica, per favore» ho insistito.

«Purtroppo una signora sta poco bene. Ha partorito due gemellini ma ha avuto delle complicazioni durante il parto, a causa del diabete. Ora è in reparto rianimazione, stanno cercando di salvarle la vita», e mentre concludeva la frase ho visto i suoi occhi farsi lucidi.

«E i bambini?» ho chiesto.

«Stanno bene. Il papà si sta prendendo cura di loro. Deve vederlo, con quanto amore e quanta paura sta dando il biberon a quelle due creature. Sta facendo da papà ma anche da mamma. Speriamo che la signora superi la notte e si riprenda presto.»

Non ho potuto fare a meno di volgere lo sguardo al piccolo crocefisso in legno sopra al mio letto e sussurrare una preghiera per quella donna.

«Aiutala, ti prego. E proteggi anche noi.»

Forse è stato quello il momento più intenso della

mia gravidanza. Il più denso, il più febbrile, il più decisivo. Io e Eddy in quella stanza bianca, a guardarci negli occhi subito dopo che l'infermiera si è allontanata. Non c'erano più confini né barriere di protezione tra noi e il grande evento della nostra vita. Era una vertigine di spavento e amore, un momento di sospensione dalla realtà che avrei ricordato per sempre.

Mi sono messa una camicia da notte, quella rosa. Abbiamo guardato insieme qualche minuto di tv per tentare di distrarci, ma non ha funzionato. Ben presto le nostre parole hanno preso a scalfire il silenzio di quella notte terrorizzante quanto magica.

«Come ti senti?» mi ha domandato Eddy.

«Traboccante di tante cose che non riesco a esprimere. Tu come te la immagini?»

«Adesso proprio non riesco a pensarci.»

«Sarà uguale a te,» gli ho detto «ne sono sicura. Avrà il tuo viso, la tua bocca e una testa piena di riccioloni neri. E poi la immagino con i miei occhi chiari...»

Abbiamo parlato a lungo. Rispetto ai soliti discorsi fatti di domande e frasi brevi, quella è stata una notte di parole, pensieri, confessioni e speranze.

Io, sdraiata sul mio letto con le flebo accanto, il comodino in plastica sopra il quale avevo appoggiato la foto della mamma e lui, sul divano letto blu con le lenzuola rigide e la coperta color crema.

I medici, soprattutto Antonio ed Elena, che sarebbero stati presenti al parto, mi avevano più volte tranquillizzata sull'intervento, ma in quel momento – dopo aver saputo del dramma che si stava compiendo nel reparto di rianimazione – la paura galleggiava nell'aria come nebbia. Ero lì, in un letto della clinica, vedevo le infermiere passare, sentivo ovunque attorno a me odore di disinfettante e medicine.

«Senti,» ho confidato a Eddy «se mi accade qualcosa, mi raccomando, sii un bravo papà per Maelle.»

«Ma quanto sei scema. La signora aveva il diabete, era a rischio...»

«Sì, lo so. Ma non faccio che pensarci...»

In quel momento le nostre parole sono state spezzate da un grido. E poi un altro, e un altro ancora. Disperati, animali, segno di dolore lancinante. E dopo un attimo di silenzio in cui io e Eddy ci siamo scambiati sguardi sbigottiti, si sono alzate nuovamente queste urla da far accapponare la pelle.

«Scusi, ma che succede?» ho chiesto a un'infermiera.

«Oh, niente di grave non si preoccupi. È la signora della stanza accanto. È entrata in travaglio.»

«E deve farselo in camera?» ho domandato stupita.

«Oh sì, potrebbe durare ore. La portiamo in sala parto solo quando è sufficientemente dilatata» ha risposto lei.

«Come sta la signora dei gemellini?» mi sono informata.

«Stabile.»

In quel momento sono riuscita a pensare soltanto

a due cose. Innanzitutto che la donna in travaglio con le sue urla disumane stava terrorizzando tutte quante noi, ricoverate per partorire. In secondo luogo che risparmiarmi quel dolore terribile non mi dispiaceva poi troppo. Il cesareo in fondo poteva non essere così male. Almeno credevo.

Quella notte la clinica era affollata di partorienti. Saremo state almeno otto. La nursery, che quando l'avevo visitata ospitava solo la piccola Giulia, era gremita di neonati addormentati nelle loro culle, con la personale copertina che spesso portava ricamato il loro nome. C'erano un Alessio, una Martina, un Daniele, una Giada. E presto anche una Maelle. Eravamo passati a vederli prima di entrare in stanza e avevo chiesto con timore al mio compagno: «Eddy, guarda quanti sono! E se li scambiano?».

«Antonella!»

«Be' certo, magari viene fuori con la tua carnagione ed è impossibile confonderla... ma probabilmente saprei riconoscerla comunque...»

Ho continuato così, con dubbi improbabili e scenari catastrofici finché non ci siamo detti che era arrivata proprio l'ora di riposare un po' – era ormai quasi l'una di notte.

La donna della stanza accanto aveva smesso di lanciare grida, limitandosi a sporadici mugolii. Forse le avevano fatto l'epidurale, ho pensato, o forse il marito l'aveva imbavagliata, povera donna.

Com'era possibile addormentarsi in quel momento? L'adrenalina mi circolava nelle vene, l'emozione faceva palpitare il mio cuore e mi era impossibile tenere a freno i pensieri. Poche ore ancora e avrei conosciuto mia figlia.

Mi sono girata e rigirata tra quelle lenzuola candide. Guardavo l'orologio sul muro. I minuti scorrevano ma il sonno proprio non accennava ad arrivare. Non appena credevo di trovarmi finalmente a un passo dal cadere nella beata incoscienza che mi avrebbe portata dritta alla mattina seguente, ecco che un pensiero rimetteva in moto il mio corpo in stand-by.

Le due. Sei ore e ci siamo Maelle, piccolina. Mi sfioravo la pancia con dolcezza. Ormai i movimenti della bambina erano sporadici e meno intensi per il poco spazio rimasto a disposizione, ma in quel momento mi è sembrato di sentirla proprio sotto le mie dita, a ricambiare la mia carezza strusciandosi contro la mia mano, come un gattino.

Guardavo Eddy in penombra: anche lui dopo apparenti momenti di quiete continuava a girarsi e agitarsi su quel minuscolo divano. La luce del corridoio che filtrava nella stanza scolpiva il suo corpo sotto le coperte e si posava sugli angoli delle cose. La lancetta dell'orologio. Lo spigolo del comodino. La cornice d'argento.

"Mamma, eccoci qui" ho pensato. Se non ci avesse lasciati così presto, sono sicura che sarebbe voluta restare con me quella notte. Avrebbe mandato Eddy a casa dicendogli di non preoccuparsi, avrebbe preparato il divano con cura e mi avrebbe rivolto parole affettuose e incoraggianti. Vedere la nascita di sua nipote l'avrebbe sicuramente riempita di emozione, per lei sarebbe stato come rivivere me, la sua prima figlia.

Diventare madre porta inevitabilmente a ripensare alla propria mamma. Non c'era stato un attimo durante quella gravidanza in cui non l'avessi desiderata ancora con me. Immaginavo il suo sguardo, la stretta del suo abbraccio, i suoi saggi consigli, i suoi silenzi pieni di amore.

In quel momento avrei tanto voluto chiederle come si era sentita il giorno della mia nascita. Cosa era successo, cos'aveva pensato, se anche lei la notte precedente non era riuscita a chiudere occhio, cosa aveva provato guardandomi per la prima volta, quando ancora assomigliavo a un cucciolo cieco e mugolante.

Sapevo che sarebbe accaduto: non appena tornata in camera con la bambina, sarebbe stato il suo lo sguardo che avrei cercato, ancor prima di quello di Eddy. Il vuoto che avrei ottenuto in risposta avrebbe rappresentato l'unica zona d'ombra della giornata. Ma poi certo, avrei trovato gli occhi dolci di mio padre, e quelli emozionati di mia sorella. E Tiziana, Miriam, Allegra. Non era il momento di lasciarsi andare ai ricordi dolorosi. Maelle stava per nascere, la giornata che mi aspettava sarebbe stata soltanto una grande festa e anche la mamma avrebbe sorriso, da lassù.

Sarebbe stata fiera di me. Io lo ero.

Avevo fortissimamente desiderato questa bambina. A dispetto di tutto: dell'età, delle cure infruttuose, delle difficoltà, delle voci contro. Mia figlia stava arrivando grazie al grande desiderio mio e di Eddy, ma soprattutto alla mia tenacia. Al mio andare avanti. Alla determinazione con cui non mi ero mai arresa.

Improvvisamente ho pensato alle leonesse, madri coraggiose, disposte a tutto per proteggere i loro cuccioli. Ricordavo quei documentari che si soffermavano sullo sguardo rabbioso di questi animali quando, correndo e ringhiando, si paravano tra la minaccia e i loro piccoli senza un attimo di esitazione, a costo della propria vita.

Provavo dentro di me quella stessa forza. Ero riuscita ad avere una bambina, da quel momento in poi avrei fatto qualsiasi cosa per farla stare bene. Ero pervasa da una sensazione mai provata in precedenza. Il miracolo che si stava compiendo in me, pur se presente quella notte nelle altre stanze della clinica, nel ventre di altre donne, e in altre migliaia di sale parto del mondo, mi sembrava unico e speciale. Avrei partorito un figlio. Io davo la vita.

Era vero, non c'era uomo che potesse comprendere quella sensazione. Di potere e fragilità, di grazia e commozione, di onnipotenza e terrore.

Mia figlia nasce da me, pensavo. Il suo corpo è cresciuto nel mio, le sue manine si sono schiuse per la prima volta nel mio utero, il suo respiro è passato attraverso di me, il suo nutrimento dalla mia bocca.

Ero sopraffatta dall'intensità di quel pensiero. Mi sentivo lo strumento di qualcosa di molto più grande.

Una notte, e lei sarebbe stata al mondo, separata per sempre dal mio grembo. Senza preavviso, senza preparazione alcuna. La sua vita sarebbe iniziata di lì a poche ore col primo, doloroso respiro.

La mia da quell'istante sarebbe cambiata per sempre. *Per sempre.* Queste due parole, che ormai si pronunciano così di rado, avevano il loro pieno senso soltanto nel descrivere un figlio. Sembravano cucite addosso a quelle sensazioni sconvolgenti. Le coppie si separano, i matrimoni falliscono, gli amici vanno e vengono. I figli no. I figli restano. In qualche modo questa sensazione contagiava anche il mio legame con Eddy. Decidere di fare un figlio con lui significava dare consapevolmente un'impronta di eternità al nostro rapporto. Non aveva importanza se fossimo rimasti insieme fino all'ultimo o se ci fossimo lasciati il giorno dopo. Maelle era il nostro *per sempre.* Dovunque la vita ci avrebbe portato, quel legame fortissimo sarebbe andato al di là degli eventi, avrebbe trovato sempre la sua ragione in nostra figlia.

Stavo per salire sul palcoscenico più importante della mia vita, comune a tante donne, eppure unico per ognuna di loro: quello di madre.

Avevo sempre sperato e fermamente creduto in quella gravidanza, ma esserci arrivata davvero, essere lì in quella clinica, quella notte, era per me al limite del surreale. Allora ce l'avevo fatta. Ho ripensato a tutte le parole dei medici che mi dipingevano come un caso quasi senza speranza, ai «non si faccia troppe illusioni», ai mesi di inutili tentativi dove il mio ciclo mensile arrivava puntuale nonostante iniezioni e ormoni, alle crisi personali, alle difficoltà fisiche.

La mente, ho pensato, è stata quella la chiave, il mio punto di forza. La mia testa aveva deciso, e aveva portato avanti anche il mio corpo. La mia forza di volontà, sulla quale tante e tante volte avevo fatto affidamento per raggiungere le mie mete, ancora una volta si era rivelata la carta vincente. Non c'era ostacolo che non potessi superare se la mia determinazione era forte, e mai come allora lo era stata.

Improvvisamente ho iniziato a perdermi nelle frasi dei libri che amavo, notando con stupore quanto fossi riuscita a dare loro compimento nella mia vita.

Ho ripensato a un libro che amavo da ragazza, l'*Antologia di Spoon River*, con le parole piene di rimpianto di chi giace e non ha saputo vivere appieno la sua esistenza: George Gray. Si tratta di un brano che parla di un uomo che nella vita ha incontrato tante occasioni, ma che non ne ha saputa cogliere alcuna. L'amore gli si era offerto, e lui si era ritratto. L'ambizione lo aveva chiamato, ma lui l'aveva temuta. Alla fine della sua esistenza costellata di rimpianti parla, con una sublime metafora, dell'opportunità di dare un senso alla vita. «Bisogna alzare le vele e prendere i venti del destino, dovunque spingano la barca» recita. Dare un senso alla vita, dice George Gray.

Mai come allora ho avuto la sensazione di averlo

fatto. Non sono una donna semplice, spensierata. Dietro al mio sorriso sono contraddittoria e complessa, voglio andare in fondo alle cose, immergermi nella vita, farmi male se necessario. Non posso rimanere in superficie, non è nella mia natura.

Io ce l'avevo il coraggio di alzare le vele al destino e lasciarmi trasportare. Cambiare rotta, se necessario, lottare contro la tempesta per raggiungere le rive dei miei desideri. Così era successo con Maelle, così era sempre accaduto nella mia vita. Nulla mi è stato regalato, e nel mio caso questa non è una frase di circostanza. Sono sempre stata al timone della mia nave, che non ha mai conosciuto altro comandante. Tante volte ho sbagliato, sono caduta, ho preso abbagli, ma posso affermare con certezza che le mie decisioni sono state di pancia, di passione e di coraggio. Non serve troppa razionalità per le cose davvero importanti, quelle le senti dentro.

Ho ripensato anche alle *Affinità elettive* di Goethe, un altro dei libri che ho amato e che hanno lasciato un segno indelebile dentro di me. Racconta come la maggior parte della gente faccia incontri che potrebbero cambiare la sua esistenza, ma di come in pochi se ne rendano conto e riescano, riconoscendo la straordinarietà di quell'attimo, a coglierlo. La maggioranza delle persone va avanti, come se nulla fosse.

Credo che chiunque, prima di innamorarsi, dovrebbe leggere quelle parole. Capire l'ineluttabilità di certi momenti, la trama preziosa di alcuni incontri, l'irripetibilità di un gesto.

«Quando tutto è in gioco» dice Goethe.

Ricordavo quell'attimo, in una notte di fine giugno, sotto le stelle di Marrakech. Era stato quello il mio momento. Tutto era lì per me, e io l'ho colto. Avrei potuto tirare le redini e lasciarmi portare lontano dalla razionalità, dalla convenienza, dalle parole degli amici. Ma cosa potevano saperne gli altri? Chi, che cosa più del mio cuore avrebbe potuto darmi una risposta? Mi sono messa in gioco perché ho riconosciuto lo straordinario. Non sono passata oltre, non ho chiuso gli occhi. Ho lanciato le mie carte in tavola per viverla davvero quella sensazione. Dentro la pelle, nell'anima, rischiando come sempre di espormi e soffrire, perché quando scegli con il cuore è quello che spingi in prima linea, non le difese della ragione o le inutili, pavide giustificazioni.

Chi agisce in quel modo, proteggendosi da ogni caduta, sterilizzando la sua vita dal dolore, gioisce a metà, ama a metà. Esiste a metà. Non si interessa alla sostanza delle cose, si ferma alla forma, che non ferisce, è intercambiabile ed effimera. Queste persone passeggiano sulla vita come se ogni pavimento avesse la stessa consistenza, ogni persona lo stesso sguardo, ogni giorno fosse replicabile all'infinito. Non rischiano nulla, perché in fondo non hanno nulla.

Io no, io avevo me stessa. Avevo Eddy. Avrei avuto Maelle. Tutto questo solo per essermi esposta, per aver giocato la mia mano senza la certezza di vincere. Era vita, semplicemente. Era cogliere il destino, lasciare che le vele mi portassero altrove senza ascoltare chi mi gridava quanto fosse pericoloso, quanto me ne sarei pentita, quanto fosse sconveniente.

Poteva durare una notte, un giorno, un mese, invece eccoci. Io e lui, nella camera di una clinica, pronti a conoscere nostra figlia.

Non avrei mai smesso di espormi al rischio per vivere davvero. Avrei sempre perseguito i miei sogni, le mie sensazioni profonde. Speravo che anche mia figlia avesse la mia stessa indole, passionale e temeraria, profonda e sensibile. Il mondo, fatto di attimi rapidi e superficiali, non l'avrebbe aiutata. Quasi più nessuno si sofferma a riflettere, a esplorare i propri sentimenti. Si diventa famosi in cinque minuti, si passa il proprio tempo online senza neppure guardarsi in faccia, si dialoga via sms, si cambia per adattarsi a mode sempre diverse. Sei quello che vogliono che tu sia. Sono gli altri a definirti, a darti un'identità. No, non volevo questo per lei, ma al contempo non avrei mai potuto raccontarle questi pensieri senza risultare invadente e bacchettona. Potevo solamente offrire il mio esempio. Tramandarle i miei valori giorno per giorno attraverso il mio comportamento e la mia storia.

Aveva una mamma che in anni di carriera non era mai cambiata per assecondare nessuno, né compagni né amici né esigenze professionali. Ero rimasta sempre me stessa, con i miei tempi, le mie abitudini, i miei ricci e le mie forme morbide. Ed era stato proprio ciò che con il tempo si era trasformato nella mia forza, nel motivo per cui ero emersa tra donne tutte uguali, con la medesima taglia di abiti, gli stessi capelli stirati, le stesse battute costruite sulle parole del momento. Io non ero mai stata *trendy*. Io ero semplicemente Antonella, con i miei pregi, i miei difetti e le mie forti contraddizioni.

Pur avendo fatto scelte diversissime tra loro non mi ero mai tradita, pur esponendomi sempre ai pericoli delle opportunità che la vita offre. Non ero stata nel porto a guardare le altre barche partire, lasciando la mia ancorata.

Ero stata concreta nei miei valori, ma folle nelle mie scelte. Avevo riconosciuto la straordinarietà dei momenti, li avevo colti, avevo preso il largo. Non aveva importanza se avessi trovato tempesta o bonaccia, se fossi tornata in porto o approdata all'altro capo del mondo. Quella era la mia vita, io non ne avevo un'altra da vivere.

Nel silenzio di quella stanza ho augurato a mia figlia di vivere come me. Speravo ci sarebbe stata con lei l'affinità elettiva più forte della mia vita. Non per avere una sorta di clone, ma per riconoscere che la sua anima e la mia erano fatte della stessa sostanza. Che non si arrende, che sa vivere con profondità, con anima. Con amore, soprattutto.

Per me è quello il vero motore. Per amore possiamo davvero cambiare la nostra vita. Nel mio caso tutto era iniziato per amore di un uomo. Oggi ero guidata dall'amore per lei, Maelle. La mia principessa.

Sentivo la mia esistenza giunta a un compimento. Adesso avevo uno scopo.

È stata quella sensazione, talmente grande che non riuscivo a contenerla, a lasciarmi abbandonare per qualche minuto al sonno. Era nel mio cuore come in quella stanza. L'avrei portata con me fino al mattino.

L'infermiera è arrivata puntuale alle sette. Un prelievo, un controllo generale e subito mi ha fatto indossare il camice da sala operatoria, uno di quelli bianchi che si infilano da davanti e sono chiusi sommariamente sulla schiena.

A quel punto le mie gambe hanno cominciato a tremare un pochino.

«Tra poco andiamo in sala operatoria. I suoi medici sono già arrivati, si stanno preparando» mi ha informato.

«Come sta la mamma dei gemellini?» ho chiesto istintivamente.

«Molto meglio, si riprenderà presto» ha risposto lei con un sorriso.

Era una bella notizia, ma ero comunque tesa per il mio cesareo imminente.

Elena è passata poco dopo: «Allora, nervosa?».

«Un po'.»

«Tranquilla. Non sarà un intervento difficile, e poi pensa che da quando entri in sala operatoria a quando vedrai la tua bambina passerà davvero pochissimo tempo. Non sei curiosa?»

Ho annuito, battendo lievemente i denti un po' per l'emozione, un po' per il freddo che il leggerissimo camice faceva passare fino alla mia pelle.

«Eccoci qui» ha detto il ginecologo affacciandosi nella stanza. «Mi raccomando, stai serena e pensa solo a Maelle.»

Già, dovevo concentrarmi su di lei. Non stavo andando a subire un intervento chirurgico, non era questa l'ottica giusta: io andavo a far nascere la mia bambina. All'improvviso il mio stato d'animo è passato da preoccupato a euforico. Non vedevo l'ora.

«Pronta?» ha domandato l'infermiera poco dopo.

Ho annuito chiedendo: «Dov'è la barella?».

«Oh, niente barella. Adesso andiamo insieme in sala operatoria.»

«Ma come? A piedi?»

«Perché, c'è qualche problema?»

No. Mi sembrava solo surreale infilare le mie pantofoline col pon pon e camminare fino agli ascensori, entrare in quello enorme per le barelle e scendere fino alla sala operatoria. Con quel camice che si continuava ad aprire e un'orrenda cuffietta in testa.

In sala ho trovato l'ostetrica e l'anestesista, un uomo che sarà stato alto un metro e novanta, dalla faccia simpatica.

Mi ha fatta girare su un fianco e curvare la schiena per procedere con l'epidurale.

«Adesso sentirai una puntura e un po' di fastidio, ma mi raccomando resta ferma.»

Ho obbedito fissando la parete opposta. Mi concentravo su altro per non sussultare all'arrivo dell'ago.

Ci siamo.

La parete era per metà azzurra e per metà bianca, e contro di essa era addossato un tavolino in acciaio ricoperto di ferri del mestiere.

Ma quando arriva quest'ago?

Eddy era rimasto fuori, aspettava che mi anestetizzassero per poi entrare in sala. Chissà se gli avrebbero fatto mettere, oltre al camice, anche quei buffi copriscarpe verdi e la mia stessa cuffietta. Eddy con la cuffietta, già mi veniva da ridere, l'avrebbe odiata.

Ahia! Eccolo. Accidenti, fa male.

«Fai un bel respiro, Antonella» ha detto l'anestesista.

Un bel respiro... era una parola. Per un attimo ho pensato che mi stesse uccidendo con un punteruolo come in *Basic Instinct*.

«Un attimo ancora e... fatto! Abbiamo finito» ha annunciato infine.

Eddy è finalmente entrato nella stanza con Antonio, Elena e il chirurgo. Mi sentivo tesa mentre l'anestesia iniziava a fare effetto e pian piano il mio corpo si sottraeva alla sensibilità. Il basso ventre, la pancia, parte delle gambe. Ero ancora consapevole dei movimenti e delle forme, ma la sensazione di pesantezza e immobilità era impressionante.

Solo i volti sorridenti dei miei medici e quello un po' pallido del mio compagno mi davano fiducia e mi permettevano di mantenere la tranquillità e il sangue freddo necessari.

Hanno issato un telo verde davanti al mio viso, poi è cominciato l'intervento.

Se non ci fosse stato Eddy accanto a me probabilmente avrei cominciato a urlare quando le prime sensazioni tattili hanno iniziato a essere ben percepibili anche nelle zone anestetizzate. Il dolore non c'era, ma era tremendamente impressionante sentirsi aprire, mescolare, premere, tirare, rovistare nella pancia, proprio dentro le cosiddette budella.

Non ricordo quanto tempo sia passato. Forse cinque minuti, forse venti. A un certo punto qualcuno ha detto: «Ecco Antonella, ci siamo».

Per un attimo hanno scostato il telo verde, e non capivo. Vedevo le braccia di due medici, il sorriso di Elena, la luce sgraziata della lampada. Rifletteva qualcosa di rosso. Ho abbassato lo sguardo in quella direzione, ed è allora che l'ho vista.

Mia figlia.

Un cucciolo sporco di sangue e vernice caseosa, ricurvo su se stesso, tenuto per la pancia, estratto da me.

Maelle.

I piedini incrociati, il viso minuscolo, una massa di capelli neri appiccicati alla fronte, il pianto acuto.

Amore.

Tutto è sparito, in quell'attimo. Sembrava esistere soltanto lei che urlava, meravigliosa.

L'anestesia confondeva i miei pensieri, cercavo di aggrapparmi alla realtà per vivere i primi istanti di mia figlia nel modo più cosciente possibile, ma un secondo e lei era già sparita dalla mia visuale. Non riuscivo a capire, a collegare. "Dov'è?" mi chiedevo. "Quando me la portano? È ancora sua questa voce? Dov'è Eddy? L'ha già vista?"

«La stanno controllando» ha detto il ginecologo leggendo il mio sguardo.

«Tutto a posto, è sana come un pesce» ho sentito dire all'ostetrica.

E poi l'attimo dopo, eccola di nuovo. Avvolta in un telo celeste, ancora sporca, ancora spaesata, piagnucolante. Ricordavo quando Antonio mi aveva raccontato di che portata fosse lo shock della nascita. Dal calore al freddo di una sala operatoria, dal buio alle luci accecanti delle lampade, dal galleggiare nel mio ventre al primo respiro, faticoso, doloroso, che butta per la prima volta aria come spilli nei polmoni e li fa dilatare. E poi è solo vita.

L'ho guardata. Era microscopica e perfetta. È stato un attimo, poi l'hanno subito portata via per lavarla e coprirla mentre io rimanevo lì a farmi ricucire la ferita.

«È bellissima, vero?» ho domandato a Eddy, che non aveva lasciato il mio fianco per un attimo e ora appariva confuso e frastornato quanto me.

«Lei può uscire adesso» ha detto l'ostetrica accompagnandolo fuori.

Che invidia. Lui poteva correre da Maelle mentre io ero inchiodata a quel lettino.

Sono stata lì ancora un'ora, stordita dall'anestesia, in preda a fantasie e pensieri. Era davvero mia figlia quella che avevo visto? Possibile che fosse così meravigliosa, così uguale alla Maelle dei miei sogni, eppure al tempo stesso così diversa, reale? Avevo un'incredibile voglia di vederla ancora, e ancora. Studiarla fino a conoscere a memoria quel corpicino delicato che per nove mesi aveva abitato dentro di me, sentire il tocco della sua mano, cullarla addosso, farle sentire il mio odore, percepire il suo peso tra le mie braccia.

Quando mi hanno riportata in stanza ho trovato ad attendermi tutte le persone a me più vicine. Chi con le lacrime agli occhi, chi con luminosi sorrisi, chi in un estasiato silenzio. Avevano già visto la bambina, passata poco prima per andare alla nursery.

Le loro parole e i loro complimenti erano un coro indistinto, la colonna sonora della mia gioia ancora poco lucida, ma totale. Mi hanno raggiunto carezze, risate, ho visto pacchetti regalo disseminati per la stanza, fiori fatti recapitare per noi, ho saputo che tanti amici aspettavano in sala d'attesa per poterci vedere.

Non ero ancora del tutto lucida e nel pieno delle capacità. Ricambiavo sorrisi, ringraziavo, ma in realtà era lei che aspettavo.

All'improvviso ecco è apparsa la cuffia bianca dell'ostetrica. Un vagito.

Eccola. Un pulcino spettinato avvolto nella copertina che avevo scelto per lei. Tutta rosa nell'abitino con l'orsetto, piccola come mai avrei immaginato, morbida e fragile, indifesa.

L'ho presa finalmente tra le braccia, calda, con il respiro che era un soffio e quegli occhietti semichiusi un po' pesti, come fosse un pugile che ha appena affrontato l'avversario più duro. Il suo era stato il parto. Eccola, la mia piccola combattente. La manina che si stringeva attorno al mio dito non appena la sfioravo, le gambette ancora incrociate, la testa pesante, che per il momento non riusciva a tenersi su, la posizione che ricorda quella fetale ma più distesa. Stava conquistando il suo spazio nel mondo.

È stato un attimo. Forse una parola, una risata o semplicemente il tocco della mia pelle. Ha aperto gli occhi impercettibilmente e ha incontrato il mio sguardo.

Nessun amore provato nella mia vita era paragonabile a quello che mi ha avvolta in quell'istante.

Ho questa foto, che amo molto, di quel giorno. Ci sono io, con i capelli raccolti e il camice bianco, e c'è Maelle, sdraiata a pelle d'orso sul mio petto, il viso accanto al mio. Siamo l'immagine di quella gioia assoluta e silenziosa che solo una madre e una figlia possono provare.

Eddy ci guardava con occhi che non avevo mai visto, quasi fosse il testimone di un'apparizione. Io e sua figlia in quel momento eravamo il suo universo, la sua assoluta e perfetta felicità.

Lui, un freddo, un duro, che non si commuove mai, quel giorno ha pianto. Ho sentito la sua voce spezzata da lacrime di gioia mentre, in corridoio, chiamava John per dirgli: «È nata».

Anche oggi ricordo il momento della nascita come fossi ancora in quella clinica. L'odore di fiori freschi e medicine che nella stanza si mescola a quello dolce di Maelle. Il tocco lieve delle sue dita è un brivido sulla pelle appena percettibile. Io so che in tutta la mia vita non proverò niente di uguale, che quegli istanti sono il compimento di un'esistenza e, incredibilmente, al tempo stesso l'inizio di un meraviglioso viaggio.

E adesso ci siamo, adorata Maelle.

Stai dormendo stesa sul mio seno e respiri profondamente. Ti fidi già della tua mamma.

Da oggi la nostra vita non sarà più la stessa, da oggi inizia la più straordinaria storia d'amore. Tra una madre e sua figlia, un sentimento definitivo, *per sempre*.

Ci saranno giorni belli e altri brutti, ti vedrò sorridere e piangere, spero di vederti crescere il più possibile, di vederti innamorare di un uomo speciale come sarai tu, di vederti madre come me ora.

Quando anche tu capirai fino in fondo cosa vuol dire vivere incondizionatamente la vita per qualcuno.

Niente mi è mai sembrato così definitivo come l'amore che provo già per te.

Dormi, piccola mia, è stata una lunga attesa anche per te, ma la tua prima dura lotta l'hai vinta. Benvenuta in questo mondo, Maelle.

Sono le 8,45 del 21 febbraio 2009.

Aspettando te ho vissuto la mia vita, da adesso la vivrò con te.

Indice

Finito di stampare nel mese di febbraio 2010
presso il Nuovo Istituto Italiano d'Arti Grafiche – Bergamo

Printed in Italy